高等职业教育经管类专业平台课系列教材

电子商务概论

主　编　庄小将
副主编　彭娟娟　张瑞娟
　　　　陆　剑　周晓雨

中国轻工业出版社

图书在版编目（CIP）数据

电子商务概论 / 庄小将主编. — 北京：中国轻工业出版社，2021.8
高等职业教育"十三五"规划教材
ISBN 978-7-5184-2244-9

Ⅰ.① 电… Ⅱ.① 庄… Ⅲ.① 电子商务 – 高等职业教育 – 教材 Ⅳ.① F713.36

中国版本图书馆CIP数据核字（2018）第301344号

责任编辑：张文佳　　责任终审：劳国强　　整体设计：锋尚设计
责任校对：吴大朋　　责任监印：张　可

出版发行：中国轻工业出版社（北京东长安街6号，邮编：100740）
印　　刷：三河市国英印务有限公司
经　　销：各地新华书店
版　　次：2021年8月第1版第3次印刷
开　　本：787×1092　1/16　印张：14.25
字　　数：350千字
书　　号：ISBN 978-7-5184-2244-9　定价：45.80元
邮购电话：010-65241695
发行电话：010-85119835　传真：85113293
网　　址：http://www.chlip.com.cn
Email：club@chlip.com.cn
如发现图书残缺请与我社邮购联系调换
210956J2C103ZBW

前　言

电子商务是国民经济发展的重要组成部分，是促进实体经济发展的新引擎。在"互联网+"及"大众创业、万众创新"的时代背景下，电子商务在各行各业中应用的不断深入，越来越多的人意识到了这一新领域所蕴含的勃勃生机，社会各界对电子商务人才的需求量也在不断上升。目前很多院校都开设了电子商务专业，其他经济类、管理类、信息类及计算机类专业也纷纷开设了电子商务相关课程，以普及电子商务知识，顺应时代发展。电子商务将成为21世纪的主流商务模式，给社会经济的各个方面带来根本性的变革，从而改变人类生活的方方面面。

在这样的背景下，作为一线教师的我们深刻意识到培养符合企业需求的电子商务人才，电子商务教材一定要与时俱进，要能够反映电子商务前沿的动态，同时要注重培养学生的实践技能。本书是结合所有编者多年实践教学经验及研究成果而推出的一本实用型教材。

本书立足于高职院校电子商务专业教学特点，较全面、系统地阐述了电子商务最核心的知识模块，其中包括电子商务概述、电子商务模式分析、电子商务安全技术、网络营销、电子商务物流、网络零售、客户关系管理、电子商务法律及移动电子商务概述九个项目。每章均设置"知识结构图""案例导入""技能操作训练"等模块。本书内容全面，体系完整，语句通俗易懂，既可作为高校开设电子商务课程的教学用书，也可作为自学者学习电子商务基本原理和实现方法的参考书。

本书在编写上力求做到"新、精、实"。"新"是指教材在编写体例和内容上都力求做到与时俱进，结合电子商务发展的时代背景，引入大量最新案例，体现电子商务日新月异的发展变化和前沿动态；"精"是指教材编写不追求"大而全"，而追求囊括电子商务最精华的知识模块；"实"是指教材编写强调实践性，每章都设置技能操作训练模块，以提升学生实践能力，满足企业对电子商务人才的培养需求。

由于编者水平有限，加之创作时间仓促，书中难免存在不足之处，恳请读者指正，并提出宝贵意见。

编者

2018.11

目 录

项目 1　电子商务概述

知识结构图 …………………………………………………………………… 001
案例导入 ……………………………………………………………………… 002
1.1　电子商务基础知识 …………………………………………………… 003
　　1.1.1　电子商务的定义 ……………………………………………… 003
　　1.1.2　电子商务的特点 ……………………………………………… 005
　　1.1.3　电子商务的分类 ……………………………………………… 007
　　1.1.4　电子商务的实现 ……………………………………………… 009
1.2　电子商务的发展现状与发展趋势 …………………………………… 010
　　1.2.1　电子商务的发展现状 ………………………………………… 010
　　1.2.2　电子商务的发展趋势 ………………………………………… 018
　　1.2.3　电子数据交换（EDI）及发展 ………………………………… 019
1.3　电子商务交易的基本流程 …………………………………………… 021
　　1.3.1　网上购物的基本过程 ………………………………………… 022
　　1.3.2　网上支付的基本过程 ………………………………………… 023
　　1.3.3　商品配送过程 ………………………………………………… 024
习题 …………………………………………………………………………… 024
技能操作训练 ………………………………………………………………… 024
案例分析 ……………………………………………………………………… 025

项目 2　电子商务模式分析

知识结构图 …………………………………………………………………… 027
案例导入 ……………………………………………………………………… 028
2.1　BtoC 电子商务交易模式 ……………………………………………… 029
　　2.1.1　BtoC 模式的结构 ……………………………………………… 029
　　2.1.2　BtoC 主要功能概述 …………………………………………… 030
　　2.1.3　BtoC 模式的特点 ……………………………………………… 032
2.2　CtoC 电子商务交易模式 ……………………………………………… 035
　　2.2.1　CtoC 电子商务概述 …………………………………………… 035

2.2.2　网上拍卖的主要类型 …………………………… 036
　　　2.2.3　CtoC 交易流程特征 ……………………………… 037
　2.3　BtoB 电子商务交易模式 ………………………………… 041
　　　2.3.1　BtoB 模式概述 …………………………………… 042
　　　2.3.2　BtoB 系统主要功能 ……………………………… 043
　　　2.3.3　BtoB 电子商务网站功能 ………………………… 044
　　　2.3.4　网上交易市场 …………………………………… 045
　2.4　OtoO 电子商务交易模式 ………………………………… 049
　　　2.4.1　OtoO 发展历程 …………………………………… 050
　　　2.4.2　OtoO 应用价值 …………………………………… 051
　　　2.4.3　OtoO 经营模式 …………………………………… 051
　　　2.4.4　OtoO 盈利模式 …………………………………… 052
　习题 ……………………………………………………………… 053
　技能操作训练 …………………………………………………… 055
　案例分析 ………………………………………………………… 055

项目 3　电子商务安全技术

　知识结构图 ……………………………………………………… 057
　案例导入 ………………………………………………………… 058
　3.1　电子商务安全概述 ………………………………………… 059
　　　3.1.1　电子商务的安全问题 …………………………… 059
　　　3.1.2　电子商务的安全需求 …………………………… 061
　　　3.1.3　电子商务基本安全技术 ………………………… 065
　3.2　电子商务安全认证 ………………………………………… 072
　　　3.2.1　数字证书 ………………………………………… 072
　　　3.2.2　认证中心 ………………………………………… 074
　3.3　电子商务安全协议 ………………………………………… 078
　　　3.3.1　SSL 协议 ………………………………………… 078
　　　3.3.2　SET 协议 ………………………………………… 080
　　　3.3.3　SSL 与 SET 的比较 ……………………………… 083
　习题 ……………………………………………………………… 084
　技能操作训练 …………………………………………………… 084
　案例分析 ………………………………………………………… 084

项目 4　网络营销

知识结构图 086
案例导入 087
4.1 网络营销内涵 088
　　4.1.1 顾客与网络顾客 088
　　4.1.2 网络营销的含义 089
　　4.1.3 网络营销的特点 092
4.2 网络广告 094
　　4.2.1 网络广告的特点 094
　　4.2.2 网络广告的基本形式 096
　　4.2.3 网络广告的策划 096
4.3 网络营销理论基础 099
　　4.3.1 网络直复营销 099
　　4.3.2 网络关系营销 100
　　4.3.3 网络整合营销 102
　　4.3.4 网络软营销 104
　　4.3.5 数据库营销 105
4.4 网络营销服务 106
　　4.4.1 网络营销服务概述 106
　　4.4.2 网上个性化服务策略 108
习题 110
技能训练 113

项目 5　电子商务物流

知识结构图 114
案例导入 115
5.1 物流概述 116
　　5.1.1 物流的概念 116
　　5.1.2 物流的分类 117
　　5.1.3 物流系统的概念与组成 118
　　5.1.4 物流的基本功能 119
5.2 电子商务物流的模式 120
　　5.2.1 企业自营的物流模式 120
　　5.2.2 物流企业联盟模式 121
　　5.2.3 第三方物流模式 121
　　5.2.4 第四方物流 122

5.3 电子商务与物流配送 123
5.3.1 电子商务与物流 123
5.3.2 电子商务物流 124
5.4 物流信息技术 126
5.4.1 条形码自动识别技术 126
5.4.2 射频识别技术 128
5.4.3 全球卫星定位系统 128
5.4.4 地理信息系统 129
习题 130
技能操作训练 132
案例分析 132

项目 6　网络零售

知识结构图 134
案例导入 135
6.1 网络零售概况 137
6.1.1 网络零售概述 137
6.1.2 全球网络零售业发展概况 138
6.1.3 适合网络零售的商品及标准 139
6.2 网络零售客户服务模式分析 142
6.2.1 网络零售客户服务特点 142
6.2.2 网络零售客户服务类型 143
6.2.3 典型网络零售企业客服模式对比分析 144
6.3 网络零售发展 147
6.3.1 网络零售市场快速发展的原因 147
6.3.2 网络零售存在的问题 148
6.3.3 新零售 151
习题 153
技能操作训练 153
案例分析 154

项目 7　客户关系管理

知识结构图 157
案例导入 158
7.1 客户关系管理概述 158

7.1.1 客户关系管理的产生……………………………………… 158
7.1.2 客户关系管理的概念……………………………………… 160
7.1.3 客户关系管理的作用……………………………………… 162
7.2 客户关系管理系统的建设………………………………………… 163
7.2.1 客户关系管理系统的主要组成和功能………………… 163
7.2.2 CRM 成功实施的关键因素……………………………… 170
习题……………………………………………………………………… 175
技能操作训练…………………………………………………………… 175
案例分析………………………………………………………………… 175

项目 8 电子商务法律

知识结构图……………………………………………………………… 177
案例导入………………………………………………………………… 178
8.1 电子商务法律概述……………………………………………… 180
8.1.1 电子商务的发展对法律法规提出了新的要求………… 180
8.1.2 电子商务法律基本概念………………………………… 181
8.1.3 国际电子商务法律法规………………………………… 184
8.1.4 国内电子商务法律法规………………………………… 185
8.2 电子商务交易的法律法规……………………………………… 186
8.2.1 电子合同………………………………………………… 186
8.2.2 电子签名的法律规范…………………………………… 191
8.3 电子商务知识产权和隐私权保护……………………………… 192
8.3.1 电子商务知识产权保护内容…………………………… 192
8.3.2 互联网上的侵权行为…………………………………… 193
8.3.3 隐私权保护……………………………………………… 194
8.3.4 网上消费者权益保护…………………………………… 194
8.4 电子商务税收问题……………………………………………… 195
8.4.1 电子商务对税收的影响………………………………… 195
8.4.2 应对电子商务税收的策略……………………………… 197
8.5 电子商务从业人员的职业道德规范…………………………… 198
8.5.1 职业与职业道德………………………………………… 198
8.5.2 电子商务从业人员的职业道德规范…………………… 199
习题……………………………………………………………………… 200
技能操作训练…………………………………………………………… 200
案例分析………………………………………………………………… 200

项目 9　移动电子商务概述

知识结构图 …………………………………………………… 202
9.1 　移动电子商务的定义与特性 …………………………… 203
　　9.1.1 　移动电子商务的定义 ……………………………… 203
　　9.1.2 　移动电子商务的特性 ……………………………… 204
9.2 　移动电子商务的应用 …………………………………… 205
　　9.2.1 　应用类型划分 ……………………………………… 205
　　9.2.2 　移动电子商务的典型应用 ………………………… 206
9.3 　移动营销 ………………………………………………… 207
　　9.3.1 　基本概念 …………………………………………… 207
　　9.3.2 　中国移动市场营销业务分析 ……………………… 208
9.4 　移动支付 ………………………………………………… 209
　　9.4.1 　电子支付的概念与特点 …………………………… 210
　　9.4.2 　移动支付过程 ……………………………………… 211
　　9.4.3 　移动支付解决方案 ………………………………… 214
习题 …………………………………………………………… 215
技能操作训练 ………………………………………………… 216
案例分析 ……………………………………………………… 216

参考文献 ……………………………………………………… 217

项目 1 电子商务概述

知识结构图

- 电子商务概述
  - 电子商务基础知识
    - 电子商务的定义
    - 电子商务的特点
    - 电子商务的分类
    - 电子商务的实现
  - 电子商务的发展现状与发展趋势
    - 电子商务的发展现状
    - 电子商务的发展趋势
    - 电子数据交换（EDI）及发展
  - 电子商务交易的基本流程
    - 网上购物的基本过程
    - 网上支付的基本过程
    - 商品配送过程

案例导入

我国电子商务交易总额接近30万亿元

国家统计局电子商务交易平台调查显示,2017年全国电子商务交易额达29.16万亿元,同比增长11.7%。其中商品、服务类电商交易额21.83万亿元,同比增长24.0%;合约类电商交易额7.33万亿元,同比下降28.7%。

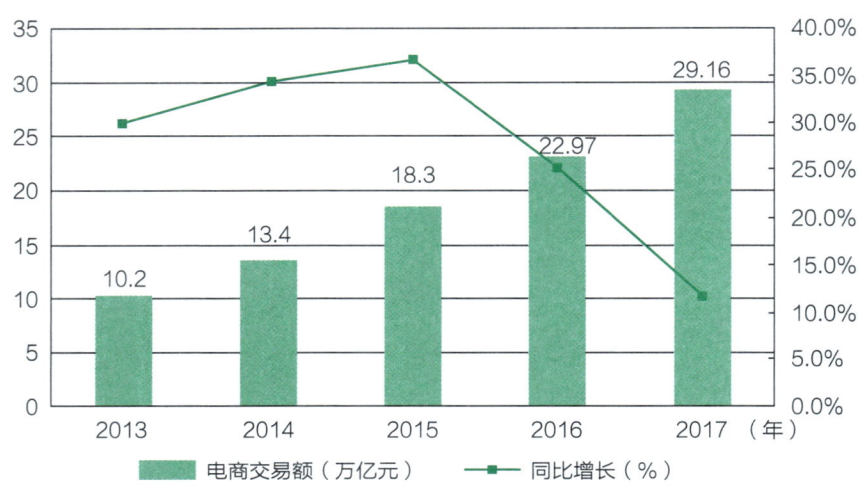

图1-1 中国电子商务交易额及增长趋势

资料来源:前瞻数据库整理

从商品、服务类电商交易情况看,交易额持续增长,增速进一步提高。2017年商品、服务类电商交易额21.83万亿元,同比增长24.0%,增速比2016年提高10.2个百分点。商品类交易为主,服务类交易增长快。2017年商品类电商交易额16.87万亿元,占77.3%,同比增长21.0%,比2016年提高8.7个百分点;服务类电商交易额4.96万亿元,占22.7%,同比增长35.1%,比2016年提高13.2个百分点,延续2016年快速增长的态势。

对个人及对单位交易额均保持加速增长态势。2017年商品、服务类电商对个人的交易额为8.68万亿元,同比增长33.1%,比2016年提高4.5个百分点;对单位的交易额为13.15万亿元,同比增长18.6%,比2016年提高12.2个百分点。

对个人交易额的快速增长说明网络购物在我国已经得到普及;对单位交易额的快速增长意味着企业利用互联网开展经营的水平也在不断上升。

政策继续加持,体系已较为完备。随着中国经济转型发展正跨入"消费升级"全新时代,电商不断创造着新的消费需求,引发了新一轮的投资热潮,开辟了就业增收新渠道,为大众创业、万众创新提供了空间与舞台。

1.1 电子商务基础知识

1.1.1 电子商务的定义

电子商务是20世纪90年代末才出现的新生事物。由于出现的时间短，再加上这是一个发展极为迅速的领域，业界对电子商务的认识还有待于在实践中进一步发展和完善，因此，目前还没有统一的电子商务的定义。

综观近年来对这一定义的认识和演变，各种定义的区别主要体现在电子和商务这两个词的外延和范围上。

电子即电子技术，这是一个覆盖范围极广的领域。无疑，电子技术是现代高新技术的核心，而现代电子技术的核心又是计算机技术和通信技术，而计算机网络是计算机技术和通信技术结合的产物，Internet则是计算机网络技术到目前为止最为重要的应用。可以说，自20世纪90年代中期以来，Internet是整个电子技术乃至整个高新技术中发展最快的领域。

由于Internet在整个电子技术中的特殊地位，在对电子商务概念的理解中，一般人认为"电子"指的就是Internet。当然，也有人认为电子商务中的"电子"是以Internet为主要工具，同时也包括了其他计算机网络、通信设备（如电话、传真）等电子手段。甚至还有人认为，电子商务中的"电子"就是现代高新技术，商务活动中使用到的高新技术手段都可以包括在"电子"一词中。

再来看对"商务"一词的理解。

西方学者认为，商务是将社会资源转换为产品和服务，并以营利为目的向消费者进行销售的有组织的活动。社会资源包括：自然资源、资本、劳动力和企业家。在这一定义中，商务的核心是销售活动。同一般的销售活动相比较，商务活动的规模较大，具有严格的商业协议，并受到相应的法律法规的保护，是一种有组织的活动。

在使用商务这一概念时，实际上也有广义和狭义之分。有人认为，企业的活动都直接或间接地与销售有关，因此除了销售，企业的其他活动也属于商务活动。而有人则认为，商务活动只包括企业的销售产品和服务的活动。

正是由于有了对"电子"和"商务"的不同理解，一些组织、机构和个人从不同的角度出发，对"电子商务"给出了不同的定义。下面列出一些典型定义。

美国政府在其"全球电子商务纲要"中，指出电子商务是"通过Internet进行的各项商务活动，包括广告、交易、支付、服务等活动。"显然，在该定义中，对商务活动的定义是很笼统的。

全球信息基础设施委员会（GIIC）电子商务工作委员会报告草案中对电子商务的定义为：电子商务是运用电子通信作为手段的经济活动，通过这种方式人们可以对带有经济价值的产品和服务进行宣传、购买和结算。

联合国国际贸易程序简化工作组对电子商务的定义为：采用电子形式开展商务活动，它包括在线供应商、客户、政府及其参与方之间通过任何电子工具，如EDI、Web技术、电子邮件等共享非结构或结构化商务信息，并管理和完成在商务活动、管理活动和消费活动中的各种交易。

IBM公司对电子商务的理解是：电子商务是在Internet的广阔联系与传统信息技术系统的丰富资源相结合的背景下，应运而生的一种在互联网上展开的互相关联的动态商务活动。电子商务又有广义和狭义之分。狭义的电子商务称作电子交易，主要是指利用Internet提供的通信手段在网上进行的交易。而广义的电子商务是包括电子交易在内的，利用Internet进行的全面的商业活动，如市场调查分析、财务核算、生产计划安排、客户联系、物资调配等。

从上面的各种定义中可以看到，由于人们对"电子"和"商务"两词有不同的理解，因此对"电子商务"的理解也不同。从外延来看，最广义的概念把电子商务定义为利用一切电子手段进行的所有商业活动（包括商务），最狭义的概念则认为电子商务是在Internet上进行贸易活动。通俗的电子商务定义可以理解为是以电子作为载体的商务活动的总称。

这种定义有两层含义：任何商务活动必然存在一个载体，而电子商务却是使用电子作为媒介的载体；电子商务是一个商务活动。

传统的商务活动在交易的过程中是使用纸质媒介的载体，例如交易合同、文件、凭证、支票、现金等。

从这个角度理解电子商务这个定义可以较方便地把握住电子商务的特点和本质，并理解给出的各种电子商务的定义。

这里得提一下E-Commerce（EC）和E-Business（EB）这两个英语单词，许多中文资料上都把它们统一翻译为电子商务。一般来说，EC是以商品的买卖为中心，在以Internet为平台的商品交换出现之后，西方媒体上最先使用的就是这一词汇，又有人将其译为电子贸易。而EB是IBM公司在1997年率先推出的电子商务概念。IBM认为，电子商务不仅包括了在线的商品交换，而且还应包括对客户的服务和商业伙伴之间的合作，IBM甚至认为企业在其按照Internet标准构造的企业内部网（Intranet）和企业互联网（Extranet）上从事的业务都包括在EB之中。又有人将EB翻译为电子业务。有人认为，EB包括了EC，而EC是EB的精华所在。

事实上，EB和EC是历史的产物，Internet发展迅速，新名词层出不穷，有时候的发展速度甚至快到连取一个恰当的名称都来不及。因此在许多英文资料中，许多作者并没有严格区分EC和EB，有时候甚至是混用。

本书中，我们倾向于IBM的看法，认为电子商务是以Internet为平台所进行的全面的商业活动。这种理解也是人们和社会较为认同的一种通俗理解的电子商务。这里所说的以Internet为平台，指的是在商务活动的各个环节，包括谈判、交易、资金支付等都要在Internet上进行，其他手段如电话、网下资金支付等仅仅是补充。所谓全面的商业活动，是指包括了企业和个人商业活动的各个环节，而不仅仅是贸易阶段，当然贸易是其中的核心。

电子商务简单讲就是利用先进的电子技术进行商务活动的总称，它是通过网络，使用先进的信息处理工具，利用电子这种载体，将买卖双方的商务信息、产品信息、销售信息、服务信息，以及电子支付等商务活动，用相互认同的交易标准来实现，这就是人们所说的"在网上进行买卖活动"。

1.1.2 电子商务的特点

电子商务是IT技术和商务运行结合而产生的一种新型的商务交易过程，是21世纪市场经济商务运行的主要模式，也是新经济含义下的一种主要经济方式。从某种意义上讲，它是一种在21世纪高科技背景条件下，发展建立的新型生产关系过程中所形成的必然产生的一种新经济模式。

商务活动中必然包括信息流、物流和资金流的整合。这三种流需要一个"通道"（媒介）来传输。同传统商务所使用的媒介相比较，Internet在传输信息流和资金流时表现出鲜明的特点，这就形成了电子商务的主要特点。

电子商务通俗地概括讲就是：
- 它是一种商务活动。
- 电子是交易中的载体，交易中的商务是一种经济过程。
- 以电子载体进行的商务活动必然不同于传统的商务活动过程。
- 传统商务是在实体市场中进行，而电子商务是在网络环境中的虚拟市场中进行，所有这些就构成电子商务根本特点所在。

由于以电子为载体的交易与传统商务交易上的差异性，就必然构成以下特点：
- 高效率与多选择性特点。
- 商业全球化特点。
- 支付方式网上数字化的特点。
- 交易方便快捷性特点。
- 消费者个性化需求的特点。
- 低成本渗透的特点。

（1）高效率与多选择性特点

作为一种电子通信手段，同邮政通信相比较，Internet的信息传输速率极快，传输的信息量也很大。由于采用了分组交换技术，极大地提高了网络的使用效率，同电话、传真等电子通信手段相比较，使用Internet来传输信息的费用很低。而且，同电话、传真等电子通信手段不同，Internet上的Web站点能够在无人值守的情况下24小时运行。

正是由于Internet在传输信息时的高速度和低成本，使电子商务具有高效率的特点，它充分体现在时间和成本的效益上。

从时间上看，通过Internet，商务活动中需要的信息流能够高速度地传输，无论是买卖双方的信息交换，还是企业内部的信息传递，都可以方便地通过Internet来传递。电子商务的应用无疑提高了商业活动的时间效率。此外，计算机能够在无人值守的情况下工作，使得电子商务能够尽可能地摆脱时间的限制。例如，网上商店可以做到一周7天、一天24小时营业。

从成本上看，由于使用Internet来传输信息的成本很低，电子商务降低了商务活动的成本。例如，用电子邮件来代替信函往来，无疑可以节省企业的办公费用。

Office Depot是美国的一家专营办公用品的零售商，它旗下有1000多家商铺，光商品供应的各类表单就有1300万份。在实施电子商务后，表单数量降到100万份，成本控制提高了7%。

（2）商业全球化特点

与电视、报纸等媒介不一样，在Internet中，计算机与计算机之间、客户机与服务器之间能够方便地实现信息的双向传输，从而实现信息的快速交换。正是有了这种交互性，使得商务活动能够在不同地点的不同人之间非面对面地进行，这就是电子商务的虚拟性，它将传统商务的实体市场的地域性改为网上虚拟环境的全球性，因此，从理论上讲，电子商务的市场是商业全球化的大市场。

而且，在目前的Internet中，使用WWW技术，能够传输包括文字、声音和图像在内的多媒体信息，这使得相隔遥远的人们之间也能够通过计算机来方便地交流，从而使得非面对面的电子商务与现实商务之间的感觉越来越接近。

Internet是一个覆盖全球的网络，只要是能通电话的地方，就能够实现上网。这样一来，从理论上讲，一家企业如果开展了电子商务，该企业就能够通过Internet向世界上任何一个地方的客户提供非面对面的服务，从而摆脱了地点的限制，进入全球市场。

当然，电子商务的虚拟性也会带来相应的问题，主要是由于非面对面交易而产生的网上诈骗、抵赖等行为，这就给电子商务技术上的保障提出新的研发问题。

（3）支付方式网上数字化的特点

同传统商务一样，电子商务过程中也涉及资金支付问题，但是这种支付方式是在网络环境中进行，传递的是网络的数字化资金信息。

随着金融电子化的发展，电子商务中买卖双方的结算行为可以通过Internet来方便、高效地进行，这就是网上支付。网上支付需要有银行的参与。在网上支付行为中，买卖双方的资金结算实际上是彼此开户银行账户上资金的增减，因此它传递的是支付的指令信息而不是传统商务交易中的实体货币。买卖双方与各自开户银行之间的联系是通过Internet和银行的专用网共同参与完成来进行的，而银行与银行之间的资金清算却是通过银行内的专用计算机网络进行的。

在网上支付中，各种资金信息都是通过计算机网络来进行的，这就对计算机网络的安全性提出了很高的要求，容不得半点差错。此外，由于金融电子化还有待进一步发展，目前许多电子商务活动中也保留了传统的支付方式来作为补充，如货到付款、邮局汇款等。

（4）交易方便快捷性特点

由于是以电子为载体的商务交易，因此，在电子商务的交易完成过程中除物流配送的环节外，一切都在网络环境下进行。因此，信息和资金的传递都以每秒30万公里的速度传送，理论上在一瞬间就将交易过程中售前、售中的商务过程完成，具有交易方便快捷的特点。而且即使是售后的商品的信息服务也可通过网上进行，并能做到个性化需求的服务。

（5）消费者个性化需求的特点

由于计算机技术的发展，信息的储存和数据库技术的进步，数据挖掘技术的实现，消费者个性化的信息可以大量地日积月累地储存在计算机数据库中。通过数据挖掘的技术使商家能根据客户个性化需求在商务上满足而加以实现，这种个性化需求的特点只有在技术进步的今天才能在电子商务的模式下得以实现，这就是电子商务满足消费者个性化需求的新特点。

（6）低成本渗透的特点

电子商务在网络环境下减少了交易过程中的很多中间环节，在时间上和空间上节约了交易的成本，因此，它具有低成本核算渗透到各个过程环节中的特点，从经济上实现价值的增值，而成为商务活动中人们将会普遍采用的一种经济增长的商务模式。

1.1.3 电子商务的分类

电子商务按交易涉及的对象、交易涉及的商品内容和进行电子业务的企业所使用的网络类型等有不同的分类方法。

（1）按参与交易的对象分类

按参与电子商务交易涉及的对象分类，电子商务可以分为以下四种类型：

1）企业与消费者之间的电子商务（Business to Customer，即BtoC）。这是消费者利用互联网直接参与经济活动的形式，类似于商业电子化的零售商务。随着万维网（WWW）的出现，网上销售迅速发展起来。目前，在互联网上有许许多多各种类型的虚拟商店和虚拟企业，提供各种与商品销售有关的服务。通过网上商店买卖的商品可以是实体化的，如书籍、鲜花、服装、食品、汽车、电视机等；也可以是数字化的，如新闻、音乐、电影、数据库、软件及各类基于知识的商品；还有提供的各类服务，如安排旅游、在线医疗诊断和远程教育等。

2）企业与企业之间的电子商务（Business to Business，即BtoB）。BtoB方式是电子商务应用最重要的和最受企业重视的一种形式，目前在电子商务的交易额中所占的资金额度也最大。企业可以使用Internet或其他网络对每笔交易寻找最佳合作伙伴，完成从订购到结算的全部交易行为，包括向供应商订货、签约、接收发票和使用电子资金转移、信用证、银行托收等方式进行付款，以及在商贸过程中发生的其他问题，如索赔、商品发送管理和运输跟踪等。企业对企业的电子商务经营额大，所需的各种硬软件环境较复杂，但在EDI商务成功的基础上这种模式也发展得最快。

3）企业与政府方面的电子商务（Business to Government，即BtoG）。这种商务活动覆盖企业与政府组织间的各项事务。例如企业与政府之间进行的各种手续的报批，政府通过互联网发布采购清单、企业以电子化方式响应；政府在网上以电子交换方式来完成对企业和电子交易的征税等，这成为政府机关政务公开的手段和方法。

4）消费者之间的电子商务（Customer to Customer，即CtoC）。这种电子商务形式目前在网上表现的形式是消费者间的二手货的拍卖，随着今后各种技术的进步，以及网上支付形式的变化和电子货币的推广和使用，可以相信在网上的CtoC形式的电子商务也像在现实社会中的自由市场上的商品一样会得到同样的发展。

（2）按交易的商品形式分类

如果按照电子商务交易所涉及的商品形式分类，电子商务主要包括两类商业活动。

1）间接电子商务

电子商务涉及的商品是有形的货物，如鲜花、书籍、食品、汽车等，交易的商品需要通过传统的渠道，如邮政业的服务和商业快递服务来完成送货，因此，间接电子商务要依靠送货的运输系统等外部要素。

2）直接电子商务

电子商务涉及商品是无形的货物和服务，如计算机软件、娱乐内容的联机订购、付款和交付，或者是全球规模的信息服务。直接电子商务能使双方越过地理界线直接进行交易，充分挖掘全球市场的潜力。目前我国大部分的信息服务类网站都属于这一类，但这还不是真正意义上的直接电子商务，因为很多都是免费的服务性质，还没有发展到经济意义上的收费。

（3）按电子商务使用的网络类型分类

根据开展电子商务业务的企业所使用的网络类型框架的不同，电子商务可以分为如下三种形式：

1）EDI网络电子商务（Electronic Data Interchange，电子数据交换）

EDI是按照一个公认的标准和协议，将商务活动中涉及的文件标准化和格式化，通过计算机网络，在贸易伙伴的计算机网络系统之间进行数据交换和自动处理。EDI主要应用于企业与企业、企业与批发商、批发商与零售商之间的批发业务。EDI电子商务在我国20世纪90年代已得到较大的发展，技术上也较为成熟，但是因为开展EDI对企业有较高的管理、资金和技术的要求，因此至今普及面还不广。

2）互联网电子商务（Internet网络）

互联网电子商务是指利用连通全球的Internet网络开展的电子商务活动，在互联网上可以进行各种形式的电子商务业务，所涉及的领域广泛，全世界各个企业和个人都可以参与，它正以飞快的速度在发展，其前景十分诱人，是目前电子商务活动的主要形式。

3）内联网络电子商务（Intranet网络）

企业将其内网有限度地向已有的或潜在的商业供应链伙伴开放，以实现电子商务的协调。在一个大型企业的内部或一个行业内开展的电子商务活动，形成一个商务活动链，可以大大提高工作效率和降低业务的成本。很多国内知名的大企业，如华为、长虹、海尔等在企业的内部利用Intranet网络建立了自己内部与生产、管理、资金划拨为一体的ERP企业资源计划系统。通过内联网络电子商务，降低了管理成本和费用，加速了内部的资金周转和使用效益。

（4）按照交易的范围分类

按照开展电子商务交易的范围来分类，电子商务可分为三类：

1）本地电子商务

本地电子商务通常是指利用本城市或者本地区的局部信息网络实现的电子商务活动，电子交易的范围较小。例如，社区电子商务的发展就属于此类，它是我国发展电子商务的一种带起步性质的模式，因为，电子商务的发展有一定的基本条件，条件成熟了才有发展的可能，而这与经济的发达水平和程度有直接联系。因此，社区电子商务是我国电子商务发展的一个方向。

本地电子商务系统是开展全国和全球电子商务的基础系统，因此，建立和完善本地电子商务信息系统是最终实现全球电子商务的途径之一。

2）区域电子商务

区域电子商务是指在本国范围内进行的网上电子交易活动，其交易的地域范围较大，对软硬件和技术要求较高，要求在全国范围内实现商业电子化、自动化，实现金融电子化，交易各方具备一定的电子商务知识、经济能力和技术能力，并具有一定的管理水平和能力等。

3）全球电子商务

全球电子商务是指在全世界范围内进行的电子交易活动，参加电子商务的交易各方通过网络进行贸易。它涉及有关交易各方的相关系统，如买卖方国家进出口公司系统、海关系统、银行金融系统、税务系统、保险系统等。

（5）按资金支付的方式分类

按资金支付的方式分类，电子商务可以分为两类：

1）完全的电子商务

完全的电子商务是指电子商务交易能在网上进行资金支付的电子商务，而不是货到付款的方式，这种完全的电子商务使资金流加入网上商务的环节中，提高了效益，减少了中间环节。它也是电子商务发展中较高级的一个环节。

2）非完全的电子商务

非完全的电子商务是指电子商务交易过程中只有交易中的前期环节在网上进行，即商品的选购，信息的查询、谈判、下单等在网上进行，而没有资金支付环节加入的电子商务。

1.1.4 电子商务的实现

信息流、物流和资金流是实现电子商务的三个环节，而三流的整合形式，也是决定电子商务模式的基础，即信息服务、交易和支付。主要内容包括：电子商情广告；电子选购和交易、电子交易凭证的交换；电子支付与结算以及售后的网上服务等。

信息流和资金流均可在网上传递和储存，这正是电子商务不同于传统商务的特点所在，而除了数字商品外的物质商品流并不能在网上传递，因此，就有一个物流的配送体系。信息流和资金流传递的快捷和物流运送的差异性决定了电子商务发展模式三流整合的方式，也决定了电子商务实际运作中是否可行和高效。因此，从三流整合的角度和观点去研究电子商务，是电子商务发展模式研究的基础，也是电子商务实现的关键。有些学者认为电子商务是四流的整合，这包括商流，也就是增加交易过程管理的商流，其实商流也是信息流的一种，因此，为简化问题，电子商务的实现归结为三流的整合更恰当。如果不是资金流的特殊，而且带有经济意义上的价值，其实也可以归结为二流的整合，而将资金流归结为一种具有价值的特殊信息流，它的传递和储存要具有安全性。不可更改性、不可否认性和完整性，基于这点资金流单列出来就更为合理些。因此，电子商务的实现采用三流整合的观点来认识。

电子商务是商务模式的改变，它不能代替传统企业，它仍属于服务领域；电子商务离不开物资的流动，这就需要传统企业的积极参与，特别是配送系统的建立至关重要；资金的网上流动可以通过电子货币、支付工具和支付方式的改变来得以实现。

一般来说，进行电子商务的步骤如下。

（1）信息的收集

通过网络信息收集，对于熟悉网络的人并不陌生。可能你已经习惯了网上那"铺天盖地"的信息。通过网络收集商业信息，重点应该是要到哪里去寻找有用信息。

（2）信息发布及客户支持服务

信息发布和客户支持服务都是以网上公司的建设为基础的。通过网上公司站点的建立，了解网上商务活动的基础。

（3）宣传与推广

在网上进行电子商务交易，重点就是宣传推广自己的公司，树立良好的商业形象，吸引消费者的参与，拓宽市场和消费群体，这是电子商务交易存在的市场基础。

（4）签订合同

在网上交易双方完成信息的撮合后，双方就可签订电子合同，合同的签订具有法律效力，一定要有电子签名法的保障。目前，我国已经实行了《中华人民共和国电子签名法》，此法使电子类的文件和文书具有了法律效力。

（5）在线交易

最重要的是有银行的参与，才能进行网上支付与结算，怎样进行资金的流通和账户间资金的划拨，这是电子商务在线支付的关键，是实现真正的高效率电子商务的关键。

（6）商品运输与售后服务

交易中的支付环节完成后，必须完成商品的转移并提供相关的售后服务，这就要有一个完善的物流配送体系参与和加入，以保证商品即时、完整地送到消费者手中，以提高电子商务的效率。

1.2 电子商务的发展现状与发展趋势

受金融危机的影响，2009年起我国的中小企业普遍开始削减成本，由原来的传统营销模式纷纷转向寻求电子商务模式，电子商务成为不少中小企业走出困境的重要手段。网络作为重要的产品推广销售渠道，以其低成本、高效率、直接面对消费者的渠道优势，在危机中正被越来越多的传统企业所认知，经济危机刺激了B2B电子商务的发展。

1.2.1 电子商务的发展现状

（1）电子商务在国际的发展状况

最新统计数据显示，全球电子商务市场规模已经达到25万亿美元，美国、日本和中国占据领先地位。公布的数据显示，2013—2015年，全球电子商务市场规模从18万亿美元增加到22万亿美元。现在根据新的数据，联合国贸发会议确认2015年全球电子商务市场规模达到25

万亿美元，其中90%是企业对企业（B2B）交易，剩下10%为企业对消费者（B2C）交易。贸发会议指出，这次调高数据主要是因为对B2C销售数据进行了修改，美国现在的B2C销售几乎与中国持平。贸发会议的统计显示，美国是最大的电子商务市场，2015年电子商务交易额超过7万亿美元，其次是日本（2.5万亿美元）和中国（2万亿美元）。接下来的排名依次是韩国（1.2万亿美元）、德国（1万亿美元）、英国（8450亿美元）、法国（6610亿美元）、加拿大（4700亿美元）、西班牙（2420亿美元）和澳大利亚（2160亿美元）。上述十大经济体的电子商务市场规模加起来超过16万亿美元。在B2C贸易市场，中国仍然以6170亿美元的规模排在榜首，领先于美国（6120亿美元）和英国（2000亿美元）。在B2B贸易市场，美国以6.4万亿美元的规模排名第一，紧随其后的分别是日本（2.4万亿美元）和中国（1.4万亿美元）。电子商务增长迅速，引人注目。

欧美国家电子商务飞速发展的原因有以下几点：

①欧美国家拥有电脑的家庭、企业众多，网民人数占总人口的2/3以上，尤其是青少年，几乎都是网民，优越的经济条件和庞大的网民群体为电子商务的发展创造了良好的环境。

②欧美国家普遍实行信用卡消费制度，建立了一整套完善的信用保障体系，这解决了电子商务的网上支付问题。在欧美国家，每个人都有一个独一无二的、不能伪造并伴随终生的信用代码，持此信用卡进行消费，发卡银行允许持卡人大额度透支，但持卡人需在规定时间内将所借款项归还。如果某企业或个人恶意透支后不还款，那也就意味着以后他无论走到何地，他的信用记录上都会有此污点，不论他想贷款买房、购车或办公司，银行都不会贷款给他，这在贷款成风的西方世界是极其可怕的。

③欧美国家的物流配送体系相当完善、正规，尤其是近年来大型第三方物流公司的出现，使得不同地区的众多网民，往往能在点击购物的当天或第二天就收到自己所需的产品，这要得益于欧美国家近百年的仓储运输体系的发展。

（2）电子商务在中国的发展状况

中国电子商务始于1997年。如果说美国电子商务是"商务推动型"，那么中国电子商务则更多的是"技术拉动型"，这是在发展模式上中国电子商务与美国电子商务的最大不同。在美国，电子商务实践早于电子商务概念，企业的商务需求"推动"了网络和电子商务技术的进步，并促成电子商务概念的形成。当Internet时代到来的时候，美国已经有了一个比较先进和发达的电子商务基础。而在中国，电子商务概念先于电子商务应用与发展，"启蒙者"是IBM等IT厂商，网络和电子商务技术需要不断"拉动"企业的商务需求，进而引领了中国电子商务的应用与发展。了解这一不同点是很重要的，这是中国电子商务发展的一大特点，也是理解中国电子商务应用与发展的一把钥匙。

在1997年和1998年，中国电子商务的主体正是一些IT厂商和媒体，它们以各种方式进行电子商务的"启蒙教育"，激发和引导人们对电子商务的认识、兴趣和需求。经过这一阶段，在1999年和2000年，以网站为主要特征的电子商务服务商在风险资本的介入下成为中国电子商务最早的应用者，并成为这一阶段中国电子商务的主体。2001年，中国电子商务开始进入以企业电子商务为主体的第三个阶段。

这一变化是深刻的，然而也引发了人们对中国电子商务形势的一些不正确的看法。人们已经习惯以网站电子商务，特别是以一些"热点"网站电子商务作为了解和判断电子商务形势的重要甚至唯一的依据。因此，一些"热点"网站电子商务的衰落，导致不少媒体和专业人士做出了中国电子商务处于低谷、走向衰退或者干脆从此一蹶不振的判断，许多人因此对电子商务的发展前景产生了极大的怀疑，对电子商务的优越性开始出现越来越多的负面的、否定性的意见。

这些看法可以理解但并不正确。事实上，与表面情形相反，中国电子商务正在向深度和广度发展，总的态势是健康的，电子商务的主体正在由IT厂商、媒体和电子商务服务商转换为企业，传统企业正在大规模进入电子商务领域，其特点是坚定、有效但不太吸引"注意力"的企业电子商务是今后观察和判断电子商务形势的主要视角。

当前，我国电子商务呈现以下几个特点：

一是市场规模持续增长。从2012年到2016年，网络购物用户人数从2.42亿人增长至4.67亿人，增长近一倍；电子商务交易额从8.1万亿元增长至26.1万亿元，年均增长34%；网络零售交易额从1.31万亿元增长至5.16万亿元，年均增长40%，对社会消费品零售总额增加值的贡献率从17%增长至30%；直接和间接带动的就业人数从1500万人增长至3700万人。2016年电子商务产生消费增量带动生产制造、批发、物流增量创造税收超过2000亿元。

二是线上线下融合步伐加快。国务院办公厅关于深入实施"互联网+流通"行动计划的意见进一步提振了流通企业线上线下融合发展的信心。一方面，线上企业加速布局线下。阿里巴巴收购银泰、三江购物，和苏宁交叉持股，与上海百联开展战略合作。京东、当当、聚美优品等纷纷开设实体店。另一方面，线下企业主动拥抱互联网。永辉超市、徐工集团、宝钢等通过与线上企业合作或自身发展电子商务，探索商业模式转型升级。线上线下正从渠道、供应链、数据、场景等多方面逐步打通，为消费者提供全方位、不间断、跨时空的服务，打造零售新生态。

三是新业态、新模式层出不穷。租车、租房、租设备等分享经济新业态，众创、众包、第四方物流等协同经济新业态，团购点评、体验购物、主题酒店等体验经济新业态百花齐放、争奇斗艳。分享经济使得消费者之间通过互联网直接建立联系，提升闲置资源的利用效率。滴滴快车分享了闲置的汽车运力，人人快递分享了闲置的人力资源，小猪短租分享了闲置的住房空间。体验经济促使线下企业通过互联网与消费者开展互动，打破信息壁垒，畅通消费渠道。广东省开业了66家跨境电商OtoO体验店，展示进口商品，感受消费场景，匹配消费需求。

四是跨境电商如火如荼。2015年3月和2016年1月，国务院先后批准设立杭州、天津等13个跨境电子商务综合试验区。2016年，13个综试区跨境电商进出口超1600亿元人民币，增长1倍以上，其中，跨境电商出口拉动杭州出口增长10%以上，占全市出口的13%。目前，跨境电商综试区BtoB出口占综试区进出口总额的比重约7成，依托互联网，助推产业转型升级。郑州带动周边地区服装产业集群发展，大连推动东北老工业基地2000多家中小微企业触网。跨境电商已成为加快外贸转型升级，推进内外贸协同发展，实现国际国内市场一体化的重要举措，为促进外贸回稳向好做出了重要贡献。

中国电子商务行业应用在2006年得到进一步普及，行业电子商务平台数量和质量都有了大幅度提高。传统行业参与电子商务的热情不断提高，一些重工业、制造业网上采购比例不断增加，网上金融业务不断扩张。

案例

中国典型的电子商务网站——淘宝网

2003年5月10日，淘宝网成立，由阿里巴巴集团投资创办。10月推出第三方支付工具"支付宝"，以"担保交易模式"使消费者对淘宝网上的交易产生信任。2003年全年成交总额3400万元。2004年，推出"淘宝旺旺"，将即时聊天工具和网络购物联系起来。

2005年，淘宝网超越eBay易趣，并且开始把竞争对手们远远抛在身后。5月，淘宝网超越日本雅虎，成为亚洲最大的网络购物平台。2005年成交额破80亿元，超越沃尔玛。

2006年，淘宝网成为亚洲最大的购物网站，就在这一年，淘宝网第一次在中国实现了一个可能——互联网不仅仅是作为一个应用工具存在，它将最终构成生活的基本要素。调查数据显示，每天有近900万人上淘宝网"逛街"。2007年，淘宝网不再是一家简单的拍卖网站，而是亚洲最大的网络零售商圈。这一年，淘宝网全年成交额突破400亿元，成中国第二大综合卖场。2008年，淘宝B2C新平台淘宝商城（天猫前身）上线；汶川地震捐款平台上线，共筹得网友捐款超2000万元；9月，淘宝网单月交易额突破百亿大关。2009年，淘宝网已成为中国最大的综合卖场，全年交易额达到2083亿元。2010年1月1日，淘宝网发布全新首页，此后聚划算上线，然后又推出一淘网。2011年6月16日，阿里巴巴集团旗下淘宝公司分拆为三个独立的公司，即沿袭原C2C业务的淘宝网（taobao）、平台型B2C电子商务服务商淘宝商城（tmall）和一站式购物搜索引擎一淘网（etao）。在新的架构中，淘宝分拆后的三家公司采用总裁加董事长的机制运营。2012年1月11日上午，淘宝商城正式宣布更名为"天猫"。2012年3月29日天猫发布全新Logo形象。2012年11月11日，天猫借光棍节大赚一笔，宣称13小时卖100亿元，创世界纪录。2012年4月20日，《IT时代周刊》出版的第08期封面文章曝光称，中国知名电商淘宝内部员工存在集体性腐败行为。就此，阿里巴巴集团副总裁陶然表示，不能因为个体的事件就夸大成为团体腐败。陶然表示，淘宝在两年前就设立了廉政部，对举报行为进行调查，核实后会进行处理。2012年，11月11日，淘宝加天猫平台，将网购单日记录再次刷新为191亿元。2013年，阿里调整为25个事业部，阿里巴巴通过其全资子公司阿里巴巴（中国），以5.86亿美元购入新浪微博公司发行的优先股和普通股，占新浪微博公司全稀释摊薄后总股份的约18%，将淘宝电商和SNS的结合进行到底。2015年12月24日，阿里巴巴集团与国家认证认可监督管理委员会信息中心正式签署合作框架协议，双方共同推出"云桥"数据共享机制，阿里巴巴成为首家直接接入国家CCC认证信息数据库的电商平台。阿里巴巴旗下天猫、淘宝、1688等电商平台将导入CCC认证信息数据库实现自动校验和标注，从而避免无证以及假冒认证产品。

2016年1月27日，"成交记录"模块被正式隐藏，但原先销量、评价等信息不会消失，仍正常累积。阿里巴巴公关部吴铭欣说："取消（成交记录）后，将会减少不法分子通过成交记录进行的诈骗情形。"同时，如果消费者想要了解销量，只需将鼠标放到"交易成功"上，就可看到近30天的已出售件数。截至2017年年底，淘宝网拥有注册会员近5亿，日活跃用户超1.2亿，在线商品数量达到10亿，在C2C市场，淘宝网占95.1%的市场份额。淘宝网在手机端的发展势头迅猛，据易观2014年最新发布的手机购物报告数字，手机淘宝+天猫的市场份额达到

85.1%。截至目前，淘宝网创造的直接就业机会达467.7万。随着淘宝网规模的扩大和用户数量的增加，淘宝也从单一的C2C网络集市变成了包括C2C、分销、拍卖、直供、众筹、定制等多种电子商务模式在内的综合性零售商圈。

（资料来源：根据公开信息整理）

目前，我国电子商务呈现多层次、多元化的发展态势。电子商务正在从大城市、沿海城市向中小城市、内地城市扩张，同时，其行业应用进一步普及，外贸、能源、制造、金融等行业成为发展电子商务的先行行业。在经济发达的东部地区，行业网站发展迅速，仅浙江地区就有上千家，约占全部行业网站的1/2。我国全新的第二代智能交易平台已经开始推广运用，移动商务成为电子商务发展的新领域，搜索引擎吸引了网民们的注意力，成为电子商务最有潜力的盈利工具之一。网络视频、网络音乐、网络游戏为人们提供了新的虚拟娱乐方式，并形成了新的产业。此外，电子商务服务商以及网络公司在推进传统产业信息化的同时，自身正在向着产业化方向发展，从而形成了初具规模的电子商务服务业。

小贴士

2017年电商界十大事件

1. 微信的商业梦：小程序+电商

2017年1月9日，是乔布斯发布iPhone十周年纪念日，同一天，众人瞩目的微信推出了"小程序"，微信掌门人张小龙在朋友圈发布了一组图，向"乔帮主"传达了致敬之情。

小程序的问世，让很多依附在微信上的创业者兴奋异常。这种"用完即走"，无须安装，即可使用的手机"应用"，让一些万级的APP运营机构夜不能寐。

令人意外的是，在推进的过程中，商家们充满了疑虑和困惑。谁也不知道这个东西能带来什么。不仅不能导流，还要普及用户的使用习惯，尤其是对于一些百万级别的APP，小程序的使用还是不及APP流畅。在微信整个团队的推动下，张小龙力排众议，加速优化，奋战数月，终于给腾讯交上了一份满意的成绩单。

从最初的只有东方航空、美团、大众点评、京东、新华社、今日头条、滴滴出行、摩拜单车等公司推出"小程序"到几乎所有的公众号服务平台、APP都关联了小程序。用户的使用习惯也开始从下载APP到使用小程序。

微信的电商梦又向前迈进了一步，这个连接9亿用户的超级APP，2018年又会带来哪些想象空间？值得期待。

2. 京东百万便利店：线下流量大迁徙

2017年4月初，京东宣布百万便利店计划，未来5年京东将在全国开设超过100万家京东便利店，其中一半在农村。6月20日，河北省任丘市辛安庄京东便利店正式开业，几个小时内便利店的商品就被抢购一空，打响京东便利店亮相第一枪。

得益于京东强大的物流配送，网络已成功下沉农村市场，因此，京东能轻松丰富夫妻店的商品结构，这给农村电商带来了很大的影响。

刘强东的每一次亮相都给电商行业带来不小的震荡，不管是忙着做快递员还是带领全村致富当村长。伴随着线上流量越来越贵，新用户的增长放缓，京东的战线从线上扩展到了线下。如果说全家、7-Eleven这样的连锁店收割的是一二线城市的线下流量，那么京东便利店收割的就是三四线的流量，从长远来看，农村电商必将爆发，阿里和京东必有一战。

3. 网易严选：中产网购的崛起

2016年4月，网易旗下原创生活类电商品牌网易严选宣布正式上线，成为国内首个ODM（Original Design Manufacturer）模式的电商品牌。在供给侧改革大潮的背景下，网易严选通过与国际一线品牌制造商合作，严格把控生产环节，为用户提供高品质的商品。

一向低调，闷声发财的丁磊怎么也没想到5月23日，一篇《致丁磊：能给创业者一条活路吗？》的公关檄文向自己砸来，人称"毛巾哥"的创始人控诉网易严选的一款毛巾产品侵权。"毛巾哥"表示，网易严选违规侵权使用"G20专供"字眼描述产品。这一事件将网易严选推上了风口浪尖，一向擅长公关的网易在回应后，开始了毛巾超级大促销活动，并且把毛巾的价格从原来的29元一条降到了12元一条。毛巾马上卖到脱销。

危机暂时得到了解决，网易严选也被更多的消费者所熟知，口碑也得到了传颂。然而，好生活背后的好品质依然是中产们的焦虑所在。而更多电商从业者想的是：在巨头垄断的市场中，如何再造一个网易严选？

4. 顺丰菜鸟互撕：和则兴、斗则损

6月1日，因"物流数据接口"的问题，顺丰与菜鸟陷入纠纷。事情的起因为：菜鸟对全网物流数据进行安全升级，但顺丰及丰巢拒不配合，于是菜鸟在6月1日下线丰巢接口信息，顺丰认为这件事的幕后黑手是阿里。阿里以信息安全为由，要求顺丰、丰巢等加入到阿里云，于是关停菜鸟物流数据接口。

双方你来我往，大战了好几回合。战火蔓延，烧到了其他行业，引发行业站队。京东、网易、腾讯云、美团等纷纷力挺顺丰，通达系在集体噤声后表示支持菜鸟。眼看事情愈演愈烈，最后国家邮政局不得不出面调停，这事才算圆满解决。

这是一场大数据背后的生存权之争，让同行们心惊胆战。这场大战下没有胜利者。事情虽已过去，但数据是留给自己还是交由平台方这个问题，依然是横亘在民营快递企业中的大难题，未来在物流领域，对物流云端数据的争夺会更加激烈，只不过大多数民营快递企业话语权已经开始式微。

5. 无人零售：电商发展新形态

7月，阿里在其淘宝造物节上发布了淘咖啡，由此引爆了无人零售的概念。随后无人零售的各种样态成为资本争相追逐的风口，凭借着大数据与新技术的运用被誉为一种新的商业模式。

风口终究是风口，真正落地还有待市场检验。10月25日首批在上海落地的无人零售店——缤果盒子，因高温考验和涉嫌违建正式关闭，这给那些鼓吹无人零售取代线下商超的梦想家一个有力回击。

尽管前进的道路上充满荆棘，但自动服务或自主结算、减少零售对人的依赖，在一定程度上降低消费者的时间成本，提升购物体验的无人便利店，无人值守货架和自助贩卖机的发展是

必然趋势。据中商产业研究院发布的《2017年中国无人货架市场前景研究报告》显示，截止到9月末，已经有至少16家无人货架获得投资，最高达到3.3亿元，融资总额超过25亿元。

6. 微商：由群众演员自导自演的"嘉年华"

随着云在指尖、优库速购、云梦生活等相继被央视定义为传销后，那些造富神话逐渐破灭，朋友圈里晒面膜、晒豪车、动不动就组团去日本、韩国、马来西亚的越来越少了，2017年的微商是雷声大雨点小。

月流水过亿、月薪10万元似乎不再成为可能，有的只是代理越来越难招，朋友圈无人问津了。那些喊着人人都是CEO的微商们，有的又转向了淘宝，有的又回到了企业上班，有的则继续坚持着。

火爆一时的微商，让这个风口上的产业饱受争议。央视的曝光、媒体的揭露、公众的排斥、微信官方的打击……那么多想通过微商来改变命运的底层人员，梦想似乎一夜之间就破灭了。一紧，就死，一放，就乱。这就是这个行业的现状。尽管如此，但这个行业的发展依然蓬勃。

7. 垂直电商：红利消停后的"小而美"

垂直电商APP的兴起已经有两三年了，闲鱼的月活跃用户已经超过1500万，而蘑菇街、小红书等电商平台也逐步在细分领域成为市场的大腕。移动互联网将人与人进行了更密切的切分，同时"人以群分"的特性也越来越明显。

小众的需求通过手机集聚起来正成为"大众"，而圈子同时带来的是个性化、更加有黏性。京东从3C荣升为一个市值400亿美元的全品类电商平台，跨越了16年。当移动互联网的用户停止增长，各家平台以惊人的价格战疯狂掠夺用户，在淘宝、天猫、京东等综合商城已经占据市场的同时，和这些巨头们竞争，结果可想而知。

8. 新零售：升级版的电子商务

"未来的十年、二十年，没有电子商务这一说，只有新零售这一说。"2016年10月，马云在杭州云栖大会上语出惊人。一时间关于新零售的讨论纷至沓来，线上和线下融合，线下的企业必须走到线上去，线上的企业必须走到线下来；消灭库存，让库存管理得更好，让企业库存降到零……关于对新零售的看法，从未消停过。

10月底，京东联手腾讯推出"京腾无界零售"，11月中阿里巴巴以224亿港币入股高鑫零售，无独有偶，2017年亚马逊也以137亿美元收购全食。零售大战日益白热化。

随着大家对电商、流量和运营认识的不断深入，为获得更大发展空间和竞争优势，更大范围更深层次的布局不可避免。技术的不断发展，将为中国新零售进一步发展提供新理念、新模式、新技术与新动能。

9. 双十一：数亿人的狂欢

0点03分，阿里巴巴天猫交易额突破第一个100亿元；9点04秒，天猫交易额冲破1000亿元，速度远远超过2016年（2016年天猫达到1000亿元交易额用了接近19个小时，比2017年多了10个小时），11月12日0点0分，1682亿元交易额达成。

除了看了一场比春晚还精彩的晚会和马云的表演，一连串光鲜的数字外，这些年，针对双十一的质疑声也越来越多，延长预售期、商家亏本甩卖、库存清理、尾货处理、物流积压……的问题越来越严重。

双十一已经走到了第九年，GMV涨到什么时候到头？这到底是一场"非理性消费"，还是纵容商家为了抢主会场位置而去刷单。在双十一前，对于刷量这种现象，天猫基本保持默许。既然为了刷量，必然是要模拟真实的订单，而天猫平台自身盈利最重要的部分就是"扣点"，购物节前商家背地里刷量了，虚拟了海量的销售额，天猫也因此挣了个钵满盆盈，这对双方都是有利的事情，何乐而不为？从平台到商家、从商家到消费者，这到底是一场集体狂欢还是全民互利？

10. 唯品会：烟花落幕后的寂寥

双十一的狂欢结束后，电商纷纷晒出了自己的数据：京东从11月1日到11月11日为期11天的销售额为1271亿元，天猫销售额为1682亿元，苏宁双十一线上销售额近110.22亿元。曾经跻身电商第三大平台，拥有上亿用户的唯品会却仅在一则新闻中公布1小时订单数破200万，销售额破亿时间史上最快，并没有公布准确数据。

当京东、天猫纷纷布局女装，让人猜疑的是，曾经的唯品会，是会像烟花一般灿烂过后寂寥收场，还是有机会力挽狂澜，重新开启自己的增长之路？面对巨头们的掠夺和扩张，唯品会的市场份额不断萎缩，拆分物流和金融，正品质量屡遭质疑，唯品会是否有勇气大刀阔斧地改革？仍然是个谜。

（资料来源：电商卖家圈子）

（3）我国电子商务发展过程中存在的问题

①相关部门对电子商务市场监管混乱，政府监管模式还需适应"互联网+"。互联网经济的不同在于，它一开始就是在政府没有管理或监管的情势下发展起来的。以交通领域的打车软件为例，其将原本信息不对称的司机和乘客的信息进行匹配，减少了出租车的空载率，尽管带来了诸多好处，但其引发的争议更大。很多人认为打车软件的司机选择乘客以及加价行为违反出租车管理办法，不少地方政府甚至下令禁止出租车司机使用打车软件。电子商务市场监管中出现了不少新问题、新现象，各监管部门协调不一、监管混乱，这需要由国家建立一个更高级别能统一管理的电子商务协调部门，才能保证各监管部门各司其职，提高监管的效率，避免资源的浪费，消除监管混乱造成的真空地带。

②电子商务诚信问题突出，我国社会信用体系还不健全。电子商务在其发展中暴露出的突出问题之一就是诚信问题。电子商务作为"互联网+"的产物呈现出全球性、虚拟性、匿名性等特点，这使得网络交易容易造成买卖双方信息的不对称，让网上产品或广告信息的真实性、有效性难以得到保证，进而产生网上欺诈行为，同时消费者信息虚假或信息无效也容易产生交易问题。信用问题和信任问题已成为阻碍电子商务进一步发展的主要因素之一。然而，我国电子商务交易中的诚信主要靠企业的自律。想要高效处理电子商务行业的诚信问题，建成良好的信用管理体系，需要提高电子商务信用法律规范的建设，形成更好的信用法律体系。

③电子商务发展迅猛，电子商务行业人才紧缺。近年来，电子商务发展迅猛，越来越多的传统企业转向电商平台，各行业企业对电子商务专业人才需求量巨大。无论是电子商务领域的专业人才，还是互联网金融、网络安全、快递物流等电商相关人才，在人力资源市场上都有告急趋势。据中国电子商务研究中心发布的《2016年度中国电子商务人才状况调查报告》数据显示，占比85%的电商企业存在人才缺口，超过四成企业有大规模招聘计划。行业的高速发展

造就了大量的人才需求，而长期的人才短缺则将阻碍行业经济的发展。

④电子商务立法相对滞后，电子商务相关法律法规还不健全。目前，我国已经制定了《第三方支付管理办法》《网络交易管理办法》《互联网信息服务管理办法》等规范性文件，但这些规范性文件仅是当电子商务发展过程中出现较大问题时，相关部门才开始牵头组织制定相关规定，缺乏完整体系，电子商务相关法律很难实现突破性发展。电子商务发展面临的重大问题是尽快建立一个统一思想、从全局出发的、具有完整体系的电子商务根本大法，才能从总体和宏观的角度来把握和解决限制电子商务发展的问题和难点。因此，我国要加快法治建设步伐，进一步完善网络交易管理办法，积极推进电子商务立法。

⑤我国信息产业国产化产品技术水平与市场占有率低，重大电子商务应用工程、应用系统所用的软硬件产品主要依靠国外公司，系统集成、信息服务水平有待提高。计算机应用有关标准、规范既缺乏又不统一，急需加强。与电子商务有关的标准比较滞后，投入明显不足。

⑥企业管理体制、机制、管理理念与组织机构尚不能适应市场经济的要求，部分领导对电子商务应用的重要性、紧迫性认识不足。企业采用电子商务等高新技术尚缺少内在的动力、人力、财力与物力。基础工作薄弱，信息技术人才特别是既懂信息技术又懂行业业务技术的复合型人才更为缺乏。

1.2.2 电子商务的发展趋势

未来电子商务的发展取决于商业模式的不断创新和信息技术的发展。

（1）商业模式创新

成功的商业模式是企业维持发展、保持其竞争优势的核心要素。从互联网电子商务成功和失败的案例中能够清晰地发现商业模式对企业的意义，许多互联网公司因为错误地或过高地估计了公司的盈利模式和客户价值体现而倒闭。

（2）智能化

电子商务所依赖的网络环境拥有大量的信息，对于这些信息的收集、分析和利用完全依靠人工是不可能的，智能技术将广泛应用于电子商务的各个环节，如从供应商、商业伙伴的选择，到生产过程的优化；从个性化推荐、智能搜索到智能化自适应网站；从物流配送到客户的售后服务与客户关系管理等。主要智能技术包括自然语言处理和自动网页翻译、多智能代理技术、智能信息搜索引擎和Web挖掘技术、数据挖掘、商业智能、面向电子商务的群体智能决策支持系统、智能工作流管理、知识工程及知识管理等。商务智能技术的应用效果取决于人工智能技术的发展。

（3）新型网络技术

信息技术仍然在不断地向前发展，而这个发展过程往往并不在人们的预料之中，因此不断推出的新的计算技术、网络技术也将不断推动电子商务的发展。

①PtoP技术仍处于发展与成熟阶段。

②第5代移动通信技术通过现有无线技术演进和开发补充性的新技术来构建长期的网络社

会，将大大推动电子商务向移动商务方向发展。

③网格计算将彻底改变现有的计算模式。它利用互联网把分散在不同地理位置的计算机组织成一个"虚拟的超级计算机"，其中每一台参与计算的计算机就是一个"节点"，所有参与计算的"节点"组成了"一张网格"，整个互联网上的计算资源将得到充分利用。

④基于IPv6的第二代互联网通信技术越来越普及。

小知识

三网融合

所谓"三网融合"，就是指电信网、广播电视网和计算机通信网的相互渗透、互相兼容，并逐步整合成为全世界统一的信息通信网络。"三网融合"是为了实现网络资源的共享，避免低水平的重复建设，形成适应性广、容易维护、费用低的高速带宽的多媒体基础平台。

（4）协同

网络技术的迅速发展，使得企业内部部门之间、企业与企业之间的分工协作发生了变化，从而引起企业的组织形式、组织文化、管理方式、决策过程发生变化，相继出现了虚拟企业、动态联盟等企业组织形式。协同已经不再是企业愿不愿意的问题，而是必须面对的现实。企业的生产、经营、管理等均需协同技术的支持，包括产品协同设计、协同产品商务（collaborative product commerce，CPC）、工作流的协同管理、产品和过程的集成技术、分散网络化制造、面向协同工程的友好的人机界面和通信。协同商务也不再仅仅是一个概念，而是与企业的业务紧密结合在一起的。

（5）专门化

类似Amazon.com这样的综合型电子商务企业的数量将不会明显增加，而大量的利基（Niche）电子商务会不断涌现。所谓利基市场，就是满足具有特殊需求的一类消费群体的市场，它与大批量生产是相对的。例如，一个旅行团是由一群互不相识的个体组成的，他们的兴趣、爱好各不相同，在这种情况下，旅行社能够提供的就只能是满足大家的共性需求，到一些常规的景点去观光，所以人们在报纸上、旅游电子商务网站上看到的都是相似的旅游线路。但利基电子商务可以改变这种模式，即使是非常冷门的旅游线路，都可能以极低的成本和极快的速度在网上将具有特殊兴趣的一群人聚集在一起。

利基电子商务的最大特点就是差异化，做别人没做的一小块细分市场来填补市场空缺，而差异化依赖的却是创新思想。Web2.0技术为每个人提供了一个创新的平台，关键是我们如何利用这个平台。

1.2.3　电子数据交换（EDI）及发展

（1）EDI概念

EDI是Electronic Data Interchange的英文缩写，即"电子数据交换"。国际标准化组织

（ISO）对EDI的定义是：为商务或行政事务处理，按照一个公认的标准，形成结构化的事务处理或消息报文格式，从计算机到计算机的数据传输方法。

从EDI的定义不难看出，EDI包含了三个方面的内容，即计算机应用、通信网络和数据标准化。其中计算机应用是EDI的条件，通信环境是EDI应用的基础，标准化是EDI的特征。这三方面相互衔接、相互依存，构成了EDI的基础框架。

在建立了EDI系统之后，不同商家可以在商务活动中，将商业文件如订单、发票、货运单、报关单和进出口许可证，按统一的标准编制成计算机能识别和处理的数据格式，在计算机之间进行传输。它以电子单证代替纸面文件，因此有"无纸贸易"或"电子贸易"的美誉。

（2）EDI的发展

EDI的概念问世于20世纪60年代，20世纪70年代就有了行业性的EDI系统，集中应用在银行业、运输业和零售业，如当时银行业发展的电子资金汇兑系统（SWIFT）和日本的杂货物流系统（PLANET）。20世纪80年代EDI应用迅速发展，1986年欧洲和北美20多个国家开发了用于行政管理、商业及运输业的EDI国际标准（EDIFACT）。随着增值网的出现和行业标准发展成为通用标准，EDI的应用和跨行业发展大大加快。

目前，EDIFACT标准是全球EDI使用者所遵循的唯一EDI单证国际标准。美国以前所使用ANSI X.12标准已于1997年和EDIFACT标准合二为一。

到目前为止，EDI的发展经历了早期的点对点直接专用方式到基于增值网的间接方式和基于Internet的互联网EDI方式。

（3）EDI—BtoB 电子商务的一种模式

当Internet出现之后，EDI由原先的使用专用计算机网络过渡到使用Internet，实际上已经成为电子商务的一种形式。可以将使用Internet作为通信环境的EDI看成是一种遵守特定标准的BtoB电子商务系统，它是企业对企业进行电子商务的重要手段。值得注意的是，即使在Internet上大力发展BtoC电子商务模式的今天，企业间的商业文书的往来依然采用让企业感到安全放心的电子数据交换系统。

据资料报道，到1988年，美国企业应用EDI进行商贸活动的达到5000家，其中包括美国最大的100家企业和65%位居前500家的大企业。

进入20世纪90年代以后，美国EDI应用不断加快，1990—1994年间应用EDI的公司逐年大幅度增加，平均每年增长达23个百分点，到1998年年初，美国应用EDI的企业已超过5万家。近几年，由于互联网上电子商务应用的其他方式的不断发展，美国应用EDI的企业数增势明显趋缓，使用EDI的用户也开始用Internet 来传输EDI文件，采用Internet- Mail 和Web-EDI的新应用形式。因此，无论电子商务怎样发展，企业对企业的电子商务中EDI无疑是其主要的一种方式，因为，EDI在应用上出现了使用的标准，而且有了较长时期的应用实践和广泛使用的范围，这些就是它能有生命力存在的基础。

（4）我国EDI的发展

我国1990年正式引入EDI概念，1991年8月23日在国务院电子信息系统推广应用办公室主持下，成立了"中国促进EDI应用协作小组"。同年9月，中国申请加入了亚洲UN/EDIFACT（AS/EB），并宣布中国UN/EDIFACT委员会（CEC）成立。1992年5月，CEC在北京召开了

"EDI战略与标准化研讨会",拟定了《中国EDI发展战略与总体规划建议》(草案)。

EDI通过与更多信息技术相结合,呈现出多元化、常态化的发展,可见EDI并不是一项过时的技术,而是通过结合新的技术发展、新的应用环境越来越广泛地应用于国际贸易、电子商务及企业的日常信息化管理中。

我国的EDI应用模式目前有三种:一是行业应用模式、二是建立城市EDI中心模式、三是由邮电通讯网为支撑的提供EDI增值服务的China EDI模式。

(5)EDI与电子商务

EDI是BtoB电子商务模式目前发展的主要形式,但就社会基本认同的电子商务是广大老百姓层面上的网上购物概念,而企业的EDI离普通老百姓太远。因此,一般意义的电子商务,是基于Internet的接近百姓生活的电子商务,而这种商务活动的出现是由于互联网的出现而产生的。这种模式得以发展是因为20世纪末Internet的出现。

20世纪80年代后期,美国国家科学基金会(NSF)构架了其骨干计算机网络NSF Net,这形成了Internet的雏形。1991年,美国政府宣布Internet向社会公众开放,允许在Internet上开发商业应用系统。1993年,WWW(World Wide Web)出现,这是一种具有处理包括数据、声音、图像在内的超媒体信息的网络系统,并使用超级链接来实现网络上不同信息之间的跳转。WWW使Internet具备了处理多媒体信息的功能,用户的使用更加直观方便。1995年,Internet上的商业信息业务量首次超过科教信息业务量,成为基于Internet的电子商务大规模起步的标志。

为了适应在Internet开展商务活动的需要,1994年,美国网景公司(Netscape)推出了支持电子商务的SSL协议,用以弥补Internet使用的TCP/IP协议在安全方面的不足(如TCP/IP协议难以确定交易双方的身份)。1996年2月,在IBM、微软等一批技术领先的跨国公司的支持下,VISA与MASTRER CARD两大信用卡国际组织共同发起制定了SET协议,借以保障在Internet上进行交易的安全。

随着各种条件的具备,20世纪90年代中后期,基于Internet的电子商务得到了迅猛的发展,这样 BtoC 模式在网上的应用就成为可能。

1.3 电子商务交易的基本流程

从前面的分析我们可以知道,进行商务活动有几个基本的环节,需求信息的撮合、交易合同的签署、购买资金的支付、商品货物的运送。

而电子商务是以电子为载体在网络和社会环境下进行的一种商务活动。在网上进行交易它的便捷之处在于,需求信息的撮合、交易合同的签署、购买资金的支付这三个环节都可以在网络环境中进行,而商品货物的运送就要靠社会物流来完成。因此,分析电子商务的基本流程可以从信息流、资金流和物流三流整合的角度来认识电子商务交易中的基本流程。

1.3.1 网上购物的基本过程

网上购物的基本过程就是消费者在网上买一件东西所经历的整个过程。我们可以以BtoC为例来介绍电子商务的购买流程，从而进一步认识电子商务的商务交易的过程。这一过程是信息流在网上撮合的一个基本过程，即需求双方市场购买的互动交易过程，它主要是信息流在网站上的一个交互过程。

下面，以京东（http://www.jd.com）为例来介绍BtoC的流程。其他电子商务网站开展的BtoC业务的流程与此类似。在网上购买商品的过程大致如下：

注册会员→登录商城→查询浏览商品→选择商品→放入购物车→支付→送货→完成。

第一步，消费者登录京东网（PC端或手机APP端），进行商品的查询和选购，京东网PC端界面如图1-2所示。

图1-2 京东网PC端界面

在此主页中，商家列出了网上商城重要商品的主要信息。为了吸引客户，网页中把优惠商品、热销商品列在了较显眼的位置。为了方便客户查询商品信息，网站还提供了搜索功能。由于网页大小的限制，在网上商城的第一页，商品的情况介绍得很简单，一般是一张图片加简单的主要性能和价格介绍。如果客户对某种商品感兴趣，可以点击相关的链接进入下一页。在链接的网页中，有对该商品比较详细的介绍。在此过程中，客户甚至可以通过Internet与在线的网上商城客服人员进行交流。

上述过程与传统商务中的逛商店选购商品类似。不同的是，在电子商务中，商店成了网站，客户逛商店变成了通过浏览器浏览网页。

第二步，客户填写购物单。客户在了解了商品信息后，如果想购买某种商品，就将此种商品放入"购物车"。"购物车"实际上是一个计算器,可以计算出客户购买的所有商品的价格总和。客户在填写了"购物车"信息后,可以选择继续购物,也可以选择去收银台。

如果选择了去收银台,客户还要填写很详细的订单信息。订单信息的主要内容包括订货人的联系方式、付款方式、送货方式等。为了方便客户,许多网上商城在开展业务的时候实行了会员制,会员可以享受到优惠,如果个人信息没有改变,在填写订单信息时很多个人信息也可以省略不填。

一般在网上商场进行购买,都先注册成为其会员,注册会员的方式极简单,现在的网上商场为了保护消费者的隐私,改变了过去要填写详细个人信息的方式(身份证号码、职业、收入、爱好等),而只要填写用户名、E-mail地址和密码就可成为其会员。

填写购物单这一步骤相当于传统商务中的签订合同。

第三步,资金支付。目前网上商城提供的资金支付方式主要有货到付款、邮局汇款和网上支付三种。网上支付需要银行的参与,客户要在相应银行开有存款账户,并拥有相应银行提供的支付工具(如招商银行的一网通)。客户可以根据自己的需要,选择相应的资金支付方式。如果客户选择的是网上支付方式,客户在发出了支付指令之后,需要得到相关银行的验证才能在银行指定的期限内将资金划转到商家的账户上。

第四步,货物配送。电子商务的货物配送方式一般是商家送货上门。客户在收到所买商品并验货之后,将相关的信息反馈到商家并享受相应的售后服务。

1.3.2　网上支付的基本过程

消费者在网上购买商品的行为发生后,商家知道消费者发出了支付商品的资金信息的指令后,并没有在其账户上实时收到资金到账的结果,这就是电子商务目前在支付上的问题所在。因此,在网上商城的支付方式中有消费者对支付方式的各种不同的选择,目的就是采用支付的不同方式,来保证资金能安全到商家的账户上。

目前在网上购物一般通常选用的支付方式有以下几种:

- 货到付款方式

通常要消费者选择收货人所在地区,目前,一般是商家和消费者均在同城范围内才受理此种方式。

- 邮局汇款方式

告诉了商家的地址和收款的单位名称。

- 银行汇款、转账方式

告诉了汇款的开户行和收款方的户名。

- 银行卡的网上支付方式

目前,各大银行都开通了网上支付。

- 电子商城支付平台方式支付

比如微信支付、支付宝支付、京东支付、百度支付等。

上述情况说明在中国发展电子商务存在支付制约的瓶颈主要原因有以下几点:

- 我国现行的银行体系复杂，有国有商业银行、股份制银行、政策性银行和各类中小规模的民营性质的银行，还有散布在广大农村的信用联社，再加上外资银行，在这样一个复杂的体系中，支付存在银行间分割上的体制障碍。
- 各个银行在业务发展和竞争过程中都建立了自有的一套支付体系，条块分割，标准不同，对跨行和异地的转账支付业务的开展造成了障碍。
- 人们的消费习惯和资金支付的安全保障和损失赔付无法律保障，制约了社会采用网上支付的方式。
- 网上支付方式所办的手续复杂，给消费者造成不方便，因此，网上购物国内消费者多采用货到付款的落后支付方式，这说明社会的信用度低。

1.3.3 商品配送过程

支付完成后商家就进行商品的送货，这就是电子商务的配送。我国的快递业发展迅速，正在朝着智能化发展，快递速度大幅提升，繁忙时期七天以内送至客户手中，平时三天基本就可以将货物送达客户手中。

例如，在淘宝网上选购了一个商品，完成了支付后，商家将商品打包，送至快递点或者快递公司派人上门取货，而后由快递公司送到目的地。

习题

一、名词解释

电子商务

二、简答题

1. 简述电子商务的特点。
2. 简述电子商务的分类。
3. 简述电子商务的步骤。

技能操作训练

1. 登录淘宝网，进行注册，实名认证，了解C2C电商平台进行网络购物的流程。
2. 登录京东商城，进行注册，了解B2C电商平台进行网络购物的流程。

案例分析

阿里巴巴集团

阿里巴巴集团是一家由中国人创建的国际化的互联网公司,经营多元化的互联网业务,致力于为全球所有人创造便捷的交易渠道;自成立以来,集团建立了领先的消费者电子商务、网上支付、B2B网上交易市场及云计算业务,近几年更加积极开拓无线应用、手机操作系统和互联网电视等领域。集团以促进一个开放、协同、繁荣的电子商务生态系统为目标,旨在对消费者、商家以及经济发展做出贡献。

阿里巴巴集团由本为英语教师的马云于1999年带领17人创立,集团由私人持股,服务来自超过240个国家和地区的互联网用户;集团及其关联公司在大中华地区、印度、日本、韩国、英国及美国70多个城市共有20400多名员工。2014年9月19日晚,阿里巴巴在纽约股票交易所挂牌交易,每股68美元,当天股票开盘价位92.7美元,阿里在交易中总共筹集到了250亿美元资金,创下了有史以来规模最大的一桩IPO交易。

1. 发展历程

1999年,在马云带领下的18位创始人在杭州的公寓中正式成立阿里巴巴集团。

1999—2000年,阿里巴巴集团从软银、高盛、美国富达投资等机构融资2500万美元。

2002年,阿里巴巴集团B2B公司开始盈利。

2003年,在马云位于杭州的公寓中,个人电子商务网站淘宝网成立,发布在线支付系统——支付宝。

2005年,阿里巴巴集团与雅虎美国建立战略合作伙伴关系,同时执掌雅虎中国。

2006年,阿里巴巴集团战略投资口碑网。

2007年,以互联网为平台的商务管理软件公司阿里软件成立。

2010年11月,淘宝商城启动独立域名Tmall.com。

2011年6月,阿里巴巴集团将淘宝网分拆成为三个独立公司,淘宝网(taobao.com)、淘宝商城(tmall.com)、一淘(etao.com),以更精准和有效地服务客户。

2012年1月,淘宝商城宣布更名为天猫,加强其平台的定位。

2. 阿里巴巴集团主要业务

(1)阿里巴巴国际交易市场

阿里巴巴国际交易市场创立于1999年,为全球领先的小企业电子商务平台,旨在打造以英语为基础,任何两国之间的跨国贸易平台,并帮助全球小企业拓展海外市场,阿里巴巴国际交易市场服务全球240个国家和地区数以百万计的买家和供应商,展示超过40个行业类目的产品。

(2)淘宝网

淘宝网成立于2003年5月,是中国最受欢迎的C2C购物网站,致力于为消费者提供多元化且价格实惠的产品选择。根据Alexa统计,淘宝网是全球浏览量最高的网站。

(3)天猫

天猫是中国领先的平台式B2C购物网站,致力于提供优质的网购体验。天猫由淘宝网于

2008年4月创立，于2011年6月独立于淘宝网，自行运营。自推出以来，天猫已经发展成为日益成熟的中国消费者选购优质产品品牌的目的地，具Alexa的统计，天猫是中国浏览量最高的B2C零售网点。

（4）支付宝

支付宝成立于2004年12月，是中国用户最多的第三方支付平台，致力于为上亿计的个人和企业用户提供安全可靠、方便快捷的网上支付和收款服务。2012年11月11日，支付宝完成了超过1亿笔交易，创下了单日交易量的新高。2017年"双十一"，支付宝完成1682亿元的交易。创历史新高。

（5）阿里云计算

阿里云计算成立于2009年9月，现在云计算与数据管理平台开发商，其目标是打造互联网数据分享第一服务平台，并提供以数据为中心的云计算服务。阿里云计算致力于为淘宝系平台等卖家以及第三方用户提供完整的互联网计算服务，包括数据采集、数据处理和数据储存，以帮助推动阿里巴巴集团及整个电子商务生态系统成长。

案例思考题

1. 阿里巴巴作为全球最大的电子商务企业之一，其得到迅速发展壮大的原因是什么？
2. 结合阿里巴巴集团的发展历程，对我国电子商务的产生与发展进一步加以认识。

项目 2
电子商务模式分析

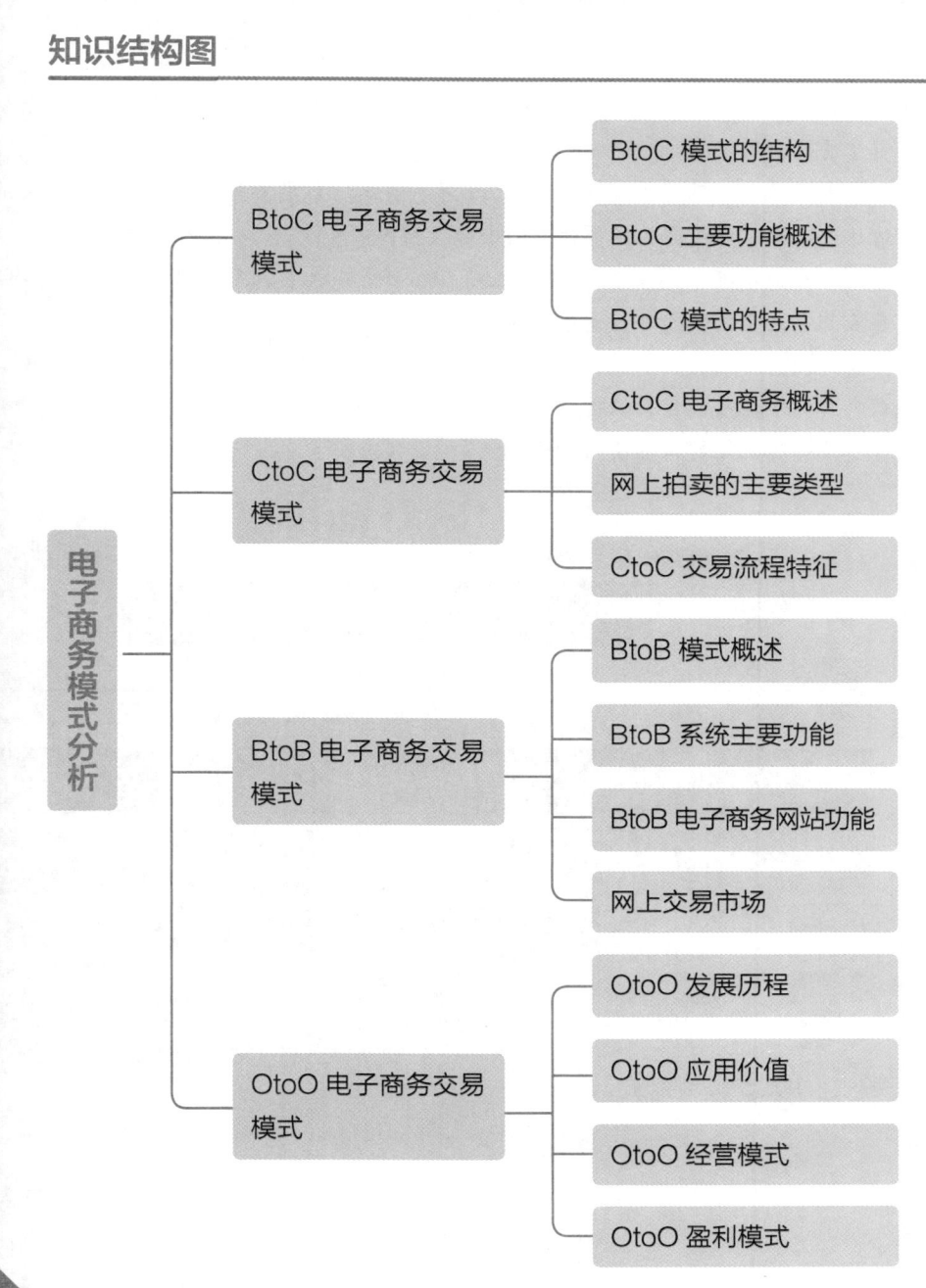

案例导入

闻名遐迩的义乌"中国小商品城"始建于1982年，经过近40年的精心培育和建设，"中国小商品城"已初步形成了一个以小商品市场为龙头，农贸城、物资市场、室内用品市场、文化市场等10多个专业市场和30多条专业街为依托，运输、产权、金融、技术、劳动力等要素市场为支撑，国外、市外分市场相呼应的市场体系，使义乌逐步成为国际上有一定知名度的小商品都会。特别是中国义乌小商品网（www.ywbb.com）于2002年的成立（图2-1），更加拓宽了小商品城的发展空间。

义乌小商品市场汇集了1502个大类、32万种商品，年成交额连续13年居全国批发市场之首，通达全国200多个城市，出口到全世界五大洲的160多个国家和地区。

中国义乌小商品网是典型的CtoC商务模式，它是义乌访问量最高的商业网站，日访问量达10万以上，也是国内规模最大的小商品网。

现在，小商品网上已有部分BtoC、BtoB交易模式崭露头角，访问客商来自30多个国家，每天都有大量的国内外的商家在这里询盘交易。

请问，中国义乌小商品网为什么是典型的CtoC商务模式？你能区分CtoC、BtoC、BtoB模式吗？你知道它们各自的特点吗？

你还听说过什么电子商务模式呢？

图2-1　中国义乌小商品网

2.1 BtoC 电子商务交易模式

伴随互联网的爆发式发展和网上消费群体的日益增长，传统零售业纷纷向网上进行扩展，网络零售商越来越关注以先进的网络技术来维护客户关系，实现互动式客户关系管理。个性化和客户化由此日渐成为网络时代的焦点。BtoC模块它面向网上零售商的模式，结合传统交易习惯，改善客户购物流程，增进网上零售商与客户间的交流与沟通，通过一系列个性化的功能成功实现了网上零售商对客户的一对一互动式管理。BtoC是一种商业渠道，在现实世界已经存在，在网络上只不过是改变了形式而已。

家庭用户网上购物的普及将使BtoC跨过临界点，在未来迅猛发展。BtoC已经度过了品牌建设期，正在步入业务推广期。BtoC只要简单地扩大规模便可以实现盈利。BtoC的优势还来自于货物的零库存，先进的信息化技术使供货商能够实时地了解自己产品的销售与售后情况，加快了供货商的资金周转率。BtoC厂商库存中的货物均是两三天内要发出的紧俏商品。在库存时间内要完成打印订单、包装，将购买记录加入CRM系统中进行分析等过程。从这个意义上来说，库存是中转站，与传统商业定义中的库存是不同的。

BtoC还可以做到当客户下订单时才向厂商提供发货要求，与之形成鲜明对比的，是在传统的图书发行渠道中，每进库10本书就会有3～4本书卖不出去。

BtoC未来的两个发展方向值得关注：

其一，个性化服务的地位越来越高，过去个性化服务是比较浅层次的，因为客户的购买记录太少，无法积累足够的数据。然而今天每天上万张订单，当然可以为客户提供有经济价值的分析。在传统经济分析中人们发现"尿布的销售量与啤酒的销售量"有关，而现在的BtoC正是要引进更多这样的传统商业领域的规律。自从有了连锁店后就有人研究POS机应该摆放在客户的左边还是右边，最后发展成一门专门的学问，网络上虽然没有POS机，但存在着很多类似的消费习惯。因此，互联网需要自己的商业规律，但没有足够多的数据与商业实践是无法总结出规律的，互联网期待着全新的BtoC零售理论与规律的出现，每一个规律的发现都会使BtoC向前走一大步。以个性化作为突破口将会带来BtoC的全新商业模式。

其二，处理好与传统供货商的关系。在中国，许多供货商的信息化程度都不高，有的甚至连电脑都没有，因此中国的"鼠标+水泥"要比国外难得多。他们同样可以进行电子商务，比如通过手机短信等方式传达其客户的订单及要求。

2.1.1 BtoC 模式的结构

网上零售网站，通过其基础结构中的匹配机制，可以根据个人简况和历次访问本站点的记录，按照零售商的业务"规则"，把"内容"个性化地匹配给访问者，省却了顾客每次都要进行的搜索，采用该平台，零售商可以向消费者提供"一对一"资讯，在线交易等服务，并能满足扩展型企业关系的管理（包括对企业员工、合作伙伴和客户的需求的支持），这对提高客户满意度、增加忠诚度，因而增加网上零售商的收益，是非常有效的。

BtoC还具有良好的开放性和直观性，也能与零售企业后台的整体IT环境完全兼容，自如运用和集成现有业务系统中的信息（价格、税收、装运、销售等），如通过提供开放的应用程序接口，通过与多种不同的第三方软件的集成，可以保护已有业务系统的投资。

2.1.2 BtoC 主要功能概述

（1）个性化服务

BtoC平台解决方案最突出的特点就是个性化服务。随着Internet的发展，网上信息浩如烟海。当前对有效访问方式和处理费用都令网上访问者望而却步，对此，解决方案不仅提供强大的搜索引擎，还提供了面向访问者的信息个性化服务。

1）个性化页面。

利用强大的个性化引擎驱动在页面的注册用户显示其定制的个性化信息，如针对特别用户有用的促销信息、用户关心的信息等。对于匿名用户，系统也可以根据产品的点击率，销售排名等进行信息发布。

2）客户档案。

在BtoC平台系统中，客户档案在用户第一次进行登录或注册时就有效生成，当用户在以后访问网站时，系统会自动观察用户习惯，根据预先定制的商业规则，将一些特定的客户行为附加在客户档案中。用户也可以方便地对自己的档案进行修改。

3）个性化提醒。

在平台强大的个性化引擎驱动下，系统可以采用多种方式对用户进行提醒。如在浏览器上生成一个即时警告信息，或者给用户发送E-mail等。

在BtoC系统中，商家可以设立灵活的商业规则，如在用户购物时提示对某种商品买一送一，或消费一定数额就可以参加抽奖活动等。通过这种提醒功能，可以随时和用户进行联系，在维护客户关系的同时，使商家抓住商机。

4）个性化信息频道定制。

系统允许用户自定制信息频道，利用系统提供的各种功能函数，可以按频道和节目组织，让用户定制最感兴趣的书签和提醒，真正做到使每一个用户都可享受具有自己个人风格的信息平台。

（2）角色管理

在BtoC方案中将客户群、产品经理、业务经理、合作伙伴等这些角色分离，在每一项业务中对不同的人提供不同的权限和工具，通过对账户的严格管理确立他们之间的相互关系，从而定义完整的管理体系结构以适应大型门户网站平台的迫切需求。

（3）产品展示（网上商店）系统的功能

①各种产品的分类、简介和发布；

②登录系统；

③信用卡的检查；

④选购产品的价格和数量、重量的计算；

⑤形成订单；
⑥订货单的打印。

（4）在线购物（购物车）
①浏览查询网上商品；
②选择要购买的商品放在购物车；
③选中商品的增删改；
④已购商品结算；
⑤确认；
⑥支付选择；
⑦在线银行卡购物或邮寄；
⑧在线支付提供与多个银行连接的支付接口。

（5）订单管理系统
1）关于订单的产品协商。包括产品属性的增、删、改；产品协商状态的更改；协商意见的发布和传递；对于订单更改动作的记录；某部门处理时间的记录；订单的删除。

2）关于订单的协商。包括产品和产品属性的增、删、改；附加品和附加品属性的增、删、改；协商意见的发布和传递；订单查询；对于订单更改动作的记录；协商意见的发布和传递；某部门处理时间的记录；订单的删除。

3）合同的形成。包括双方的签字过程（为二期工程预留CA认证的环节）；订单的删除；合同的打印；流转单的形成。

（6）配送信息系统
①产品数量的更改（针对以批号计量的产品）；
②产品发票的填制；
③流转单的打印；
④备货报站完成状态的设置；
⑤运货信息（发车时间、预计到达时间、司机信息等）的发布；
⑥报销结账。

（7）用户服务
包括留言板——客户反馈意见；退、换货物；保修及管理；自动、实时地向用户发出确认、更新、修改、订单及送货通知。

（8）运行维护系统
①用户账户维护系统（包括网站部账户的增、删、改；总部账户的增、删、改）；
②产品目录的维护；
③运输车辆状态的维护。

（9）查询系统
①基于订单号的历史记录的查询；
②基于时间的历史记录的查询。

（10）促销

系统可以对购物刺激提供以下管理：

①提供目标化赠送券，刺激客户在整个网上商店范围内购物；提供一些组合优惠政策以加强刺激，包括百分比折扣、价格折扣、价格调整，以及组合销售优惠；

②允许商家向产品/SKUs，产品种类，产品属性提供刺激（如库存或产品报价），对选定的用户分发刺激，建立刺激的使用期限；

③根据客户以前所购商品，客户决定购买的商品内容，客户所在社区及其他条件向客户提供交叉销售或升级销售；

④创建动态的商品比较表格，向客户提供充分的比较信息，促使客户做出采购决定。

（11）价格策略

系统强健的价格引擎可支持来自内部或外部商务系统的价格动态，实施实时的价格政策；同时，可配合促销、刺激等手段实施定价，也可通过引用功能进行价格销定。

（12）运输与支付

系统对销售商品提供多种运输和交付支持：

①使用多种运输模式，可按总重量、总费用或总条目计算。

②按商品/交货地点提供减税/加税。

③根据商品/交货地点限定运输方式。

④每一订单支持联合运输方式。

⑤通过基于Web的GUI工具配置和管理运输系统。

⑥系统提供开放接口插件支持现有运输公司系统，如联邦快运、UPS等。

（13）讨论组

系统可以根据客户是谁，对什么产品感兴趣来建立讨论组，并可以使用E-Retail的匹配引擎技术向用户推荐讨论组，从而更好地了解客户。

（14）管理支持工具

系统对于网站的维护提供了完善、强大且易用的管理支持工具。使用业务管理员，内容管理员和技术员工能轻松、动态地实现网站管理，保证页面的趣味性，信息的广博性和内容的新颖性。业务管理工具使业务管理员能在无须编程的环境下实时控制商业规则。

2.1.3 BtoC 模式的特点

①基于Intel安全电子商务硬件平台的安全网络架构——完善的硬件加密验证体系，快速的服务器SSL连接响应，为安全实现电子商务提供了理想基础。

②简单容易的客户上网——最少一台PC即可上网，免费主页服务，众多的主页模板及生成向导快速生成个性化的企业主页，基于Web的服务命名上网变成对鼠标的操作。

③方便快捷地浏览查询——多种选择的简易组合搜索，迅速获得所需的信息。

④灵活多样的订单管理——单击拖拽式的在线采购与表格式的订购方式相结合，轻松自如地自动生成网上订单。

⑤开放的商务撮合平台——其强大的商务撮合功能,可以方便地找到最合适的商务合作伙伴。

⑥高效、安全的在线商务洽谈——基于各种加密机制的在线商务洽谈平台,不用担心商业秘密的泄露。

⑦规范机密的签约机制——在合同的签订过程中,更加规范保密的机制确保签约各方同等、同时、同效的进行合同签字。

⑧网上商务服务——权威认证的支付系统,方便的网上报税与网上支付,解除你的后顾之忧。

⑨基于敏捷供销思想的高效商务运作——提供全面的上下游匹配信息及符合XML标准的与ERP的连接,保证你在业界的领先地位。

⑩全程的客户跟踪——通过对客户信息的跟踪管理,实现对客户资信度的评估以及黑名单的管理。

⑪完善的交易历史数据管理——通过对交易历史数据的管理及统计计算,使你不仅能迅速体察市场变化,更能事先预测市场前景。

⑫售后服务支持——完善的售后服务支付与客户投诉处理功能,实现电子商务的完整服务。

知识链接

国内九大垂直类B2C电子商务网站运营模式

服装类:凡客诚品

凡客以高品质中等价位的品牌定位,配合高回报的互联网广告宣传,提高知名度、塑造品牌、促进销量,已经成了垂直B2C的典范。凭借着网络广告的大量投放和呼叫中心的拉动迅速崛起,这是凡客的一大特色。再配以卓越完善的配送系统,凡客发展势头强劲。尤其最近两年,凡客先后签约韩寒、王珞丹、黄晓明、李宇春等当红明星名人,给销售提供了强大的驱动力,使凡客遥遥领先于其他竞争对手。

3C类:易迅网

易迅网的特色非常明显,主打本地市场的快捷服务。不同于京东和淘宝的物流配送,易迅网的物流配送非常快,可以做到"上午订货、下午送达;下午订货、晚上送达",在上海市场树立了非常良好的口碑效应。2010年,易迅网获得腾讯的战略投资,订单增长了近十倍。由此可见,本地化的特色服务获得了很好的市场回报。如今,易迅网已经向北京、深圳发展,将复制上海的成功模式。易迅网独具特色的"半日达"服务,不但满足了诸多消费者追求速度的需求,更促进了整个行业的物流配送水平。

酒类:也买酒

也买酒不同于其他酒类商城,主要利用会员带动网站的发展。成立之初,利用各种渠道吸引了一批质量较高的会员,并且通过公示销售产品的相关证书获得信赖。然后,通过诸多的线下活动,如免费的品酒会、文化讲座,在短期内积累了大批的忠实会员,并凭借会员进行口碑传播，在行业内外形成了巨大的影响力。如今，也买酒已经成为酒类B2C的代表之一。

食品类：我买网

我买网属于中粮旗下的垂直B2C，主要经营中粮集团的食品类产品以及全球各地的特色食品。通过中粮集团世界500强的品牌效应以及上万种特色商品，已经在行业内树立了良好的口碑。同时，借助中粮集团强大的推广资源，以及免费送货上门和支持货到付款等特色服务，已经成为食品行业首屈一指的品牌。

鞋类：乐淘网

乐淘是较早一批鞋类商城，相对其他几家来说，发展速度非常迅猛。乐淘最大的特色服务在于快递全部采用邮政EMS。虽然邮政EMS的速度一般，整体服务口碑也一般，但相对于其他民营快递来说，邮政EMS能够让消费者更安心。并且，邮政EMS在国内拥有最多的网点，只要有人的地方都可以达到。

化妆品类：乐蜂

乐蜂是中国第一个拥有专家明星进驻，以提供女性时尚解决方案为主要服务的垂直B2C网站。为消费者提供流行信息、时尚情报，是时尚女性为之疯狂的B2C网站。乐蜂坚持只卖品牌正品，在化妆品假货泛滥的当下，树立了非常良好的口碑。而且，女性用户的忠诚度很高，乐蜂积累了大量的忠实会员，使之成为化妆品类B2C的代表。

宠物类：波奇网

社区化电子商务是波奇网的特色。以全新的养宠理念聚集了一批资深的爱宠人士，利用社区服务爱宠人士，帮助他们更好地爱护宠物，满足了他们的心理需求。通过会员之间的口碑传播迅速发展，已经成为国内最大最真实的宠物主题社区。同时，再通过社区深度挖掘他们潜在的购物需求，为网友提供精选的物美价廉的宠物相关用品，已经发展成为国内最大的B2C宠物商城。

内衣类：兰缪

内衣的成功是不可忽略的，兰缪给B2C企业树立了新型的发展方向。兰缪初入B2C做推广烧钱几百万，一夜之间红遍网络。时至今日兰缪在内衣销售占据相当大份额。通过兰缪多年的营销策略来看，其并非只是想做单纯的网络销售，成为一个独立的内衣品牌才是其目的，而它也的确做到了，可谓名与利双收。

箱包类：麦包包

无须赘言，说到鞋包类，大家都会想起生于淘宝商城，长于淘宝商城的麦包包，名副其实的淘品牌。麦包包毅然出击B2C网络销售，当一些独立互联网品牌花大量资金砸广告时，麦包包凭借质优价廉的商品、多年积累下来的数十万用户，成为网络箱包销售的翘楚。

2.2 CtoC 电子商务交易模式

2.2.1 CtoC电子商务概述

CtoC电子商务是指消费者与消费者之间的电子商务，或者个人与个人之间的商务活动。这里所指的个人可以是自然人也可以是商家的商务代表。现代社会中的自然人或者由自然人组成的家庭中蕴藏着丰富的资源，不仅有物资资源而且有更多的知识资源，包括科技、文化、教育、艺术、医药和专门技能等资源。CtoC电子商务能够实现家庭或个人的消费物资再调配、个人脑力资源和专门技能的充分利用，从而最大限度地减少人类对自然资源和脑力资源的浪费。比如说，有个学生要毕业了，手上有一个旧的文曲星词典，他在网上发布卖旧文曲星的信息，通过网络交易平台，被另外一个新入学的大学生买去了。这种交易行为在电子商务里就称为CtoC电子商务。

CtoC电子商务模式类似于现实商务世界中的跳蚤市场。其构成要素，除了包括买卖双方外，还包括电子交易平台供应商，也即类似于现实中的跳蚤市场场地提供者和管理员。在CtoC交易中，电子交易平台供应商的作用举足轻重。这是因为：第一，它把Internet上无数的买家和卖家聚集在一起，为他们提供了一个平台；第二，它往往还履行监督和管理的职责，负责对买卖双方的诚信进行监督和管理，负责对交易行为进行监控，最大限度地避免欺诈等行为的发生，保障买卖双方的权益；第三，它还能够为买卖双方提供技术支持服务，包括帮助卖方建立个人店铺，发布产品信息，制定定价策略等，帮助买方比较和选择产品以及电子支付等；第四，随着CtoC模式的不断成熟发展，它还能够为买卖双方提供保险、借贷等金融类服务，更好地为买卖双方服务。目前国际上最有名的CtoC网站是eBay（http://www.ebay.com/），国内则有淘宝（http://www.taobao.com/）、易趣（http://www.ebay.com.cn/）和拍拍网（http://www.paipai.com/）等。

从理论上来说，CtoC模式最能体现Internet的精神和优势。数量巨大、地域不同、时间不一的买方和同样规模的卖方通过一个平台找到合适的对家进行交易，在传统领域要实现这样的大工程几乎是不可想象的。同传统的二手市场相比，它不再受到时间和空间限制，节约了大量的市场沟通成本。从实际操作来看，其价值也显而易见。首先，CtoC能够为用户带来真正的实惠。过去，卖方往往具有决定商品价格的绝对权力，而消费者的议价空间非常有限；CtoC网站的出现，则使得消费者也有决定产品价格的权力，并且可以通过消费者相互之间的竞价结果，让价格更有弹性。其次，CtoC能够吸引用户。打折永远是吸引消费者的制胜良方。由于拍卖网站上经常有商品打折，对于注重实惠的消费者来说，这种网站无疑能引起他们的关注。对于有明确目标的消费者（用户），他们会受利益的驱动而频繁光顾；而那些没有明确目标的消费者（用户），他们会为了享受购物过程中的乐趣而流连于CtoC网站。

近年来，CtoC电子商务在世界范围内一直快速成长，在中国也是如此，市场交易额逐年迅速提高，其中以2005年的发展最为迅速。

2.2.2 网上拍卖的主要类型

所谓网上拍卖（auction online）是指网络服务商利用Internet通信传输技术，向商品所有者或某些权益所有人提供有偿或无偿使用的Internet技术平台，让商品所有者或某些权益所有人在其平台上独立开展以竞价、议价方式为主的在线交易模式。目前在Internet上出现的网络拍卖交易方式中有一些是从传统拍卖中某些交易方式演变而来的，另一些是针对Internet本身的特点和消费者的喜好而出现的新的交易方式，这些交易方式主要有以下几种。

（1）网络英式拍卖

英式拍卖（English Auction）也称为公开拍卖或增价拍卖，是传统拍卖中最常见的拍卖方式。这种拍卖方式被网络拍卖所采用，成为网络拍卖中最基本、最常见的在线交易方式。网络英式拍卖采用的是正向竞价形式。网络英式拍卖的规则是后一位出价人的出价要比前一位的高，竞价截止时间结束时的最高出价者可获得竞价商品的排他购买权。买方可以通过浏览历史价格（当前其他买家的出价）决定自己对物品的最高报价，然后提供给系统，系统自动更新后，其所出的价格和历史价格就可以显示在网页上。

（2）网络荷兰式拍卖

荷兰式拍卖（Dutch Auction）是一种公开的减价拍卖，又称"出价渐降式拍卖"。荷兰式拍卖多交易的是量大的物品，在传统拍卖中，物品价格每隔一定的时间会下降一些，此过程中，第一个出价人可以按照他出价时的价格购买所需的量。如果他买完后物品还有剩余，降价过程继续，直到所有物品都被买走为止。虽然拍卖中物品价格处于下降趋势，但第一个出价人因考虑到其他竞买人可能先于他出价而使他无法获得所需的物品，所以他会先于其他人出价，这时他的应价实际上就是物品的最高出售价。网络荷兰式拍卖，也是针对一个卖家有大量相同的物品要出售的情况而产生的，它采用的是逆向竞价形式。网络荷兰式拍卖不存在价格下降的情况，一般是竞价截止时间结束时，出价最高者获得他所需要的数量，如果物品还有剩余，就由出价第二高的人购买。网络荷兰式拍卖的原则是：价高者优先获得宝贝，相同价格先出价者先得。成交价格是最低成功出价的金额。

（3）集体议价（集体式购买）

集体议价是一种不同于传统拍卖的网络议价类型，集体议价多采用CtoB的形式，并无竞价过程，提供集体议价的网站会将物品的基础价格（初始价）公布，由众多买家构成一个庞大的购物集团，然后根据卖方在登录物品前登记的表格中所标明不同数量等级时的物品的单价进行购买，买家人数越多，价格越低，但通常会有一个最低价（即集合底价）。集体议价实质上更像网站替一批不认识的人去批发购买他们想要的商品。

（4）逢低买进

逢低买进也是不同于传统拍卖的一种网络议价形式，买家可以暂不投标加入，而是根据商品的价格曲线，选一个自己认可的价格段，一旦价格降到此价格段上，系统会发送通知，告诉买家目前集合的人数已达到他所期望的价位并将他自动加入购买集体。

（5）反拍卖（标价求购）

反拍卖（标价求购）中由卖方出价，卖方成了"买方"，其竞争的是向消费者提供服务的机会,反拍卖具体指消费者可以提供自己所需的产品、服务需求和价格定位等相关信息,由商家之间以竞争方式决定最终产品、服务供应商,从而使消费者以最优的性价比实现购买。

(6)一口价

一口价指在交易前卖家预先确定一个固定的价格,让买家没有讨价还价的余地。交易完成后,买家根据卖家预先设定好的价格(即一口价)进行付款。如果卖家出售数量是大于一的多数商品,则交易将持续到买家以一口价购完全部商品或在线时间(竞价截止时间)结束。一般在网络拍卖的实际运用中,一口价的买卖方式可以单独使用,也可以结合其他交易类型(如网络英式拍卖)一起使用。

2.2.3 CtoC交易流程特征

下面以淘宝网为例,说明CtoC电子商务的交易流程。由于淘宝网采用会员制,因此无论是买家还是卖家都需要在淘宝网上进行注册。

尤其值得注意的是,为提高网上交易的安全性,淘宝网提供了第三方支付平台——支付宝,支付宝是目前国内最大的第三方支付平台。买家和卖家使用支付宝进行交易必须先通过支付宝进行实名认证。

(1)买家交易流程

1)搜索、浏览商品。买家可以利用淘宝网提供的关键词搜索、类目搜索和高级搜索等方式,搜索所需要的商品和店铺,并可以对感兴趣的商品进行收藏。同时还可以利用淘宝旺旺、站内信件、E-mail等多种工具与卖家就交易条件进行协商。

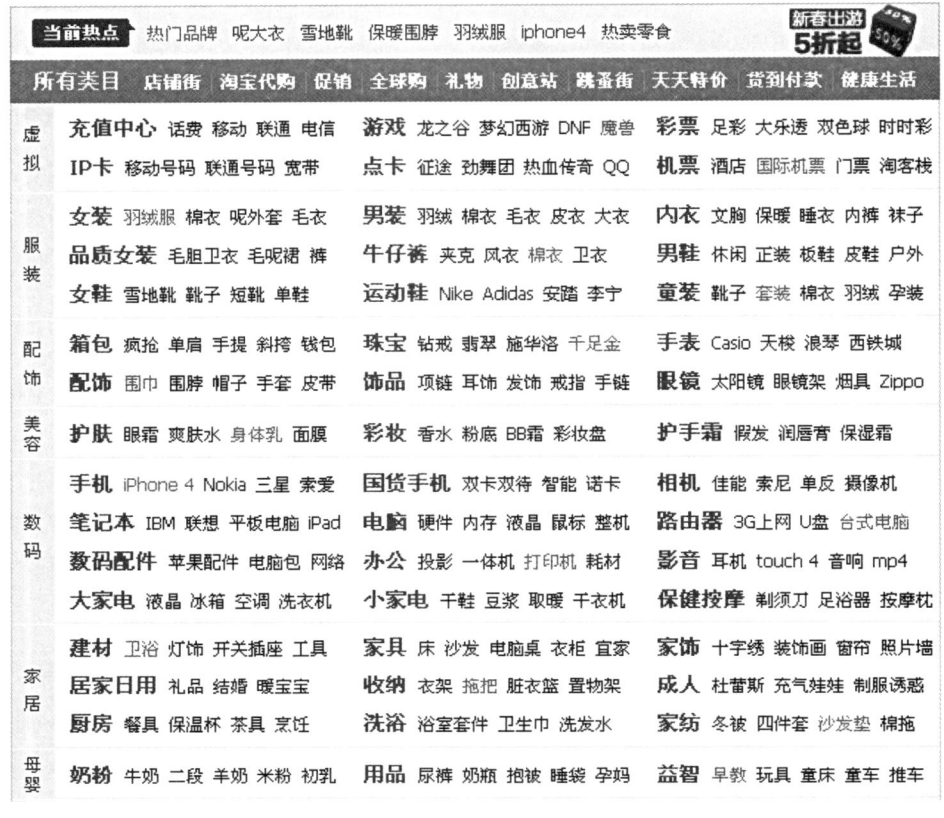

2)购买商品。买家在淘宝网上找到所需商品后,可以选择付款方式、尺码、颜色、购买数量,单击"立即购买",进入"确认购买信息"页面,输入所要填列的信息后,买家核对购买信息后,确认购买。

3）付款。在买家确认购买后，即进入支付页面。买家可以利用淘宝网提供的第三方支付平台——支付宝的账户余额进行付款；当支付宝账户余额不足时可以利用网上银行支付。买家付款后，等待卖家发货。

4）收货、评价。买家收到货物并确认无误后，可以单击"确认收货"，同时，在支付宝交易管理页面，将货款由支付宝转入卖家账户。交易完成后，买家可以就卖家的产品、服务质量等对卖家进行评价，评价记录将计入卖家的信用等级。

（2）卖家交易流程

①开设店铺并发布商品。卖家在淘宝网上注册后，发布上架10件以上商品并提供商品的基本信息，在"免费开店"页面进行操作。

②发货。商品销售后，收到支付宝提示的"买家已付款"的信息后，卖家按照买家提供的送货方式将商品送到指定地址，并将发货情况告知买家。

③收款、评价。买家收到商品并付款成功后，卖家的支付宝账户会收到买家支付的货款，卖家可对买家的付款情况进行评价并计入买家的信用等级。

④提现。卖家可在支付宝账户管理中进行提现操作，将支付宝账户的资金转到卖家指定的银行账户中。

资料阅读

CtoC电子商务的盈利模式

现阶段的CtoC电子商务网站主要针对卖家用户进行收费，主要有店铺费用、交易服务费、广告费等。

盈利模式	收入的具体形式
店铺费用	年租费、月租费
交易服务费	按交易金额提成一定比例
商品登录费	产品图片发布费、橱窗展示费
特色服务费	产品的特色展示费用

续表

盈利模式	收入的具体形式
广告费	推荐位费用、竞价排名
搜索费用	关键字搜索
其他辅助服务收费	物流服务收费、支付交易费

1．会员费。会员费也就是会员制服务收费，是指 CtoC 网站为会员提供网上店铺出租，公司认证，产品信息推荐等多种服务组合而收取的费用。由于提供的是多种服务的有效组合，比较能适应会员的需求，因此这种模式的收费比较稳定。费用第一年缴纳，第二年到期时需要客户续费，续费后再进行下一年的服务，不续费的会员将恢复为免费会员，不再享受多种服务。

2．交易提成。交易提成不论什么时候都是 CtoC 网站的主要利润来源，因为 CtoC 网站是一个交易平台，它为交易双方提供机会，就相当于现实生活中的交易所、大卖场，从交易中收取提成是其市场本性的体现。

3．广告费。企业将网站上有价值的位置用于放置各种类型的广告，根据网站流量和网站人群精度标定广告位价格，然后通过各种形式向客户出售。如果CtoC 网站具有充足的访问量和用户黏度，广告业务会非常大。但是CtoC 网站出于对用户体验的考虑，均没有完全开放此业务，只有个别广告位不定期开放。

4．搜索排名竞价。CtoC 网站商品的丰富性决定了购买者搜索行为的频繁性，搜索的大量应用就决定了商品信息在搜索结果中排名的重要性，由此便引出了根据搜索关键字竞价的业务。用户可以为某关键字提出自己认为合适的价格，最终由出价最高者竞得，在有效时间内该用户的商品可获得竞得的排位。只有卖家认识到竞价为他们带来的潜在收益才愿意花钱使用。

5．支付环节收费。支付问题一向是制约电子商务发展的瓶颈，直到阿里巴巴推出了支付宝才在一定程度上促进了网上在线支付业务的开展。买家可以先把预付款通过网上银行打到支付公司的个人专用账户，待收到卖家发出的货物后，再通知支付公司把货款打入到卖家账户，这样买家不用担心收不到货还要付款，卖家也不用担心发了货而收不到款，而支付公司就按成交额的一定比例收取手续费。

2.3　BtoB 电子商务交易模式

BtoB是电子商务中最重要的一种模式。据统计，BtoB的市场规模是BtoC的6倍。它的对象为不确定的、企业以外的、潜在的大宗批发商或零售商，客户关系不稳定，没有发展为长期客户关系的客户。BtoB市场蕴藏着巨大的机会，是电子商务的主流，是新经济最重要的特征和基础，它的主要效益为：提高销售工作效率，减少库存，降低采购、销售、售后服务等方向的成本；打破时空限制，可在世界范围内以最快的速度销售产品和做产品广告。

BtoB的发展是美国企业十多年来在公司技术上投资的直接结果，这些技术包括：计算技术、网络技术和客户服务技术。这些技术在企业内部的运用使得企业内部原先的信息孤岛连成了Internet。BtoB实际是这些企业把应用在局域网的技术应用在现在的市场行为中了。

BtoB是一个完整的体系，它需要企业不仅对行业和企业间的交易方式非常了解，而且需要其他的配套设施也都跟上。BtoB的未来前景虽然看好，然而从事BtoB是一项非常艰难的事业。

2.3.1 BtoB模式概述

（1）BtoB市场机遇

BtoB大致上由电子市场和电子基础设施构成，它提供的机会远远超出了我们的想象。BtoB的市场机遇基础部分是BtoB的基础概述，它包括物流配送、应用服务提供商外包解决方案、拍卖解决方案软件、内容管理软件、应用集成软件、网络商业软件以及传统的ERP公司等，是把卖方与买方连接起来。正是这些基础设施和市场共同组成了BtoB的交易市场。

（2）BtoB基础设施

BtoB电子商务网站仅仅是电子商务1%的部分，99%的后端支持是基础设施，从价值链的角度分析BtoB市场各组成部分的内在联系，大致可以将价值链分成四部分：

①电子商务基础提供商，包括：基础设施提供商、托管服务提供商、加密认证服务商、技术平台提供商；

②服务提供商，包括应用服务提供商、内容提供商；

③BtoB的主要功能模块；

④系统集成商，在每个阶段提供系统集成技术，或者帮助企业重组业务流程，以便更好地为企业提供服务。

（3）BtoB系统构架

BtoB分前台和后台两大部分。

1）BtoB前台。

前台主要提供给经销商使用，分五大部分：基本信息录入、预订单管理、订单管理、退货单管理、综合查询。经销商在进入前台管理系统之前，必须输入自己的编号和口令，登录到指定的站点（经销商的编号和首次口令由供应商提供）。进入管理系统后，经销商通过菜单可以方便地更改和录入自己的基本信息和密码，生成、修改、查询预订单、订单及退货单。

2）BtoB后台。

后台主要提供给供应商（厂商）使用，分为六大部分：基本信息录入、预订单管理、订单管理、退货单管理、库存管理、综合查询。进入后台管理系统，供应商必须录入自己的编号和口令登录到指定站点，供应商的编号和口令的获得是由超级用户SYSTEM分配的。

与前台相似，后台系统也提供了综合查询模块。模块提供了对经营过程各种情况的查询。主要包括：销售排行榜、报警查询、资格分析、销售比较、销售日报表、库存分析，提供对销售情况、库存情况的分析与查询，使得客户可以及时地把握企业的经营状况，做出正确的决定。

其优点：能极大地发挥互联网的优势。

简单地说，企业的系统应用Web化，合作伙伴通过互联网浏览信息，同时，它集成一些现有的应用，使企业及合作伙伴可以在互联网上进行传统功能交易。

2.3.2 BtoB系统主要功能

（1）企业形象展示功能

发布企业形象信息，以主（网）页和列表的方式介绍企业概况，并可随时改版更新。

（2）企业产品展示和查询功能

发布企业产品信息，采用分类查询，单个产品网页介绍的方式供买方查询，买方查询前须先注册。

（3）网上订货功能

系统支持买方网上订货，买方确定订货对象后，进入订货系统下订单。

（4）在线洽谈、议价功能

系统设立网上洽谈室，支持买卖双方在线商谈、议价。

（5）合同（订单）管理功能

系统设立构成由合同（订单）生成，订单入库，合同（订单）查询完整的合同（订单）处理流程。

（6）网上结算银行功能

系统采用网上银行支付方式，支持网上结算，买方注册，取得授权后，即得到一个银行账号，凭此账号在网上处理交易结算。

（7）客户管理功能

系统实行会员注册，对买卖双方的相关信息、交易信息等实行跟踪管理。

（8）配送管理功能

合同（订单）成交后，卖方向买方下提货单证，网上下载，凭单提货、送货。

（9）系统后台管理功能

系统拥有强大的后台管理功能，支持整个交易过程各个环节的后台管理和后台操作，包括：企业信息的更新、商品信息的更新、会员信息注册修改、商品库存后台管理、交易信息管理、银行支付管理。

表2-1　BtoB商业模型

模式类型	目录	拍卖	交易
描述	集中了大量产品和服务，为买方的采购站点，为卖方提供了低成本的分销渠道	提供了一个购买和销售特殊物品的场所，这些物品包括多余库存、使用过的固定资产、中止生产的产品、容易腐烂的物品	为一个产业提供商品交易的场所

续表

模式类型	目录	拍卖	交易
价格	静态、价格事先制定好，支持买方和卖方单独制定价格条款	动态：在传统拍卖中，竞价使得价格上升有利于卖方，在反向拍卖中，竞价驱使价格下降有利于买方	动态：报价系统使得价格高低决定于市场的供求关系
买方获得的利益	降低采购过程的成本及库存成本；扩大了潜在的供应商来源，更容易比较产品的各项性能（价格、质量、服务、获取的方便性等）	找到特殊产品和服务更简单的办法；更多的选择性，在卖方竞标的反向拍卖中，可以获得更低的价格	满足立即购买需求的场所
卖方获得的利益	更低的销售成本，新的销售渠道和收入来源，更低的处理费用，更高的顾客满意度	卖方吸引更多的竞价者，能够获取更高的销售价，去除变现中间商，增加存货周转次数	以市场价格清除多余能力的场所
收入来源	交易额的提成 供应商进入列表的费用 来自供应商广告收入	交易额的提成 供应商进入列表的费用 来自供应商广告收入	交易额的提成 加价出售会员费 订阅费 软件许可费 第三方的增值服务

2.3.3 BtoB电子商务网站功能

（1）BtoB电子商务网站服务与意义简述

减少采购环节，提高企业效益。就传统的采购产品来说，采购产品需要比较供应商、价格、性能，这需要付出大量的时间成本，而BtoB网站可以实现用户、企业通过在互联网了解信息、发布信息，从而减少了采购环节，提高了企业效益。

BtoB电子商务平台可以实现互联网推广、网络策划、微博营销，实现专业、完整的服务，帮助企业提高企业竞争力，实现可持续发展。

（2）BtoB电子商务网站功能

功能一：内容制作

BtoB电子商务网站中，高质量的图片更能吸引买家的注意，结合详细的产品说明会让客户对企业的产品印象更为深刻。任何BtoB电子商务平台都是如此，BtoB电子商务网站的图片的高质量可以给买家一个专业的形象。同时产品信息上，选择好关键字是发布产品信息最需要注意的问题，因为客户搜索产品时是根据关键字来查询的，而BtoB网站排名的一个影响因素就是关键字。如果产品查询的结果比较靠后，那么可以适当调整一下关键字，然后再看看排名效果。

功能二：优化关键词

关键词设置是企业产品在BtoB平台操作的重点，常用词是多家企业产品共同争取、互相竞争的，这种情况，企业可以多去发掘扩展关键词，可以使会员（包括免费会员）排上前十；销售信息的排名也应是重点关注的问题。

在发布产品的时候，所有的BtoB平台都提供了一个让客户自己选择添加关键词的地方。

注意要选择精准的词，让买家更快地找到产品。

功能三：排名优化

在搜索引擎没成为主流之前，我们查找产品信息常用分类来找，现今也还是很多采购商查找信息的重要方式，特别是欧洲的客户，还有就是互联网刚起步国家的客户和年龄稍长的客户，所以我们应该特别重视分类排名和分类的准确性及分类的多样性。BtoB电子商务网站上排得越靠前的产品越容易被发现。最简单的办法是对已经发布的商品不变更内容，进行重新发布，定期地更新产品。再就是内容的专业，关键词的精准，对排名优化也很有帮助。

功能四：广告投放

通常所有BtoB电子商务网站的首页和次级栏目页都有广告位出租。BtoB电子商务网站有弹出广告、漂浮广告、Banner广告、文字广告等多种表现形式可供用户选择，包括文字、图片、动态Flash等广告方式。

功能五：搜索引擎优化

对于网站级别较高的BtoB电子商务网站，会员的二级网页会让大多数搜索引擎抓取，所以会员名包含关键字就很重要。

2.3.4 网上交易市场

网上交易市场是企业间电子商务所需要的电子化和网络化的商务平台。通过网上交易市场，可以改变传统贸易中的一对一或一对多的模式，变成了多对多模式，并创造众商家聚集的在线交易空间。

买卖双方不仅可以寻找到更多的贸易伙伴，增加更多的商业机会，还能够享受更多方便和服务，获得一个良好的商务服务环境。

网上交易市场系统用于快速创建各种水平和垂直的在线交易市场。它为市场运营方提供了创建、管理和运营网上交易市场的基本功能和组件，并通过内嵌的专业版采购方和供应方模块，为加入网上交易市场的企业用户提供在线贸易的基本功能。同时也可以连接用户端的采购和销售平台，达到与企业业务集成更加紧密的在线业务。

市场运营方通过网上交易向企业用户提供认证（身份认证、金融认证），法律服务和产品实时的动态行情，在线交易以及订购匹配，认证企业用户随时准确地把握商机。结构可以很容易地和商业服务提出供应商系统连接，并且每一个单独的网上交易市场都可以实现与其他市场的相连，从而形成一个巨大的多行业的市场群和企业群。

（1）交易市场的交易环境

1）身份认证（CA）体系。是建立网上交易主体间的相互信任机制，保障网上交易与支付安全的关键环节和基础设施。

2）金融认证。以金融资信为基础的身份认证体系，提供"身份真实、信用可靠"服务，网上交易市场CFCA认证过程（图2-2）。

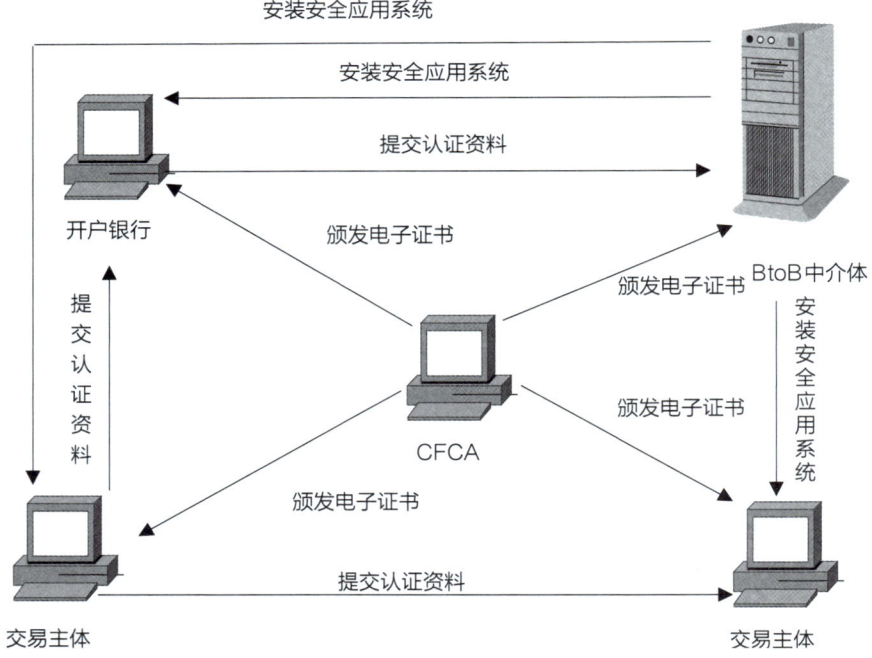

图2-2 网上交易市场CFCA认证流程图

3)网上交易市场安全保密设施。

安全产品的进口政策限制、市场应用推广的制约;采用国际通用标准(SSL协议),符合国家安全管理政策的高强度加密技术(SSL-128),解决信息在Internet上传输中的防假冒、防窃听、防篡改。

实现与国外高强度加密用户(SSL-128)的无缝联结;国内低强度加密用户(SSL-40)的便捷升级;为外延用户的高强度加密应用体系进行方便的安全协议配置。

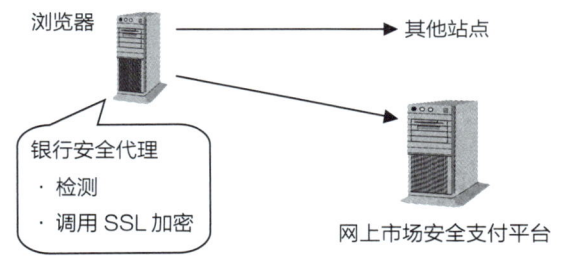

图2-3 网上市场安全支付平台

网上交易市场安全支付平台如图2-3所示。

4)网上交易市场法律、规则设施。

①《电子商场电子商务规则》(以下简称《规则》):规范电子合同成立的条件。

②会员制组织。经营管理者会员:企业、商户、电信、商业银行、政府管理机构等,将《规则》作为经营管理者会员共同遵从的平等主体间的行为准则,以多边协议的形式在会员组织内实施;

③仲裁机制:依据《规则》,解决纠纷,保障实施。

(2)网上交易市场的作用

①网上交易市场是电子商务发展到一定阶段后出现的一种商业模式,以其立体化、智能化、开放性、通用性展现在公众面前,这是真正意义上的在线交易模式,协调了整个供应链的机制,实现了从客户到供应商的完全连通,企业的内部流程与外部交易完全一体化;网上交易

市场聚集了大量的信息及商业机会,使其价格具备可比性、合理性,从而使整个市场充满了竞争性,无形中推动了整个交易市场的发展。网上交易市场为商家创造了商业机会,同时理顺商家的思路,使商家制定出较为切合于市场实际的商业目标,从而提高了效率,及时得到投资回报。

②通过供应链的管理,保证了销售渠道的畅通;实时的交易,使交易的供应几乎同时发生,使供应商及时了解物料需求状况,实现企业零库存;快速、实时、柔性的交易模式,及其完善而流畅的服务与物流配送体制,使电子商务达到其高级阶段。

③是BtoB电子商务的新的革命,是BtoB电子商务的演变、发展和完善。BtoB电子商务是水平(不同行业间的相互贸易)与垂直(相同行业间的相互贸易)两种交易体系的交互。网上交易市场(e-Marketplace)是这两条交易体系的衍生和完善,以其综合、立体的构架服务于企业,加快市场响应,并为企业提供各种解决方案。

(3)网上交易市场的构架

网上交易市场是以互联网为其基础平台,数据库服务器、应用服务器、Web服务器集群为支撑,并支持多种后台操作系统和数据库系统,通过网上交易市场的商业组件来为各商家提供服务,为商家实现网上交易提供了完整而可靠的手段。具体结构如图2-4所示。

采购商			供应商		合作伙伴		
增值服务			电子商务解决方案		专业服务		
库存管理	竞买竞卖	客户管理	采购管理	企业销售	订单支付	财务系统	物流配送和实施
采购方系统			网上交易市场		销售方系统		
商业组件							
数据库服务器			应用服务器		Web 服务器		
操作系统							
网络系统架构							

图2-4 网上交易市场基础构架图

网上交易市场综合考虑了中小型企业的需求,并完整地与大型企业的内部系统整合,对于拥有自己ERP/MRP/MIS定制系统的企业,网上交易市场作为其信息载体,一方面,使商家可以充分利用已有内部体系及原有投资,保持商家原有的动作模式;另一方面,协助商家实现与其他网上交易市场的互联,为商家开拓一个更为广阔的交易空间。网上交易市场拥有良好的扩展性及柔韧性,商家网上交易平台根据自己的行业特点、要求以及其特定的商业流程对交易系统进行定制,以满足其特殊需求。图2-5给出了网上交易市场的交易流程。

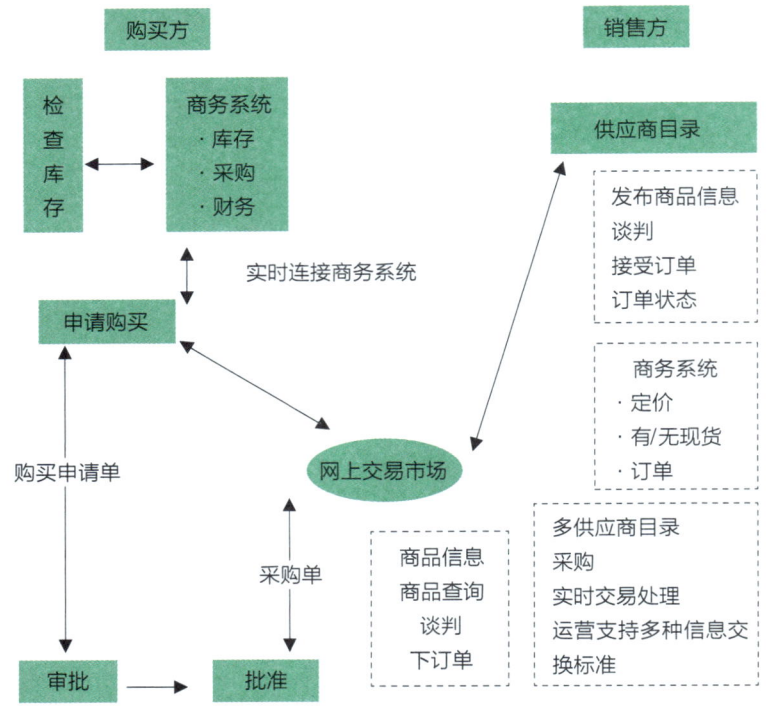

图2-5 网上交易市场流程图

（4）网上交易市场系统功能

网上交易市场对交易各方提供种类多样、方便易用的中介服务，其目的主要是提供一个实时、可信的应用系统平台，使商家和企业有一个放心而又便利的购物环境，本着用户至上、伙伴第一的理念，为用户提供多种电子商务服务方式。

交易市场提供的功能包括商品内容管理、目录聚合、供应商管理、采购管理、订单匹配、在线招投标、竞买竞卖、拍卖、在线结算等，同时提供完善的商务服务，如企业资信认证、物流配送、在线支付等。

①内容管理和目录聚合：多供应商的商品按照商品分类自动聚合成统一目录，使得用户可以方便地查找和选择，并增加供应商信息的透明性。

②供应商管理：辅助市场经营者增加更多的供应商进入交易市场。

③采购管理：通过嵌入的采购方模块提供采购管理的功能。

④订单匹配：包括静态和动态报价、询价和拍卖等行为的订单撮合。

⑤交易履行：包括商品的运输和配送，同时通过在线过程为用户提供透明的服务。

⑥在线结算：提供企业间的支付以及多种信用结算方式。

⑦商业目录管理：自助式的商品目录管理，帮助用户定义、开发和整理目录数据，目录服务的在线管理，维护客户的数据和目录，不断更新商品分类、商品描述和价格，从而使商家及时获取最新的商业动态，掌握商机。销售方在维持内部的商业流程的同时，可以随时访问供应商目录，供应商可以利用已有的电子商务架构及商品目录。

⑧拍卖服务：支持各种拍卖类型和拍卖模式，如顺向拍卖、逆向拍卖/RFQ等。拍卖模式

包括预底拍卖、一般拍卖、荷兰式、秘密拍卖、逾底成交，用户有身临其境之感。拍卖服务可以对拍卖参数进行控制，同时它还支持多时区、异种语言、异种货币，真正实现了一个开放的全球性市场。同时还包含强大的报表、电子邮件功能和实时提醒功能。

⑨数据管理/分析：采购商和供应商可以使用报表来跟踪他们在网上交易市场的活动。同时还可以使用精确的数据分析方法来预测市场前景、交易风险，评估采购商与供应商的交易能力。

⑩管理工具：具有强大的过程和商业交易管理能力。提供有效的工具进行注册企业的账号、版本升级管理；商品目录和内容的管理；用户、商品内容、交易情况、交易信息的综合统计及分析；网站收费条款的设置以及对企业收费的计算统计；以及对系统运行状况的监控，包括日志、页面传输和数据库性能等各个方面的监控。

⑪企业内部系统集成：实现与企业内部系统（ERP/MRP/MIS）的集成，从而为企业从传统经济向网络经济转型提供了有效的渠道，实现了企业管理系统与外部交易市场的整合，增强了企业的市场竞争力。

⑫企业认证服务：为确保企业的产品质量及企业的可信度，它采用认证中心作为可靠的第三方机构，通过对非对称加密算法对外发行"证书"，并对证书的拥有者提供身份担保。使用基于CA机构发放的证书保证了交易的安全性与不可抵赖性。

⑬在线支付/结算服务：BtoB交易市场具备真正安全、有效的支付方式。它采用SSL加密传输的敏感信息。用户可以通过中国银行、招商银行、建设银行的网上支付系统进行在线支付，保证了网上交易流程的完整性和安全性。

⑭物流配送服务：BtoB交易市场整合了企业自有的物流体系及其他物流资源，为企业提供完善的配送一体化服务，使交易双方克服了传统交易中的障碍而专注于自己的核心事务中，交易市场有一套实用的、第三方提供的异地采购配送一体化服务系统，其物流可有效到达世界各地。

2.4 OtoO 电子商务交易模式

OtoO即Online To Offline（在线离线/线上到线下），是指将线下的商务机会与互联网结合，让互联网成为线下交易的平台，这个概念最早来源于美国。OtoO的概念非常广泛，既可涉及线上，又可涉及线下，可以统称为OtoO。主流商业管理课程均对OtoO这种新型的商业模式有所介绍及关注。

2013年OtoO进入高速发展阶段，开始了本地化及移动设备的整合和完善，于是OtoO商业模式横空出世，成为OtoO模式的本地化分支。

2.4.1 OtoO发展历程

OtoO电子商务模式需具备五大要素：独立网上商城、国家级权威行业可信网站认证、在线网络广告营销推广、全面社交媒体与客户在线互动、线上线下一体化的会员营销系统。

一种观点是，一家企业能兼备网上商城及线下实体店两者，并且网上商城与线下实体店全品类价格相同，即可称为OtoO；也有观点认为，OtoO是BtoC的一种特殊形式。

在1.0早期的时候，OtoO线上线下初步对接，主要是利用线上推广的便捷性等把相关的用户集中起来，然后把线上的流量倒到线下，主要领域集中在以美团为代表的线上团购和促销等领域。在这个过程中，存在着主要是单向性、黏性较低等特点。平台和用户的互动较少，基本上以交易的完成为终结点。用户更多是受价格等因素驱动，购买和消费频率等也相对较低。

发展到2.0阶段后，OtoO基本上已经具备了目前大家所理解的要素。这个阶段最主要的特色就是升级为了服务性电商模式，包括商品（服务）、下单、支付等流程，把之前简单的电商模块转移到更加高频和生活化的场景中来。由于传统的服务行业一直处在一个低效且劳动力消化不足的状态，在新模式的推动和资本的催化下，出现了OtoO的狂欢热潮，于是上门按摩、上门送餐、上门生鲜、上门化妆、滴滴打车等各种OtoO模式开始层出不穷。在这个阶段，由于移动终端、微信支付、数据算法等环节的成熟，加上资本的催化，用户出现了井喷，使用频率和忠诚度开始上升，OtoO和用户的日常生活开始融合，成为生活中密不可分的一部分。但是，在这中间，有很多看起来很繁荣的需求，由于资本的大量补贴等，虚假的泡沫掩盖了真实的状况。有很多并不是刚性需求的商业模式开始浮现，如按摩、洗车等。

到了3.0阶段，开始了明显的分化，一个是真正的垂直细分领域的一些公司开始凸现出来。比如专注于快递物流的速递易，专注于高端餐厅排位的美味不用等，专注于白领快速取餐的速位。另外一个就是垂直细分领域的平台化模式发展。由原来的细分领域的解决某个痛点的模式开始横向扩张，覆盖到整个行业。

比如饿了么从早先的外卖到后来开放的蜂鸟系统，开始正式对接第三方团队和众包物流。以加盟商为主体，以自营配送为模板和运营中心，通过众包合作解决长尾订单的方式运行。配送品类包括生鲜、商超产品，甚至是洗衣等服务，实现平台化的经营。

2013年6月8日，苏宁线上线下同价，揭开了OtoO模式的序幕。

实现OtoO营销模式的核心是在线支付。这不仅仅是因为线上的服务不能装箱运送，更重要的是快递本身无法传递社交体验所带来的快乐。但如果能通过OtoO模式，将线下商品及服务进行展示，并提供在线支付"预约消费"，这对于消费者来说，不仅拓宽了选择的余地，还可以通过线上对比选择最令人期待的服务，以及依照消费者的区域性享受商家提供的更适合的服务。但如果没有线上展示，也许消费者会很难知晓商家信息，更不用提消费二字了。另外，目前正在运用OtoO摸索前行的商家们，也常会使用比线下支付更为优惠的手段吸引客户进行在线支付，这也为消费者节约了不少的支出。

从表面上看，OtoO的关键似乎是网络上的信息发布，因为只有互联网才能把商家信息传播得更快、更远、更广，可以瞬间聚集强大的消费能力。但实际上，OtoO的核心在于在线支付。

2.4.2 OtoO应用价值

OtoO的优势在于把网上和网下的优势完美结合。通过网购导购，把互联网与地面店完美对接，实现互联网落地。让消费者在享受线上优惠价格的同时，又可享受线下贴身的服务。同时，OtoO模式还可实现不同商家的联盟。

①OtoO模式充分利用了互联网跨地域、无边界、海量信息、海量用户的优势，同时充分挖掘线下资源，进而促成线上用户与线下商品与服务的交易，团购就是OtoO的典型代表。

②OtoO模式可以对商家的营销效果进行直观的统计和追踪评估，规避了传统营销模式的推广效果不可预测性，OtoO将线上订单和线下消费结合，所有的消费行为均可以准确统计，进而吸引更多的商家进来，为消费者提供更多优质的产品和服务。

③OtoO在服务业中具有优势，价格便宜，购买方便，且折扣信息等能及时获知。

④将拓宽电子商务的发展方向，由规模化走向多元化。

⑤OtoO模式打通了线上线下的信息和体验环节，让线下消费者避免了因信息不对称而遭受的"价格蒙蔽"，同时实现线上消费者的"售前体验"。

整体来看OtoO模式运行的好，将会达成"三赢"的效果：

对本地商家来说，OtoO模式要求消费者网站支付，支付信息会成为商家了解消费者购物信息的渠道，方便商家对消费者购买数据的搜集，进而达成精准营销的目的，更好地维护并拓展客户。通过线上资源增加的顾客并不会给商家带来太多的成本，反而带来更多利润。此外，OtoO模式在一定程度上降低了商家对店铺地理位置的依赖，减少了租金方面的支出。

对消费者而言，OtoO提供丰富、全面、及时的商家折扣信息，能够快捷筛选并订购适宜的商品或服务，且价格实惠。

对服务提供商来说，OtoO模式可带来大规模高黏度的消费者，进而能争取到更多的商家资源。掌握庞大的消费者数据资源，且本地化程度较高的垂直网站借助OtoO模式，还能为商家提供其他增值服务。

2.4.3 OtoO经营模式

与传统的消费者在商家直接消费的模式不同，在OtoO平台商业模式中，整个消费过程由线上和线下两部分构成。线上平台为消费者提供消费指南、优惠信息、便利服务（预订、在线支付、地图等）和分享平台，而线下商户则专注于提供服务。在OtoO模式中，消费者的消费流程可以分解为五个阶段：

第一阶段：引流

线上平台作为线下消费决策的入口，可以汇聚大量有消费需求的消费者，或者引发消费者的线下消费需求。常见的OtoO平台引流入口包括：消费点评类网站，如大众点评；电子地图，如百度地图、高德地图；社交类网站或应用，如微信等。

第二阶段：转化

线上平台向消费者提供商铺的详细信息、优惠（如团购、优惠券）、便利服务，方便消费者搜索、对比商铺，并最终帮助消费者选择线下商户、完成消费决策。

第三阶段：消费

消费者利用线上获得的信息到线下商户接受服务、完成消费。

第四阶段：反馈

消费者将自己的消费体验反馈到线上平台，有助于其他消费者做出消费决策。线上平台通过梳理和分析消费者的反馈，形成更加完整的本地商铺信息库，可以吸引更多的消费者使用在线平台。

第五阶段：存留

线上平台为消费者和本地商户建立沟通渠道，可以帮助本地商户维护消费者关系，使消费者重复消费，成为商家的回头客。

2.4.4 OtoO盈利模式

OtoO就目前来看，分为垂直血缘行业链和平行优势产业链，垂直模式是以某个点作为突破口，然后建立从上游到下游的行业链；另一种也是以某一个点作为切入，然后建立闭环生态链，共享信息。但无论哪种模式都处在试水阶段，垂直需要的是强大的资源整合能力，这个能力对于很多行业而言都很难，因为现在是一个高度分工的社会，协调资源和信息都需要强大的人力物力，何况是刚创业的公司。平行生态链模式需要的数据处理能力，不仅是公司自身实力的体现，还需要整合社会的配合，相比于第一种更难。第一种是关爱一个家庭的幸福，而后一种是关爱全人类的幸福，所以这些因素导致OtoO整体盈利模式未明，但小规模盈利还是可行的。

平衡模式：纯互联网时代是信息的时代，不关注人，只关注信息，而OtoO是后互联网的体现，开始以人为本。很多公司和人都在谈以人为本，但就目前中国的经济能力，还很难做到，而OtoO最伟大之处，不是建立了新的模式，而是真正从个人需求这个以人为本的角度出发，重新定义了经济哲学。但新模式突兀驾到，如何与消费者处理好平衡关系是OtoO的另一个问题。比如外卖，多长时间送，临走需要说句什么话让顾客下次还点自己的外卖，例如洗衣上门，是不是顾客所有要求都答应，怎么调节服务与体验的关系，这是OtoO在下一阶段将要面临的首要挑战。

📗 案例链接

佳乐商城：一家只送不卖的商城

亿佳乐电子商务有限公司西北五省总部设立在美丽的古都西安。亿佳乐电子商务有限公司是中国OtoO落地电商排名靠前的运营平台公司，平台致力于针对个人消费的所有行业，满足消费者全方位需求的双重购物体验。

佳乐商城面向全国各县区开设线下门店超过3000家，上游整合了丰富的厂家资源，下游整合了数以万计的地面商户，为消费者、商家、厂家、代理商搭建了一个全新的商业生态系统，正引领着第三代电商时代的发展。

消费者：通过佳乐商城快速找到消费对象，享受一次消费，两次购物的超值体验。

合作商家：通过打造中国OtoO落地电商平台，零成本布局互联网+，无边界引流系统实现业绩倍增。

创业者：通过佳乐商城在整个强大的生态系统中实现轻松创业、多重收益。

生产厂家：通过佳乐商城实现零库存、低风险推广品牌。

习题

一、判断题

（1）BtoC电子商务基本属于网络商品直销的范畴。

（2）企业间网络交易是BtoB电子商务的一种基本形式。

（3）网络商品中介交易是通过网络商品交易中心，即通过虚拟网络市场进行的商品交易，是BtoB电子商务的另一种形式。

（4）买卖双方在交易过程中由于违约所进行的受损方向违约方索赔的行为，不属于电子商务交易过程。

（5）知名产品不宜在网上销售，因为其价格较贵。

（6）数字化产品最适合在网上销售。

二、单选题

1．电子商务一般的交易过程分为5个阶段，"卖方为本企业的商品做好市场调查和分析，制定销售策略和方式，不断利用Internet发布广告，诱发客户的需求，给出报价和优惠消息，寻找贸易伙伴和商机，想方设法扩大市场份额等"，这些行为属于（　　）。

    A．"交易前准备"阶段   B．"办理合同履行前的手续"阶段

    C．"交易后处理"阶段   D．"洽谈和签订合同"阶段

2．商家要开展电子商务活动，应该用（　　）作为其主要的生意平台。

    A．BBS   B．电子邮件

    C．在线商店   D．电话订购

3．电子商务的两种基本流程是（　　）。

    A．无认证中心的网络商品直销和认证中心存在下的网络商品直销

    B．网络商品直销的流程和网络商品中介交易的流程

    C．企业间网络交易的流程和网络商品中介交易的流程

    D．网络商品直销的流程和网络商品非直销的流程

4．下列说法哪一个是正确的？（　　）

    A．网络商品中介交易不属于BtoB电子商务形式

    B．认证中心存在下的网络商品直销不属于BtoC电子商务形式

    C．企业间网络交易是BtoB电子商务的一种基本形式

    D．BtoC电子商务不属于网络商品直销的范畴

5. 制造商和外部原材料供应商之间的电子商务属于（　　）。
   A. 企业之间的电子商务　　　B. 企业与政府部门之间的电子商务
   C. 企业内部的电子商务　　　D. 企业与消费者之间的电子商务
6. 网上竞价拍卖的特点是（　　）。
   A. 有专业拍卖师　　　　　　B. 拍卖活动进行公告
   C. 购买者之间进行竞价　　　D. 拍卖品不具有唯一性
7. 某企业是一家铁矿石开采的企业，它开采出来的铁矿石直接销售给不同的冶金企业。目前该企业已经开展了电子商务营销，你认为该企业应当采取什么样的电子商务营销模式比较适合该企业的发展？（　　）
   A. BtoB　　　　　　　　　　B. BtoC
   C. CtoC　　　　　　　　　　D. BtoC+CtoC
8. 水平BtoB中的"水平"指的是（　　）。
   A. 网站的软件建设结构采用水平模式
   B. 多个同类的网站组成的交易集合
   C. 网站的行业范围广，很多行业都可以在同一网站上进行贸易活动
   D. 网站内容模块的水平设置

三、多选题

1. BtoB是通过（　　）进行的电子商务活动。
   A. 专用网络　　B. Intranet　　C. Internet　　D. Intenat
2. 根据交易对象的不同，电子商务可以分成若干个交易模式，以下正确的是（　　）。
   A. 企业对企业的电子商务　　B. 企业对个人的电子商务
   C. 个人对个人的电子商务　　D. 个人对企业的电子商务
3. 以下电子商务网站，属于CtoC的是（　　）。
   A. ebay　　　　　　　　　　B. 阿里巴巴
   C. Amazon　　　　　　　　　D. 易趣
4. 下列哪些产品适合网上销售？（　　）
   A. 电脑软硬件　　　　　　　B. 规格明确、标准统一的产品
   C. 知名品牌产品　　　　　　D. 贵重产品，如金饰、珠宝等
5. 电子商务的交易成本包括（　　）。
   A. 技术成本　　　　　　　　B. 配送成本
   C. 服务成本　　　　　　　　D. 安全成本
6. 网上商店向顾客提供的服务主要有（　　）。
   A. 商品目录　　　　　　　　B. 仓储和管理系统
   C. 购物车　　　　　　　　　D. 付款台

四、复习思考

1. 电子商务与传统商务的流程有什么不同？
2. 简要描述网络商品直销与网络商品中介交易的流程，并画出流程图。

3. 对电子商务的成本和效益进行比较分析。
4. 无形产品的BtoC电子商务有哪几种实现的方式？
5. 建立网上商场应考虑哪些问题？
6. BtoB电子商务可分为哪几类？如何理解水平BtoB和垂直BtoB？
7. 简述网络商品交易中心的流程。
8. 什么是网上拍卖？有哪些主要的类型？

技能操作训练

1. 大通电子商务网站自开通以来，几经总体结构调整，现已发展成为能够提供在线设计、在线信息咨询与服务的电子商务网站。该网站为进一步拓展虚拟市场，寻求新的发展，决定建立基于BtoC运作模式的网上百货商店。请为大通网上百货商店设计销售流程。

2. 进入当当网（http://www.dangdang.com）或国内的其他图书销售网站，在网站上为自己购买一本喜欢的书籍，体验一下网上购物的经历，熟悉其购物流程和支付方式，了解其配送方式。

3. 访问阿里巴巴（http://www.alibaba.com）站点了解企业间电子商务的业务流程。尝试为一家公司申请成为网站会员，将公司有关供求信息利用阿里巴巴站点进行发布。

案例分析

案例1

ESPN充分利用它在有线电视业的品牌名气创建了www上的网站，利用其来提供各种体育新闻。它销售广告并提供大量免费信息，而忠诚的体育迷也可选择其Insider服务访问更多的体育新闻。《华尔街日报》网站允许访问者查看分类广告和某些特定报道，但大部分内容只有订阅者才能看到，订阅印刷版的访问者可以折扣价订阅在线版。

思考问题：
1. ESPN和《华尔街日报》的销售模式分别是什么？属于哪一种电子商务？
2. 试着分析ESPN和《华尔街日报》的销售模式的特点。

案例2

正广和是上海一家老字号的饮料企业，也是上海最早推出桶装水的企业，这一点使正广和成为上海桶装水名牌，并且拥有大量的具有极高忠诚度的消费者。1999年1月1日，正广和开通了电话订购热线。同时为了方便电话订购热线更为畅通，正广和将传统的电话订购与新兴的网上购物进行科学嫁接，成功地创建了一个适合中国国情并受广大客户欢迎的在线购物商业模式85818（www.85818.com.cn），于2000年1月1日正式开通，并实行了"两网合一"。目前，85818在线销售的商品有2万多种，客户总数达77万户，公司拥有庞大的物流配送体系，配送点覆盖全市，以三轮车为主要的送货工具。半天之内即可将所购货物送到客户手中。并且，公司通过在北京、广州、武汉、西安等大城市建网以逐步辐射全国，形成"当地订货，异地送货；一个信息，全国销售"的经营新格局。

思考问题：
1. 请分析正广和网上商店的特点。
2. 请简述配送体系在B2C电子商务中的重要性。

项目 3
电子商务安全技术

案例导入

2018年主要网络安全趋势

一、物联网的快速发展为物联网安全带来巨大威胁，或严重影响日常生活

近年来，物联网在全球范围内迅速发展，据Gartner预测，到2020年，将有超过200亿个物联网设备投入使用。目前，由于物联网较差的安全保障，这个新兴行业受到太多负面新闻报告的影响。在2017年，名为http81的新型IoT僵尸网络、WannaCry勒索病毒、WiFi功能中的KRACK漏洞、恶意软件IoTroop、蓝牙功能中的BlueBorne漏洞使得物联网安全形势变得更加严峻。预计在2018年，随着物联网在全球范围内的快速发展及应用，黑客利用未受保护的物联网设备开展网络攻击或利用脆弱的物联网设备组成僵尸网络发动大规模DDoS攻击的频率将会增强，或将为物联网的安全带来前所未有的挑战，将严重影响人类的日常生活。由于物联网的这种超级链接性，银行账户、移动设备、汽车、电视乃至交通信号、发电厂、航班、导弹、卫星等都可能因针对物联网而发起的网络攻击受到严重影响。相比数据泄露，此类性质的威胁影响将更为严重，更应引起重视。此外，2018年将有更多的网络安全公司涉足物联网领域，尤其是工业物联网，提出安全问题解决方案以解决面临的物联网安全问题。

二、区块链技术的应用将不断得以推广，同时催生更多恶意攻击活动

在2016年的预测中，区块链技术荣登十大战略科技趋势预测之中。在2017年，基于区块链技术的各种数字货币（如比特币、以太坊等）以及区块链技术在金融领域的快速发展，区块链技术俨然成为网络安全界的新宠。但回首2017年，不难发现，数字加密货币已成为多起勒索病毒攻击事件支付赎金的方式，变相地说明数字加密货币成了黑客攻击的罪源。鉴于区块链技术的快速发展，预测2018年，该技术将在更多领域得以应用；而由于数字加密货币的特殊性，由区块链技术催生的恶意攻击活动在2018年将更加频繁，相关安全形势将越来越严峻。

三、人工智能的快速发展，在推动社会发展的同时也为网络安全带来了严峻的挑战

据预测，到2023年，网络安全市场的AI（人工智能）规模将达到182亿美元，其中以亚太地区市场增长最快。2018年，AI将在2017年的基础上得以更快速的发展和应用，以促进经济发展和维护网络安全。在网络安全威胁不断剧增的局势下，利用网络安全自动化（AI）技术检测和防范新兴复杂威胁成为未来的大趋势。但是AI技术的使用，同时也为网络安全带来了新的严峻挑战。网络犯罪分子利用AI技术以实施自动化攻击，同时也利用AI技术进行自动化漏洞检测、构建恶意软件等。AI技术的大规模应用将降低攻击成本、提高攻击效率，这将促发更多恶意软件的攻击行为以及更多的网络安全事件。因此，AI技术的兴起不仅推动了社会的快速发展，同时也为网络犯罪分子提供了开发下一代攻击手段的良好契机，为网络安全领域带来了巨大的挑战。

四、云服务依旧呈增长趋势，但云安全问题亟待解决

2017年，云服务或云计算得以快速发展和应用，但同时也带来了很多安全问题，如在2017年的数据泄露中，AWS S3云存储桶变成数据泄露的重灾区，多起敏感数据泄露事件源自于此。尽管如此，在2018年，云服务依旧会呈增长趋势，据IDC最新数据显示，中国云服务市场在2020年将突破80亿美金，而目前总计6亿TB的全球存储容量将在2018年达到11亿TB。鉴于此，为了保障云服务的质量、维护云端数据的安全性，此前出现的云安全问题极有可能造成数据泄露的安全问题亟待解决。

3.1 电子商务安全概述

随着信息技术日新月异的发展，人类正在进入以网络为主的信息时代，基于Internet开展的电子商务已逐渐成为人们进行商务活动的新模式。越来越多的人通过Internet进行商务活动，电子商务的发展前景十分诱人，但随之而来的是其安全问题也变得越来越突出。如何建立一个安全、便捷的电子商务应用环境，保证整个商务过程中信息的安全性，使基于Internet的电子交易方式与传统交易方式一样安全可靠，已经成为在电子商务应用中所关注的重要技术问题。

据权威机构调查表明，目前国内企业发展电子商务的最大顾虑是网上交易的安全问题。因此，信息的安全是当前发展电子商务最迫切需要研究和解决的问题。Internet之所以能发展成为今天的全球性网络，主要是依赖于它的开放性。但是，这种开放式的信息交换方式使其网络安全具有很大的脆弱性。

3.1.1 电子商务的安全问题

电子商务的安全问题，主要是在开放的网络环境中如何保证信息传递中的完整性、可靠性、真实性以及预防未经授权的非法入侵者这几个方面的问题上。而解决这些问题主要是表现在技术上，并在采用和实施这些技术的经济可行性上。这方面的问题是电子商务安全考虑和研究的主要问题。简单讲一是技术上的安全性；二是安全技术的实用可行性。

（1）问题的提出

随着电子商务在全球范围内的迅猛发展，电子商务中的网络安全问题日渐突出。根据中国互联网络信息中心（CNNIC）发布的《中国互联网络发展状况统计报告（2003/1）》，有23.4%的用户认为目前网上交易存在的最大问题是安全性得不到保障；在过去的一年内，有59.4%的用户的计算机曾经被入侵。由此可见，电子商务中的网络安全和交易安全问题是实现电子商务的关键之所在。

自电子商务出现之后，安全事故经常出现。例如，从2000年2月7日至2月9日，短短三天时间内，美国几大主要网上站点遭受不明黑客攻击，其中包括著名的电子商务网站电子港湾（eBay）和亚马逊（Amazon）。在黑客开始所谓"拒绝服务（Denial of Service）"式的攻击后，亚马逊（Amazon）站点容纳顾客的能力急剧下降。数分钟后访客数量只有平时同一时段访客数量的1.5%，大约一小时后亚马逊网站才恢复正常。据统计，三天来黑客袭击各大网站所造成的直接或间接的经济损失高达数十亿美元以上。

再如,从2003年1月25日中午开始,一种蠕虫病毒在Internet上快速蔓延。美国一家网络监测公司报告说,北美、欧洲和亚洲的互联网交通均发生了大面积堵塞,估计至少有2.2万个网络服务器遭到了病毒攻击,其中受影响最严重的地区是欧洲北部、美国东部和亚洲的一些地区。美国美洲银行称1.3万台自动取款机瘫痪,大量银行客户无法使用取款机取款。

在亚洲地区,韩国受害最重。1月25日下午2点左右,韩国Internet用户发现网络连接困难,负责Internet服务的韩国电信公司部分域名服务器受到大量数据连续攻击,服务器几乎陷于瘫痪。韩国通过Internet提供的服务项目如各种票务预订、网上购物、电子邮件、网络电话等都受到了极大损失,遍布韩国的网吧经营也遭到打击。韩国情报通信部在事故发生后立即宣布进入紧急工作状态,韩国电信公司也组织专家组成对策小组恢复系统,阻止了大量数据的继续侵入。

大量的事实表明,安全是电子商务的关键问题。安全得不到保障,即使使用Internet再方便,电子商务也无法得到广大用户的认可。

(2) 电子商务的安全隐患

与现实商务不同,参与电子商务的各方不需要面对面来进行商务活动,信息流和资金流都可以通过Internet来传输。而Internet是一个向全球用户开放的巨大网络,其技术上的缺陷和用户使用中的不良习惯,使得电子商务中的信息流和资金流在通过 Internet传输时,存在着以下安全隐患,这就是电子商务的安全问题。

1)数据被非法截获、读取或者修改。在电子商务中,信息流和资金流以数据的形式在计算机网络中传输,很多传输还是远距离的。在这一过程当中,数据可能被别有用心者截获、读取,从而造成商业机密和个人隐私的泄密。更为严重的是,别有用心者还可能修改截获的数据,如把资金的数量、货物的数量、交货方式等进行修改,这会严重地影响电子商务的正常进行。为了防止出现上述情况,技术上采用的方法是对传输的数据进行加密,这样即使数据在传输过程中被截获,也能在很大程度上保证数据的安全性。

2)冒名顶替和否认行为。在电子商务中,由于交易非面对面进行,如果安全措施不完善,无法对信息发送者或者接收者的身份进行验证,那么别有用心者就有可能冒充合法用户发送或者接收信息,从而给合法用户造成损失。另外,如果没有对交易者的身份进行验证,还可能有否认行为的发生,即别有用心者会否认自己在网络上进行过操作,也就是赖账。为了防止冒名顶替和否认行为的发生,目前在技术上采用的技术主要有数字签名、非对称加密、认证技术等。

3)一个网络的用户未经授权访问了另一个网络。目前许多企业的内部网(Intranet)通常与Internet互连在一起,如果没有经过企业的许可,外面的用户是不能够进入企业网进行访问的。但是,在安全措施不得力的情况下,有的未经授权的非法用户会想办法窜入企业内部网,这就是所谓的"黑客"侵扰。有的"黑客"甚至会登录企业内部的核心服务器,给企业的信息系统安全造成极大的危害。为了防止"黑客"的入侵,目前技术上一般采用设置防火墙的办法,在企业内部网和Internet之间设置一道"有孔的墙",只有那些经过授权的合法用户才能进入企业内部网络。

4）计算机病毒。计算机技术发展到今天，新的计算机病毒层出不穷。Internet的出现更是刺激了计算机病毒的传播。而且，计算机病毒的危害性也越来越严重。电子商务是一种依赖于计算机和计算机网络的新的商务模式，危害计算机和计算机网络的计算机病毒自然对电子商务造成了很大的危害。今天，在技术上有各种各样的计算机病毒防治措施。

3.1.2 电子商务的安全需求

（1）电子交易的安全需求

电子商务安全问题的核心和关键是电子交易的安全性，因此，下面我们首先讨论在Internet上进行商务交易过程中的安全问题。由于Internet本身的开放性以及目前网络技术发展的局限性，使网上交易面临着种种安全性威胁，也由此提出了相应的安全控制要求。

1）身份的可认证性。在传统的交易中，交易双方往往是面对面进行活动的，这样很容易确认对方的身份。即使开始不熟悉、不能确信对方，也可以通过对方的签名、印章、证书等一系列有形的身份凭证来鉴别他的身份。另外，在传统的交易中如果是采用电话进行通信，也可以通过声音信号来识别对方身份。然而，在进行网上交易时，情况就大不一样了，因为网上交易的双方可能素昧平生，相隔千里，并且在整个交易过程中都可能不见一面。因此，如果不采取任何新的保护措施，就要比传统的商务更容易引起假冒、诈骗等违法活动。例如，在进行网上购物时，对于客户来说，如何确信计算机屏幕上显示的页面不是居心不良的黑客冒充的呢？同样，对于商家来说，怎样才能相信正在选购商品的客户不是一个骗子，而是一个当发生意外事件时能够承担责任的客户呢？

因此，电子交易的首要安全需求就是要保证身份的可认证性。这就意味着，在双方进行交易前，首先要能确认对方的身份，要求交易双方的身份不能被假冒或伪装。

2）信息的保密性。在传统的贸易中，一般都是通过面对面的信息交换，或者通过邮寄封装的信件或可靠的通信渠道发送商业报文，达到保守商业机密的目的。而电子商务是建立在一个开放的网络环境下，当交易双方通过Internet交换信息时，因为Internet是一个开放的公用互联网络，如果不采取适当的保密措施，那么其他人就有可能知道他们的通信内容；另外，存储在网络的文件信息如果不加密的话，也有可能被黑客窃取。上述种种情况都有可能造成敏感商业信息的泄露，导致商业上的巨大损失。例如，如果客户的信用卡的账号和用户名被人知悉，就可能被盗用；如果企业的订货和付款的信息被竞争对手获悉，就有可能丧失商机。

因此，电子商务另一个重要的安全需求就是信息的保密性。这意味着，一定要对敏感重要的商业信息进行加密，即使别人截获或窃取了数据，也无法识别信息的真实内容，这样就可以使商业机密信息难以被泄露。

3）信息的完整性。上面所讨论的信息保密性，是针对网络面临的被动攻击一类威胁而提出的安全需求，但它不能避免针对网络所采用的主动攻击一类的威胁。所谓被动攻击，就是不修改任何交易信息，但通过截获、窃取、观察、监听、分析数据流和数据流式获得有价值的情报。而主动攻击就是篡改交易信息，破坏信息的完整性和有效性，以达到非法的目的。例如，在电子贸易中，乙给甲发了如下一份报文："请给丁汇一百元钱。乙"。报文在报发过程中经过了丙之手，丙就把"丁"改为"丙"。这样甲收到后就成了"请给丙汇一百元钱。乙"。结果是丙而不是丁得到了一百元钱。当乙得知丁未收到钱时就去问甲，甲出示有乙签名的报文，乙发现报文被篡改了。

因此，保证信息的完整性也是电子商务活动中的一个重要的安全需求。这意味着，交易各方能够验证收到的信息是否完整，即信息是否被人篡改过，或者在数据传输过程中是否出现信息丢失、信息重复等差错。

4）不可抵赖性。由于商情千变万化，交易合同一旦达成就不能抵赖。在传统的贸易中，贸易双方通过在交易合同、契约或贸易单据等书面文件上手写签名或印章，确定合同、契约、单据的可靠性并预防抵赖行为的发生，这也就是人们常说的"白纸黑字"。但在无纸化的电子交易中，就不可能再通过传统的手写签名和印章来预防抵赖行为的发生。因此，必须采用新的技术防止电子商务中的抵赖行为，否则就会引起商业纠纷，使电子商务无法顺利进行。例如，在电子商务活动中订购冰箱时，如果订货时冰箱价格较低，但收到订单后，冰箱价格上涨了，假如供应商能否认收到订单的事实，则采购商就会蒙受损失；同样，如果收到订单后，冰箱价格下跌了，假如订货方能否认先前发出订货单的事实，则供应商就会蒙受损失。

因此，保证交易过程中的不可抵赖性也是电子商务安全需求中的一个重要方面。这意味着，在电子交易通信过程的各个环节中都必须是不可否认的，即交易一旦达成，发送方不能否认他发送的信息，接收方则不能否认他所收到的信息。

5）不可伪造性。在商务活动中，交易的文件是不可被修改的，如上例所举的订购冰箱一案，如果供应商在收到订单后，发现冰箱价格大幅上涨了，假如能改动文件内容，将订购数100台改为10台，则可大幅受益，那么采购商就会因此而蒙受巨大损失。在传统的贸易中，可以通过合同字迹的技术鉴定等措施来防止交易过程中出现的伪造行为，但在电子交易中，由于没有书面的合同，因而无法采用字迹的技术鉴定等传统手段来裁决是否发生了伪造行为。

因此，保证交易过程中的不可伪造性也是电子商务安全需求中的一个方面。这意味着，电子交易文件也要能做到不可修改，以保障交易的严肃和公正。

（2）计算机网络系统的安全

在公用互联网Internet上进行电子商务活动时，除了在交易过程中会面临上述一些特殊的安全性问题外，毫无疑问，还会涉及一般计算机网络系统普遍面临的一些安全问题。威胁计算机网络安全的因素有很多，有些因素可能是有意的，有些因素可能是无意的；有些因素可能是人为的，有些因素可能是非人为的。归结起来，针对网络安全的主要问题有如下几种。

1）物理实体的安全。物理实体的安全主要包括以下几种：

①设备的功能失常。任何一种设备都不是十全十美、万无一失的，或多或少存在着这样或那样的缺陷。有时出现一些比较简单的故障，而有些则是灾难性的。有些简单故障，特别是周期性故障，往往比那些大的故障更难于查找与修复。有些故障是当它们已经破坏了系统数据或其他设备时才被发现，而这时往往为时已晚，后果也是非常严重的。

②电源故障。由于各种意外的原因，网络设备的供电电源可能会突然中断或者产生较大的波动，这可能会突然中断计算机系统的工作。如果这时正在进行某些数据操作，这些数据很可能会出错或丢失。另外，突然断电对系统硬件设备也会产生不良后果。

③由于电磁泄漏引起的信息失密。计算机和其他一些网络设备大多数都是电子设备，当它工作时会产生电磁泄漏。一台计算机就像一部电台，带有信息的电磁波向外辐射，尤其视频显示装置辐射的信息量最强，用先进的电子设备在一公里之外的地方就能接收下来。另外，电子通信线路同样也有辐射。这样，非法之徒就可以利用先进的接收设备窃取网络机密信息。

④搭线窃听。这是非法者常用的一种手段，将导线搭到无人值守的网络传输线路上进行监听，通过解调和正确的协议分析可以安全掌握通信的全部内容。

2）自然灾害的威胁。计算机网络设备大多是易碎品，不能受重压或强烈的震动，更不能受强力冲击。所以，各种自然灾害、风暴、泥石流、建筑物破坏等，对计算机网络系统构成了严重的威胁。另外，计算机设备对环境的要求也很高，如温度、湿度、各种污染物的浓度，等等，所以要特别注意像火灾、水灾、空气污染等对计算机网络系统所构成的威胁。

3）黑客的恶意攻击。2003年年初，全世界传媒都在关注美国著名网站被袭事件。在这次事件中，包括雅虎、亚马逊书店、eBay、ZDNet、有线电视新闻网CNN在内的美国主要网站接连遭到黑客的攻击。这些网站被迫中断服务数小时，据估算，造成的损失达到12亿美元以上。这次袭击事件不仅使著名商业网站蒙受羞辱，更使公众对网络安全的信心受到打击。

所谓黑客，现在一般泛指计算机信息系统的非法入侵者。黑客的出现可以说是当今信息社会，网络用户有目共睹、不容忽视的一个独特现象。黑客们在世界各地四处出击，寻找机会袭击网络，几乎到了无孔不入的地步。黑客攻击目前成为计算机网络所面临的最大威胁。如今，无论是个人、企业，还是政府机构，只要进入计算机网络，都会感受到黑客带来的网络安全威胁。大至国家机密，小到个人隐私，还有商业秘密，都随时可能被黑客发现并公布。

根据美国军方的一份报告透露：1998年试图侵入五角大楼计算机网络系统的尝试有25万次之多，其中60%的尝试成功达到了目的。五角大楼计算机网络中的数据涉及诸如部队调动、武器采购和维护等事关国家安全的非常敏感的信息。由此可见，黑客袭击的潜在危险的威胁是十分巨大的。1998年，由于黑客的入侵，世界范围内的主要银行和大公司损失了大约8亿美元，其中美国约占4亿美元。近几年，美国政府的计算机系统平均每年遭到非法侵入的次数至少有30万次，其中犯罪行为引起的损失估计可达15亿美元。

黑客的攻击手段和方法多种多样，一般可以粗略地分为以下两种：一种是主动攻击，它以各种方式有选择地破坏信息的有效性和完整性；另一类是被动攻击，它是在不影响网络正常工作的情况下，进行截获、窃取、破译以获得重要机密信息。这两种攻击均可对计算机网络造成极大的危害，并导致机密数据的泄漏。

4）软件的漏洞和"后门"。随着计算机系统越来越复杂，一个软件特别是大的系统或应用软件，要想进行全面彻底的测试已经变得越来越不可能了。虽然在设计与开发一个大型软件的过程中可以进行某些测试，但总是会多多少少留下某些缺陷和漏洞，这些缺陷可能长时间也发现不了，而只有当被利用或某种条件得到满足时，才会显现出来。目前最常用的一些大型的软件系统，例如Windows 2017和一些UNIX系统软件，以及MS Internet Explore和Netscape Communicator等大型应用软件，都不断被用户发现有这样或那样的安全漏洞。另外，软件的"后门"都是软件公司的设计和编程人员为了自便而设置的，一般不为外人所知，但一旦"后门"打开，其造成的后果将不堪设想。

5）网络协议的安全漏洞。网络服务一般都是通过各种各样的协议完成的，因此网络协议的安全性是网络安全的一个重要方面。如果网络通信协议存在安全上的缺陷，那么敌手就有可能不必攻破密码体制即可获得所需要的信息或服务。值得注意的是，网络协议的安全性是很难得到绝对保证的。目前协议安全性的保证通常有两种方法：一种是用形式化方法来证明一个协议是安全的；另一种是设计者用经验来分析协议的安全性。形式化证明的方法是人们所希望的，但一般的协议安全性也是不可判定的，所以对复杂的通信协议的安全性，现在主要采用找漏洞分析的方法。无疑，这种方法有很大的局限性。实践证明，目前Internet提供的一些常用服务所使用的协议，例如，Telnet、FTP和HTTP协议，在安全方面都存在一定的缺陷。当今许多黑客攻击都是利用了这些协议的安全漏洞才得逞的。实际上，网络协议的漏洞是当今Internet面临的一个严重安全问题。

6）计算机病毒的攻击。信息技术的飞速发展虽然极大地推动了计算机网络的普及，但同时也大大地促进了计算机病毒的发展，给人们的日常生活和工作带来了许多不便，甚至造成巨大的损失。据ICSA（International Computer Security Association，国际计算机安全协会）1999年对各大企业进行的抽样调查结果显示，病毒感染、发作率在近年有增无减，1999年计算机受病毒感染的概率是80%，而1998年同期的概率是32%。据统计，现在的病毒有数万种之多，而且还在以每月产生数百种的速度急剧地增长。因此，保护有价值的数据不受病毒破坏，已经成为一项非常重要而又非常艰巨的工作。

什么是病毒？计算机病毒（Computer Virus）在《中华人民共和国计算机信息系统安全保护条例》中被明确定义为："指编制或者在计算机程序中插入的破坏计算机功能或者破坏数据，影响计算机使用并且能够自我复制的一组计算机指令或者程序代码。"

目前全球出现的数万种病毒按照基本类型划分，可归为6种类型：引导型病毒、可执行文件病毒、宏病毒和混合病毒、特洛伊木马型病毒、Internet语言病毒。关于各种病毒的论述，读者可以参看其他文献，这里不多作介绍。

计算机病毒作为一种具有破坏性的程序，往往想尽一切手段将自身隐藏起来，保护自己；但是病毒最根本的目的还是达到其破坏目的，在某些特定条件被满足的前提下，病毒就会发作，这也就是病毒的破坏性。病毒的破坏性有些只是显示一些图片、放一段音乐或和你开个玩笑，这类病毒是良性病毒；而有些病毒则含有明确的目的性，像破坏数据、删除文件、格式化磁盘等，这类病毒就是恶性病毒。计算机病毒的破坏行为体现了病毒的杀伤能力，病毒破坏行为的激烈程度取决于病毒作者的主观愿望和他所具有的技术能量。根据有关的病毒资料，可以把病毒的破坏目标和攻击部位归纳如下：

1）攻击系统数据区。攻击部位包括：硬盘主引导扇区、Boot扇区、FAT表、文件目录。一般来说，攻击系统数据区的病毒是恶性病毒，受损的数据不易恢复。

2）攻击文件。病毒对文件的攻击方式很多，可列举如下：删除、改名、替换内容、丢失部分程序代码、内容颠倒、写入时间空白、变碎片、假冒文件、丢失文件簇、丢失数据文件。

3）攻击内存。内存是计算机的重要资源，也是病毒的攻击目标。病毒额外地占用和消耗系统的内存资源，可以导致一些程序驻留内存受阻。病毒攻击内存的方式如下：占用大量内存、改变内存总量、禁止分配内存、蚕食内存。

4）干扰系统运行。病毒会干扰系统的正常运行，以此作为自己的破坏行为。此类行为也是花样繁多，可以列举下述诸方式：不执行命令、干扰内部命令的执行、虚假报警、打不开文件、内部栈溢出、占用特殊数据区、时钟倒转、重启动、死机、强制游戏、扰乱串并行口。

5）速度下降。病毒被激活时，其内部的时间延迟程序启动。在时钟中纳入时间的循环计数，迫使计算机空转，计算机速度明显下降。

6）攻击磁盘。攻击磁盘数据、不写盘、写操作变读操作、写盘时丢字节。

7）扰乱屏幕显示。病毒扰乱屏幕显示的方式很多，可列举如下：字符跌落、环绕、倒置、显示前一屏、光标下跌、滚屏、抖动、乱写、吃字符。

8）键盘。病毒干扰键盘操作，已发现有下述几种方式：响铃、封锁键盘、换字、抹掉缓存区字符、重复、输入紊乱。

9）喇叭。许多病毒运行时，会使计算机的喇叭发出响声。有的病毒作者让病毒演奏旋律优美的世界名曲，在高雅的曲调中去杀戮人们的信息财富。有的病毒作者通过喇叭发出种种声音。已发现的有以下方式：演奏曲子、警笛声、炸弹噪声、鸣叫、咔咔声、嘀嗒声。

10）攻击CMOS。在机器的CMOS区中，保存着系统的重要数据，如，系统时钟、磁盘类型、内存容量等。有的病毒被激活时，能够对CMOS区进行写入动作，破坏系统CMOS中的数据。

11）干扰打印机。假报警、间断性打印、更换字符。

3.1.3 电子商务基本安全技术

针对前面介绍的电子商务所面临的安全性威胁，以及由此提出的安全需求，迄今为止，国内外学术界和相关厂商已提出了很多相应的解决方案，并且基本上满足了人们在Internet上开展安全的电子商务活动的愿望。在许许多多的解决方案中，涉及的安全保密技术主要有加密技术、认证技术、CA安全认证体系、安全电子交易协议、虚拟专用网技术、反病毒技术、黑客防范及其他相关的网络安全技术。下面分别简要加以介绍。

（1）加密技术

加密技术是电子商务采取的主要安全技术手段。采用加密技术可以满足信息保密性的安全需求，避免敏感信息泄露的威胁。通常信息加密的途径是通过密码技术实现的，密码技术是保护信息的保密性、完整性、可用性的有力手段，它可以在一种潜在不安全的环境中保证通信及存储数据的安全，密码技术还可以有效地用于报文认证、数字签名等，以防止各种电子欺骗。可以说，加密技术是认证技术及其他许多安全技术的基础，也是信息安全的核心技术。

密码技术包括密码设计、密码分析、密钥管理、验证技术等内容。密码设计的基本思想是伪装信息，使局外人不能理解信息的真正含义，而局内人却能够理解伪装信息的本来含义。其中，密码设计的中心内容就是数据加密和解密的方法。所谓"加密"，简单地说，就是使用数学的方法将原始信息（明文）重新组织与变换成只有授权用户才能解读的密码形式（密文），而"解密"就是将密文重新恢复成明文。密码的出现可以追溯到远古时代，密码学也和其他学科一样随着社会的发展而发展，先后经历了手工阶段、机械阶段、电子阶段，而现在则进入了计算机和网络时代。目前，密码学已发展成一门系统的技术科学，是集数学、计算机科学、电子与通信等诸多学科于一身的交叉学科。根据不同的标准，密码体制的分类方法有很多，其中常用的主要有对称密码体制（也叫作单钥密码体制、秘密密钥密码体制、对称密钥密码体制）、非对称密码体制（也叫作双钥密码体制、公开密钥密码体制、非对称密钥密码体制）等。

在对称密码体制中，其中加密密钥与解密密钥是相同的。早期使用的加密算法大多是对称密码体制，所以对称密码体制通常也称作传统密码体制，或常规密码体制。在这种密码体制下，有加密（或解密）的能力就意味着必然也有解密（或加密）的能力。对称密码体制的优点是具有很高的保密强度，可以达到经受国家级破译力量的分析和攻击，但它的密钥必须通过安全可靠的途径传递。由于密钥管理成为影响系统安全的关键性因素，使它难以满足系统的开放性要求。

为了解决对称密码体制的密钥分配问题以及满足对数字签名的需求，20世纪70年代产生了非对称密码体制。在这种密码体制下，人们把加密过程和解密过程设计成不同的途径，当算法公开时，在计算上不可能由加密密钥求得解密密钥，因而加密密钥可以公开，而只需秘密保存解密密钥即可。在非对称密码体制中，最具代表性的算法当数RSA，它从1978年公布至今，一直是加密算法中的主要算法之一。尽管该算法吸引了无数研究者，但在数学上还未找到最佳破译方法。其他的非对称密码体制，有些虽很著名，但已被破译，如背包体制；有些不处于研究和发展阶段，如椭圆曲线体制；有些密码体制在算法上与RSA有相似之处，破译的途径之一是大素数的分解，如Rabin、ElGamal体制等。

（2）认证技术

认证技术是信息安全理论与技术的一个重要方面，也是电子商务安全的主要实现技术。采用认证技术可以直接满足身份认证、信息完整性、不可否认和不可修改等多项网上交易的安全需求，较好地避免了网上交易面临的假冒、篡改、抵赖、伪造等种种威胁。

认证技术主要涉及身份认证和报文认证两个方面的内容。身份认证用于鉴别用户身份，报文认证用于保证通信双方的不可抵赖性和信息的完整性。在某些情况下，信息认证显得比信息保密更为重要。例如，在很多情况下用户并不要求购物信息保密，而只需要确认网上商店不是假冒的（这就需要身份认证），确保自己与网上商店交换的信息未被第三方修改或伪造，并且网上商家不能赖账（这就需要报文认证）；商家也是如此。从概念上讲，信息的保密与信息的认证是有区别的。加密保护只能防止被动攻击，而认证保护可以防止主动攻击。被动攻击的主要方法就是截收信息；主动攻击的最大特点是对信息进行有意的修改，使其推翻原来的意义。主动攻击比被动攻击更复杂，手段也比较多。它比被动攻击的危害更大，后果也特别严重。

身份认证是信息认证技术中一个十分重要的内容，它一般又涉及两个方面的内容：一是识别；二是验证。所谓识别就是指要明确用户是谁？这就要求对每个合法的用户都要有识别能力。为了保证识别的有效性，就需要保证任意两个不同的用户都具有相同的识别符。所谓验证就是指在用户声称自己的身份后，认证方还要对它所声称的身份进行验证，以防假冒。一般来说，用户身份认证可通过三种基本方式或其组合方式来实现：

①用户所知道的某种秘密信息，例如，用户知道自己的口令；

②用户持有的某种秘密信息（硬件），用户必须持有合法的随身携带的物理介质，例如，智能卡中存储用户的个人化参数，访问系统资源时必须要有智能卡；

③用户所具有的某些生物学特征，如指纹、声音、DNA图案、视网膜扫描，等等。

报文认证用于保证通信双方的不可抵赖性和信息的完整性，它是指通信双方之间建立通信联系后，每个通信者对收到的信息进行验证，以保证所收到的信息是真实的。验证的内容包括：

①证实报文是由指定的发送方产生的；

②证实报文的内容没有被修改过（即证实报文的完整性）；

③确认报文的序号和时间是正确的。

目前，在电子商务中广泛使用的认证方法和手段主要有数字签名、数字摘要、数字证书、CA安全认证体系，以及其他一些身份认证技术和报文认证技术。下面简要加以说明。

1）数字签名

在人们的工作和生活中，许多事务的处理都需要当事者签名，如政府文件、商业合同等。签名起到认证、审核的作用。在传统的以书面文件为基础的事务处理中，认证通常采用书面签名的形式，如手签、印章、指印等。在以计算机文件为基础的事务处理中则采用电子形式的签名，即数字签名。数字签名技术以加密技术为基础，其核心是采用加密技术的加、解密算法体制来实现对报文的数字签名。数字签名能够实现以下功能：

①收方能够证实发送方的真实身份；

②发送方事后不能否认所发送过的报文；

③收方或非法者不能伪造、篡改报文。

目前已有大量的数字签名算法，比如RSA数字签名算法、ElGamal数字签名算法、Fiat-Shamir数字签名算法、Guillou-Quisquarter数字签名算法、Schnorr数字签名算法、英国的数字签名标准/算法（DSS/DSA）、椭圆曲线数字签名算法，以及另外一些不可否认的签名算法、群数字签名算法、盲数字签名算法、具有报文恢复的数字签名算法等。

2）数字摘要技术

数字摘要技术就是单向哈希（HASH）函数技术，它除了可用于前面所讨论的数字签名应用之外，还可以用于信息完整性检验，各种协议的设计及计算机科学等。

3）数字证书

数字证书（digital certificate, digital ID）又称为数字凭证，即用电子手段来证实一个用户的身份和对网络资源的访问权限。数字证书是一种数字标识，也可以说是网络上的安全护照，它提供的是网络上的身份证明。数字证书拥有者可以将其证书提供给其他人、Web站点及网络资源，以证实他的合法身份，并且与对方建立加密的、可信的通信。比如用户可以通过浏览器使用证书与Web服务器建立SSL会话，使浏览器与服务器之间相互验证身份；另外用户也可以使数字证书发送加密和签名的电子邮件。

目前数字证书格式一般采用X.509国际标准，一个标准的X.509数字证书包含以下内容：证书的版本信息、证书的序列号、证书所使用的签名算法、证书的发行机构名称、证书的有效期、证书所有人的名称、证书所有人的公开密钥、证书发行者对证书的签名。

我们可以使用数字证书，通过运用对称和非对称密码体制等密码技术建立起一套严密的认证系统，从而保证：信息除发送方和接收方外不会被其他人窃取；信息在传输过程中不被篡改；发送方能够通过数字证书来确认接收方的身份；发送方对于自己的信息不能抵赖。这样，在网上的电子交易中，如果双方出示了各自的数字凭证，并用它来进行交易操作，就可以不用担心受骗上当了。

（3）CA安全认证中心

为了全面解决在Internet上开展电子商务的安全问题，建立一套完善的电子商务安全认证体系是非常必要的。电子商务安全认证体系是一套融合了各种先进的加密技术和认证技术的安全体系，它主要定义和建立自身的认证和授权规则，然后分发、交换这些规则，并在网络之间解释和管理这些规则。

电子商务安全认证体系的核心机构就是CA认证中心（CA：Certification Authority，证书授权）。认证中心作为受信任的第三方，需要承担网上安全电子交易的认证服务，主要负责产生、分配并管理用户的数字证书。它对电子商务活动中的数据加密、数字签名、防抵赖、数据完整性以及身份鉴别所需的密钥和认证实施统一的集中化管理，支持电子商务的参与者在网络环境下建立和维护平等的信任关系，保证网上在线交易的安全。建立CA的目的是加强数字证书和密钥的管理工作，增强网上交易各方的相互责任，提高网上购物和网上交易的安全，控制交易的风险，从而推动电子商务的发展。

认证中心作为一个权威、公正、可信的第三方机构，它的建设是电子商务最重要的基础建设之一，也是电子商务大规模发展的根本保证。最早的CA认证中心采用的是由SETCo公司建立的、以SET协议为基础的SET CA体系，这种体系只能服务于BtoC（企业对消费者）电子商务模式中的卡支付应用。由于BtoB（企业对企业）电子商务模式的发展，要求CA的支付接口能够兼容支持BtoB与BtoC的模式，即同时支持网上购物、网上银行、网上交易与供应链管理等职能，要求安全认证协议透明、简单、成熟（即标准化），这样就产生了以通用公钥基础设施（PKI）为技术基础的non-SET CA体系，即通用PKICA体系。目前，国内外新建设的认证中心，一般既能支持SET CA体系，又能支持non-SET CA体系，以支持电子商务的多种应用方式。

（4）安全电子交易协议

电子交易可以说是电子商务活动的核心内容。如何在开放的公用网上构筑安全的交易模式，一直是业界研究的热点和大家关注的课题。毫无疑问，只有建立在前面介绍过的各种加密技术和认证技术的基础上，才有可能构筑一个安全的电子交易模式。例如，在线交易安全的首要前提就是要保证能正确识别和验证参与交易活动的各个主体，如持卡消费者、商家和支付网关的身份，以及保持持卡人的信用卡号不会被盗用，这样客户才有可能放心地在网上进行购物。

迄今为止，国内外已经出现了许多电子交易协议，其中有些是足够安全、让人放心的，而有些则是不够安全、有明显缺陷的。值得说明的是，所谓的安全是相对的，一种电子交易协议可能现在看来是足够安全的，但随着技术的发展，以后可能会变得不安全。

目前有两种安全在线支付协议被广泛采用，即安全套接层SSL（Secure Sockets Layer）协议和安全电子交易SET（Secure Electronic Transaction）协议。二者均是成熟和实用化的协议，能为电子商务提供有力的安全保障。SSL协议是由网景（Netscape）公司推出的一种安全通信协议，它能够对信用卡和个人信息提供较强的保护。SSL是对计算机之间整个会话进行加密的协议。在SSL中，采用了公开密钥和私有密钥两种加密方法。SSL提供了两台机器间的安全连接，支付系统经常通过在SSL连接上传输信用卡卡号的方式来构建，在线银行和其他金融系统也常常构建在SSL之上。SSL被广泛应用的原因在于它被大部分Web浏览器和Web服务器所内置，比较容易被应用。

SET协议是由MasterCard和Visa以及其他一些业界主流厂商联合推出的一种规范，用来保证在公共网络上银行卡支付交易的安全性。SET协议已经在国际上被大量实验性地使用并经受了考验，但大多数在Internet上采购的消费者并没有真正使用SET协议。因为SET协议是一个非常复杂的协议，它非常详细而准确地反映了卡交易各方之间存在的各种关系。SET协议还定义了加密信息的格式和完成一笔卡支付交易过程中各方传输的规则。事实上，SET协议远远不止是一个技术方面的协议，它还说明了每一方所持有的数字证书的合法含义，希望得到数字证书以及响应信息的各方应有的动作，与一笔交易紧密相关的责任分担。

当前国内外出现了许多实用的交易模式，主要分为SET交易模式和NON-SET交易模式。SET标准是目前业界最经典著名的基于银行卡的BtoC电子交易标准。遵循SET标准的交易模式具有很高的安全性，但实现起来比较复杂，不容易与已有资源集成在一起。因此，在实际中产生了对SET标准的不同应用模式。目前，源于而又不完全遵循SET标准的交易应用模式主要有面向商家的SET（Merchant-Oriented SET，MOSET）模式和无证书SET模式。

所谓的NON-SET交易模式，就是指不同于SET标准的其他电子交易模式。它们往往基于数字证书、SSL协议等技术来保证交易的安全性。NON-SET交易模式可以适用于BtoC和BtoB两种商务模式，具有广泛的用途，因而得到了大量的应用。

（5）黑客防范技术

目前，黑客攻击已成为网络安全所面临的最大威胁，同时黑客防范技术也成为网络安全的主要内容，受到了各国政府和网络业界的高度重视。

为了有效地防范黑客，首先需要掌握黑客技术，即黑客入侵使用的一些技术。这些技术主要包括缓冲区溢出攻击、特洛伊木马、端口扫描、IP欺骗、网络监听、口令攻击、拒绝服务攻击等。只有很好地掌握了这些黑客技术，才有可能做到"知己知彼，百战不殆"。在了解黑客技术的基础上，目前人们已提出了许多相应有效的反黑客技术，主要包括网络安全评估技术、防火墙技术、入侵检测技术等。下面就对上述几种反黑客技术简要加以介绍。

1）安全评估技术。安全评估技术源于黑客在入侵网络系统时采用的工具——扫描器。扫描器是一种自动检测远程或本地主机和网络安全性弱点的程序，通过使用扫描器可以不留痕迹地发现远程或本地服务器的各种TCP端口的分配及提供的服务和它们的软件版本，这就能间接地或直观地了解到远程或本地主机所存在的安全问题。扫描器主要通过选用TCP/IP不同的端口服务并记录目标给予的回答，可以搜集到很多关于目标主机的各种有用的信息，比如，是否能用匿名登录、是否有可写的FIP目录、是否能用TELNET、HTTPD是用root还是用nobody在运行。一般来说，扫描器应该有三项功能：

①发现一个主机或网络的能力；

②一旦发现一台主机，有发现什么服务正运行在这台主机上的能力；

③通过测试这些服务，发现漏洞的能力。

商品化的安全扫描工具为网络安全漏洞的发现提供了强大的支持。安全扫描工具通常分为基于服务器和基于网络的扫描器。基于服务器的扫描器主要扫描服务器相关的安全漏洞，如Password文件、目录和文件权限、共享文件系统、敏感服务、软件、系统漏洞等，并给出相应的解决办法。基于网络的安全扫描主要扫描设定网络内的服务器、路由器、网桥、交换机、访问服务器、防火墙等设备的安全漏洞，并可设定模拟攻击，以测试系统的防御能力。

2）防火墙。当一个网络接上Internet之后，系统的安全除了考虑计算机病毒、系统的健壮性之外，更主要的是防止非法用户的入侵，而目前防止的措施主要是靠防火墙技术来完成。网络防火墙是一种用来加强网络之间访问控制的特殊网络设备，它对两个或多个网络之间传输的数据包和连接方式按照一定的安全策略进行检查，从而决定网络之间的通信是否被允许。其中，被保护的网络称为内部网络或私有网络，而另一方则被称为外部网络或公用网络。防火墙能有效地控制内部网络与外部网络之间的访问及数据传输，从而达到保护内部网络的信息不受外部非授权用户的访问和过滤不良信息的目的。

3）入侵检测技术。入侵检测系统（IDS）可以被定义为对计算机和网络资源的恶意使用行为进行识别和相应处理的系统。它通过对计算机系统进行监视，提供实时的入侵监测，并采取相应的防护手段。它的目的在于监测可能存在的攻击行为，包括来自系统外部的入侵行为和来自内部用户的非授权行为。

最早提出IDS这一概念是在1980年，由James Anderson在其发表的名为"Computer Security Threat Monitoring and Surveillance"的论文中提出。最早的IDS模型是在1987年由Dorothy Denning在题为"A Intrusion Detection Model"的论文中提出的。从此，计算机安全领域开始了对IDS的广泛研究。在20世纪90年代初，出现了一系列的IDS工具，大多数由学生开发，以研究IDS的概念，随后，在这些工具的基础上出现了比较成熟的商业产品。目前，国外的IDS商业产品已经多达一百多种，另外还有几十个大型的国家级研究机构和大学生正在进行IDS的研发工作。

入侵检测技术是一种主动保护自己免受黑客攻击的一种网络安全技术。入侵检测技术帮助系统对付网络攻击，扩展了系统管理员的安全管理能力（包括安全审计、监视、进攻识别和响应），提高了信息安全基础结构的完整性。它从计算机网络系统中的若干关键点收集信息，并分析这些信息，看看网络中是否有违反安全策略的行为和遭到袭击的迹象。入侵检测被认为是防火墙之后的第二道安全闸门，它在不影响网络性能的情况下能对网络进行监测，从而提供对内部攻击、外部攻击和误操作的实时保护。

对一个成功的入侵检测系统而言，它不但可使系统管理员时刻了解网络系统（包括程序、文件和硬件设备等）的任何变更，还能为网络安全策略的制定提供指南。更为重要的一点是，它应该管理、配置简单，从而使非专业人员也能非常容易地对网络实施安全保护。入侵检测的规模还应根据网络威胁、系统构造和安全需求的改变而改变。入侵检测系统在发现入侵后，会及时做出响应，包括切断网络连接、记录事件和报警等。

（6）虚拟专用网技术

虚拟专用网（VPN）技术是一种在公用互联网络上构造企业专用网络的技术。通过VPN技术，可以实现企业不同网络的组件和资源之间的相互连接，它能够利用Internet或其他公共互联网络的基础设施为用户创建隧道，并提供与专用网络一样的安全和功能保障。虚拟专用网络允许远程通信方、销售人员或企业分支机构使用Internet等公共互联网络的路由基础设计，以安全的方式与位于企业内部网内的服务器建立连接。VPN对用户端透明，用户好像使用一条专用路线在客户计算机和企业服务器之间建立点对点连接，进行数据的传输。

虚拟专用网络技术支持企业通过Internet等公共互联网络与分支机构或其他公司建立连接，进行安全通信。这种跨越Internet建立的VPN连接在逻辑上等同于两地之间使用专用广域网建立的连接。VPN利用公共网络基础设施为企业各部门提供安全的网络互联服务，它能够使运行在VPN之上的商业应用享有几乎和专用网络同样的安全性、可靠性、优先级别和管理。

VPN网络可以利用IP网络、帧中继网络和ATM网络建设。VPN具体实现是采用隧道技术，将企业内的数据封装在隧道中进行传输。隧道协议可分为第二层隧道协议PPTP、L2F、L2TP和第三层隧道协议GRE、Ipsec。

利用VPN技术可以建设用于Internet交易的专用网络，它可以在两个系统之间建立安全的信道（或隧道），用于电子数据交换（EDI）。在VPN中通信的双方彼此都比较熟悉，这意味着可以使用复杂的专用加密和认证技术，只要通信的双方默认即可，没有必要为所有的VPN进行统一的加密和认证。现有的或正在开发的数据隧道系统可以进一步增加VPN的安全性，因而能够保证数据的保密性和可用性。

（7）反病毒技术

长期以来，计算机病毒一直是计算机信息系统中一个很大的安全因素。由于在网络环境下，计算机病毒更有不可估量的威胁性和破坏力，因此计算机病毒的防范是网络安全性建设中重要的一环。

反病毒技术主要包括预防病毒、检测病毒和消毒3种技术：

①预防病毒技术，它通过自身常驻系统内存优先获得系统的控制权，监视和判断系统中是否有病毒存在，进而阻止计算机病毒进入计算机系统和对系统进行破坏。这类技术有加密可执行程序、引导区保护、系统监控与读写控制（如防病毒卡）等。

②检测病毒技术，它是通过对计算机病毒的特征来进行判断的技术，如自身校验、关键字、文件长度的变化等。

③消毒技术，它通过对计算机病毒的分析，开发出具有删除病毒程序并恢复原文件的软件。

在新的技术环境下，计算机技术以及病毒技术都在不断地发展，病毒在新的技术环境下对用户的危害性也越来越大。20世纪90年代初期，由于计算机技术及其应用水平所限，病毒传染表现出很强的本地化特色，以通过磁盘等媒介传播为主要渠道，那时候病毒的传播和大规模扩散可能需要几个月的时间；但90年代中期，随着Internet网络的迅猛发展，通过网络，病毒传播的国际化发展趋势更加明显，反病毒工作也由本地化走向国际化。由于网络，尤其是电子邮件的广泛应用，造成病毒传染途径增多，传染速度加快，所以有效的反病毒产品必须能够对全球最新出现的病毒具有最快速的反应能力。

从目前病毒入侵系统的情况来看，病毒入侵的途径主要有电子邮件、互联网的下载文件、光盘和软盘。尤其是随着网络技术的广泛应用，通过电子邮件传染病毒已经逐渐取代磁盘而成为病毒传播的主流途径。在新技术环境下，病毒的存在形式也发生了变化。它除了以正常的文件形式进行传播外，由于压缩文件的应用越来越广泛，压缩文件也成了目前病毒传染的重要途径。因此，一个优秀的反毒软件首先应具备实时防毒技术，只有反病毒技术作用于计算机系统整个工作过程中，只有随时防止病毒从外界侵入系统，才能全面提高计算机系统的整个防护水平。其次，对于压缩文件传播病毒的情况，反病毒产品应该具备准确、全面的判断力，才不会产生漏杀现象。在病毒日益变化的发展趋势下，反病毒软件应该针对病毒传播的途径和方式提供全方位的防护，形成一个完善的防护体系，这样才能真正达到防患于未然的目的。总之，随着系统环境、应用环境和网络环境的不断庞大，病毒种类呈多样化发展，其破坏性也在不断增强。在这种情况下，反病毒产品只有具备上述功能才能做到彻底防护；否则，所有的防护都会功亏一篑。

3.2　电子商务安全认证

3.2.1　数字证书

（1）数字证书概述

数字证书是一段包含用户身份信息、用户公钥信息以及身份验证机构数字签名的数据。用户的密钥对信息进行加密可以保证数字信息传输的机密性（信息除发送方和接收方外，不被其他人知悉），身份验证机构的数字签名可以确保证书信息的真实性（接收方收到的信息是发送方发出的），用户公钥信息可以保证数字信息传输的完整性（在传输过程中不被篡改），用户的数字签名可以保证数字信息的不可否认性（发送方不能否认自己的发送行为）。

数字证书是各类终端实体和最终用户在网上进行信息交流及商务活动的身份证明，在电子交易的各个环节，交易的各方都需验证对方数字证书的有效性，从而解决相互间的信任问题。

数字证书是一个经证书认证中心（CA）数字签名的包含公开密钥拥有者信息以及公开密钥的文件。数字证书实质上就是一系列密钥，用于签名和加密数字信息。认证中心（CA）作为权威的、可信赖的、公正的第三方机构，专门负责为各种认证需求提供数字证书服务，即专门解决公钥体系中公钥的合法性问题。CA为每个使用公开密钥的用户发放一个数字证书，数字证书的作用是证明证书中列出的用户名称与证书中列出的公开密钥相对应。CA的数字签名使得攻击者不能伪造和篡改数字证书，认证中心颁发的数字证书均遵循X.509 V3标准。X.509

标准在编排公共密钥密码格式方面已被广为接受。X.509证书已应用于许多网络安全,其中包括IPSec(IP安全)、SSL、SET、S/MIME。

(2)应用数字证书的必要性

数字信息安全主要包括以下几个方面:

身份验证(Authentication);

信息传输安全;

信息保密性(存储与交易)(Confidentiality);

信息完整性(Integrity);

交易的不可否认性(Non-repudiation)。

对于数字信息的安全需求,通过如下手段加以解决:

数据保密性——加密;

数据的完整性——数字签名;

身份鉴别——数字证书与数字签名;

不可否认性——数字签名。

为了保证网上信息传输双方的身份验证和信息传输安全,目前采用数字证书技术来实现,从而实现对传输信息的机密性、真实性、完整性和不可否认性。

1)身份验证。身份验证是一致性验证的一种,验证是建立一致性(identification)证明的一种手段。身份验证主要包括验证依据、验证系统和安全要求,它能保证只有合法用户才能进入系统,从而验证用户,确保证书信息的真实性。

2)访问控制。鉴别是访问控制的重要手段,是对网络中的主体进行验证的过程。访问控制规定何种主体对何种客体具有何种操作权力。访问控制是内部网安全理论的重要方面,主要包括人员限制、数据标识、权限控制、控制类型和风险分析。

3)数据完整性。数据完整性是在数据处理过程中,在原来数据和现行数据之间保持完全一致的证明手段。具体实现是加密和校验。它通过真实性、机密性和数字签名来完成。

①发送方随机产生一对对称密钥,利用对称密钥对要传输的信息进行加密,然后用接收方的公钥对该对称密钥进行加密,这样保证只有接收方利用自己的私钥才能解开该对称密钥,从而恢复原始信息,保证了传输信息的安全(加密性和真实性)。

②利用HASH函数算出数据摘要(如:MD5算法),然后对数据摘要进行签名。数字签名现在比较普遍采用的签名算法有RSA、DSA。RSA(Rivest Shamir Adleman,最早发现的三人名称的缩写),是最流行的公开密钥算法,它能用作数字加密和数字签名。DSA(Digital Signature Algorithm,数字签名算法,用作数字签名标准的一部分),它是另一种公开密钥算法,它不能用作加密,只用作数字签名。

4)数据机密性。对传输中的数据流加密,以防止未经授权的用户通过通信线路截取网络上的数据。加密可在通信的三个不同层次进行,按实现加密的通信层次可分为链路加密、节点加密、端到端加密。一般常用链路加密和端到端加密这两种方式。数据机密性由加密算法保证。现在金融系统和商界普遍使用的算法是美国数据加密标准DES、RSA等。

5)不可否认性。确保用户不能否认自己所做的行为,同时提供公证的手段来解决可能出现的争议，包括对源和目的地双方的证明，一般是用数字签名来实现的，它是采用一定的数据交换协议，使得通信双方能够满足两个条件：接收方能够鉴别发送方所宣称的身份，发送方以后不能否认他发送过数据这一事实。

（3）数字证书内容及格式

数字证书包括证书申请者的信息和发放证书CA的信息，认证中心所颁发的数字证书均遵循X.509 V3标准。数字证书的格式在ITU标准和X.509 V3里定义。根据这项标准，数字证书包括证书申请者的信息和发放证书CA的信息。X.509数字证书各部分的含义如下表所示。

域	含义
Version	证书版本号，不同版本的证书格式不同
Serial Number	序列号，同一身份验证机构签发的证书序列号唯一
Algorithm Identifier	签名算法，包括必要的参数
Issuer	身份验证机构的标识信息
Period of Validity	有效期
Subject	证书持有人的标识信息
Subject's Public Key	证书持有人的公钥
Signature	身份验证机构对证书的签名

证书内容由以下两部分组成：

（1）申请者的信息

第一部分申请者的信息，数字证书里的数据包括以下信息：

版本信息，用来与X.509的将来版本兼容；

证书序列号，每一个由CA发行的证书必须有一个唯一的序列号；

CA所使用的签名算法；

发行证书CA的名称；

证书的有效期限；

证书主题名称；

被证明的公钥信息，包括公钥算法、公钥的位字符串表示；

包含额外信息的特别扩展。

（2）发放证书CA的信息

第二部分CA的信息，数字证书包含发行证书CA的签名和用来生成数字签名的签名算法。任何人收到证书后都能使用签名算法来验证证书是否是由CA的签名密钥签发的。

3.2.2 认证中心

这里，我们将介绍认证机构的运作实务，其中包括证书申请、证书分发、证书接受、证书更新、证书撤销等。

（1）CA作用

电子商务的兴起，既带来了便利和机会，也带来了问题，特别是安全性（保密性、真实完整性和不可抵赖性）被提到了首要位置，没有安全性的保证或在这方面存在任何漏洞，都将使电子商务变得不可行。由于电子商务是通过互联网进行交易的，而互联网又具有充分的开放性、管理松散和不设防的特点，所以它的安全性显得特别突出。一般来讲，网上信息的安全交流必须实现：

只有收件实体（持卡人/个人、商户/企业、网关/银行等）才能解读信息，即信息保密性（Confidentiality）。

收件实体（持卡人/个人、商户/企业、网关/银行等）看到的信息确实是发件实体（持卡人/个人、商户/企业、网关/银行等）发送的信息，其内容未被篡改或替换，即信息真实完整性（Authenticity and Integrity）。

发件实体（持卡人/个人、商户/企业、网关/银行等）日后不能否认曾发送过此信息，即不可抵赖性（Nonrepudiation）。

为实现以上信息的安全要求，除了在通信传输中采用更强的加密算法等措施之外，还必须建立一种信任及信任验证机制，即参加电子商务的各方必须有一个可以被验证的标识，这就是数字证书。数字证书是各实体（持卡人/个人、商户/企业、网关/银行等）在网上信息交流及商务交易活动中的身份证明，该数字证书具有唯一性。它将实体的公开密钥同实体本身联系在一起，为实现这一目的，必须使数字证书符合X.509国际标准，同时数字证书的来源必须是可靠的。这就意味着应有一个网上各方都信任的机构，专门负责数字证书的发放和管理，确保网上信息的安全，这个机构就是证书认证中心（CA）。各级CA认证机构的存在组成了整个电子商务的信任链。如果CA机构不安全或发放的数字证书不具有公正性和权威性，电子商务就根本无从谈起。

数字证书认证中心（Certificate Authority，CA）是整个网上电子交易安全的关键环节。它主要负责产生、分配并管理所有参与网上交易的个体所需的身份认证数字证书。每一份数字证书都与上一级的数字签名证书相关联，最终通过安全链追溯到一个已知的并被广泛认为是安全、权威、足以信赖的根认证中心（根CA）。

电子交易的各方都必须拥有合法的身份，即有数字证书认证中心（CA）签发的数字证书，在交易的各个环节，交易的各方都需检验对方数字证书的有效性，从而解决了用户信任问题。CA涉及电子交易中各交易方的身份信息、严格的加密技术和认证程序。基于其牢固的安全机制，CA应用可扩大到一切有安全要求的网上数据传输服务。

数字证书认证解决了网上交易和结算中的安全问题，其中包括建立电子商务各主体之间的信任关系，即建立安全认证体系（CA）；选择安全标准（如SET、SSL）；采用高强度的加、解密技术。其中安全认证体系的建立是关键，它决定了网上交易和结算能否安全进行，因此，数字证书认证中心的建立对电子商务的开展具有非常重要的意义。

（2）CA功能

认证中心的核心功能就是发放和管理数字证书。

1）接收验证最终用户数字证书的申请。接收持卡人/个人、商户/企业、网关/银行的数字证书申请，验证申请请求的消息格式是否正确。如果正确，保存相应信息；如果错误，指出错误的原因。

2）确定是否接受最终用户数字证书的申请。根据持卡人/个人注册申请表请求或商户/企业、网关/银行初始数字证书申请请求中给出的申请类型、申请语言、账号信息确定是否受理该数字证书申请。如果接受数字证书申请则分配一个CA本地编号，并将该编号和与数字证书申请相应的注册申请表发送给最终用户；如果拒绝接受数字证书申请则返回拒绝接受数字证书申请的原因。无论是否接受数字证书申请，返回给最终用户的应答信息都要经过CA的签名。

3）向申请者颁发、拒绝颁发数字证书。根据RA（RA系统是负责对用户的申请资料进行审核的系统）的审定结果，系统自动判断是否颁发持卡人/个人数字证书；根据有关政策，由CA的管理员决定是否颁发商户/企业和网关/银行的数字证书。如果同意颁发数字证书，需将新产生的数字证书在主数据库中保存一段时间，供最终用户查询。新数字证书要用CA的证书签名私钥签名，应答消息要用CA的数字签名证书签名。如果最终用户在数字证书申请请求中提供了加密密钥，应答消息还要加密。

4）接收、处理最终用户的数字证书更新请求。接收、验证最终用户数字证书更新请求，根据RA的要求或有关政策同意或拒绝颁发相应数字证书。

5）接收最终用户的数字证书查询。根据最终用户数字证书查询请求中的CA本地编号判断与之相应的数字证书申请是否存在、是否已被处理。如果已被处理，得到处理的结果。如果处理结果是同意签发数字证书，则将该数字证书返回给最终用户。如果在数字证书申请时，最终用户给出了加密密钥，则数字证书查询的结果还要用它加密。

6）产生和发布黑名单（CRL）以及品牌黑名单标识（BCI）。由于CA或网关的私钥泄密等原因而造成废除CA或网关数字证书时，就要产生新的黑名单及品牌黑名单标识。黑名单由废证机构产生，一般来说，废证机构就是当初同意发证的机构。产生新的黑名单和品牌黑名单标识后要立即向所有的CA和网关发布。即使没有新的黑名单产生，品牌黑名单标识也要定时更新、发布。当最终用户向CA申请数字证书时，CA如果发现最终用户系统中的黑名单或品牌黑名单标识不存在或者不是最新的时，CA要将最新的黑名单或品牌黑名单标识随应答消息发送给最终用户。

7）数字证书归档。随着已颁发数字证书数量的增加，CA中心存储的信息量会越来越多，因此要将一部分已颁发且已发送给最终用户的数字证书从主数据库中备份到短期历史数据库中。当短期历史数据库中保存的数字证书已过期后，就要备份到长期历史数据库中归档。由于纠纷仲裁等原因的需要，在必要时无论该数字证书是在主数据库、短期历史数据库或长期历史数据库中，CA中心都能以文件形式输出该数字证书。

8）密钥归档。过期的密钥必须归档，归档的密钥保存在密钥档案库中，必须保证密钥档案库的完整性、保密性。

9）历史数据归档。保留历史数据供日后查询，必须保证归档数据的完整性、保密性。

10）CA与RA之间的数据交换安全。RA是持卡人/个人数字证书申请的注册审核机构，既从属于CA机构，又在地理位置上与CA分离。RA通常分布在各专业银行，所以RA与CA间的数据交换必须确保安全。RA与CA间的通信可以借助的网络有金融专用网和互联网等，但无论借助哪个网络，交换的数据都要经过压缩和加密。

11）CA内部管理。

①向上级CA申请自身CA数字证书。CA机构需要向下级用户证明自己的身份以及在互联网上传递信息时，需要持有自己的数字证书，该数字证书是向上级CA申请，由上级CA批准签发的。管理员输入申请数字证书的有关信息并由系统产生新的密钥对后，将申请信息和新的公钥发送给上级CA，即向上级CA机构提出了申请。然后接受上级CA机构传来的数字证书序列号等信息，把这些信息及新的私钥保存起来。此后，就要等待上级CA对该数字证书申请进行处理，签发新的数字证书。

②向上级CA要求废除自身CA数字证书。当CA机构的私钥发生泄露，或有其他原因不需要使用数字证书时，需要向上级CA机构申请废除数字证书。CA的管理员选择要废除的数字证书，把废证请求发送给上级CA，随后接受上级CA的应答。如请求被接受，则该数字证书在上级CA处理（废除或拒绝废除）前不能使用。

③签发/拒绝下级CA数字证书申请。当上级CA机构得到下级CA机构的数字证书申请时，由管理员验证申请信息，判断是否有必要签发新的数字证书。如果CA机构同意签发新数字证书，系统将使用证书签名私钥进行签名发证，这保证了数字证书的签发决定权，被牢牢地控制在私钥持有者的手中。

数字证书签发后，通过安全的方式发送到数字证书申请者的系统中。如果CA机构不同意签发新数字证书，也以安全的方式将"拒绝发证"的信息发送到数字证书申请者的系统中。

④同意/拒绝下级CA数字证书废除请求。当一CA机构接到其下级CA机构的数字证书废除请求后，管理员就需处理数字证书废除请求。查看具体的信息之后，管理员根据具体情况来决定是否要废除该数字证书。如果同意废除，就将产生新的黑名单并在本品牌内的所有CA及网关发布；如果不同意废除，则通知请求废除数字证书的下级CA数字证书没有被废除。

⑤查询自身数字证书拥有情况。在实际应用中，管理员需查询本CA的数字证书拥有情况，如本CA持有数字证书的数量、类型、数字证书有效期等。

⑥查询黑名单情况。当一张数字证书被废除后，便产生了黑名单。管理员可以查询当前品牌内的数字证书黑名单，了解被废除数字证书的数字证书序列号、数字证书签发者、数字证书被废除的时间等。这些情况应该还可以被打印存档。

⑦查询操作日志。从系统的安全角度出发，系统应能自动记录系统内发生的每一个事件，包括系统自动执行的和管理员操作执行的，这可以大大地提高系统的安全性和可监视性。这些记录通过操作日志查询，可以被管理员获得。同时，管理员可以查询操作日志，但无权修改。更进一步，查询日志的操作也将被系统记录下来，供今后查询。操作日志的每一项包括操作者、操作时间和操作内容。得到的查询结果可以打印存档。

⑧管理员信息维护。由于在整个系统中，管理员扮演着极其重要的角色，可以进行申请、废除、查询数字证书等各项操作。因此，为了保证整个系统能有序、安全、顺利地运行，必须对管理员信息进行严密的维护工作。

管理员信息维护包括增加、删除管理员，管理员密码、权限的变更等。要指出的是，管理员用户名不能修改。

⑨统计报表输出。由于统计和收费的需要，要求CA系统能产生和打印诸如发证情况等的

统计报表。报表应包括日报表、月报表、年报表及指定特殊时间段的报表。

⑩CA的安全审计。当需要对与安全有关的事件进行审查、核对，或者当出现问题时，通过分析归档数据查出原因，弥补安全上的漏洞。必须保证管理员操作、密钥操作、证书操作及威胁到CA安全的事件等记录的完整性。

3.3 电子商务安全协议

电子商务出现之后，为了保障电子商务的安全性，一些公司和机构制定了电子商务的安全协议，来规范在Internet上从事商务活动的流程。目前，典型的电子商务安全协议有SSL和SET。

3.3.1 SSL协议

（1）协议简介

SSL协议（Security Socket Layer，安全套接层协议）是网景（Netscape）公司提出的基于Web应用的安全协议，该协议向基于TCP/IP的客户/服务器应用程序提供了客户端和服务器的鉴别、数据完整性及信息机密性等安全措施。该协议通过在应用程序进行数据交换前交换SSL初始握手信息来实现有关安全特性的审查。在SSL握手信息中采用了DES、MD5等加密技术来实现机密性和数据完整性，并采用X.509的数字证书实现鉴别。

对于电子商务应用来说，SSL采用对称密码技术和公开密码技术相结合，提供了如下三种基本的安全服务：

秘密性。SSL客户机和服务器之间通过密码算法和密钥的协商，建立起一个安全通道。以后在安全通道中传输的所有信息都经过了加密处理，网络中的非法窃听者所获取的信息都将是无意义的密文信息。

完整性。SSL利用密码算法和Hash函数，通过对传输信息特征值的提取来保证信息的完整性，确保要传输的信息全部到达目的地，可以避免服务器和客户机之间的信息内容受到破坏。

认证性。利用证书技术和可信的第三方CA，可以让客户机和服务器相互识别对方的身份。为了验证证书持有者是其合法用户（而不是冒名用户），SSL要求证书持有者在握手时相互交换数字证书，通过验证来保证对方身份的合法性。

SSL可分为两层：一是握手层，二是记录层。SSL握手协议描述建立安全连接的过程，在客户和服务器传送应用层数据之前，完成诸如加密算法和会话密钥的确定，通信双方的身份验证等功能；SSL记录协议则定义了数据传送的格式，上层数据包括SSL握手协议建立安全连接时所需传送的数据都通过SSL记录协议再往下层传送。这样，应用层通过SSL协议把数据传给传输层时，已是被加密后的数据，此时TCP/IP协议只需负责将其可靠地传送到目的地，弥补了TCP/IP协议安全性较差的弱点。

（2）SSL协议的作用

SSL现已被广泛地用于Internet上的身份认证和Web服务器与用户端浏览器之间的数据安全通信。

TCP/IP是整个Internet数据传输和通信所使用的最基本的控制协议，在它之上还有HTTP（Hyper-Text Transport Protocol）、LDAP（Lightweight Directory Access Protocol）、IMAP（Internet Messaging Access Protocol）等应用层传输协议。而SSL是位于TCP/IP和各种应用层协议之间的一种数据安全协议。SSL协议可以有效地避免网上信息的偷听、篡改以及信息的伪造。

SSL标准的关键是要解决以下几个问题：

客户对服务器的身份确认：SSL服务器容许客户的浏览器使用标准的公钥加密技术和一些可靠的认证中心（CA）的证书，来确认服务器的合法性（检验服务器的证书和ID的合法性）。对于用户服务器身份的确认与否是非常重要的，因为客户可能向服务器发送自己的信用卡密码。

服务器对客户的身份确认：容许SSL服务器确认客户的身份，SSL协议容许客户服务器的软件通过公钥技术和可信赖的证书来确认客户的身份（客户的证书 client's certificate）。对于服务器客户身份的确认与否是非常重要的，因为网上银行可能要向客户发送机密的金融信息。

建立起服务器和客户之间安全的数据通道：SSL要求客户和服务器之间的所有的发送数据都被发送端加密，所有的接收数据都被接收端解密，这样才能提供一个高水平的安全保证。同时SSL协议会在传输过程中检查数据是否被中途修改。

（3）SSL的安全性

目前，几乎所有操作平台上的Web浏览器（IE、Netscape）以及流行的Web服务器（IIS、Netscape Enterprise Server等）都支持SSL协议。因此，使得使用该协议便宜及成本低。但应用SSL协议存在着不容忽视的缺点：

①系统不符合国务院最新颁布的《商用密码管理条例》中对商用密码产品不得使用国外密码算法的规定，要通过国家密码管理委员会的审批会相当困难。

②系统安全性差。SSL协议的数据安全性其实就是建立在RSA等算法的安全性上，因此从本质上来讲，攻破RSA等算法就等同于攻破此协议。由于美国政府的出口限制，使得进入我国的实现了SSL的产品（Web浏览器和服务器）均只能提供512比特RSA公钥、40比特对称密钥的加密。目前已有攻破此协议的例子：1995年8月，一个法国学生用上百台工作站和两台小型机攻破了Netscape对外出口版本；另外美国加州两个大学生找到了一个"陷门"，只用了一台工作站几分钟就攻破了Netscape对外出口版本。

但总的来讲，SSL协议的安全性能是好的，而且随着SSL协议的不断改进，更多的安全性能好的加密算法被采用，逻辑上的缺陷被弥补，SSL协议的安全性能会不断加强。

（4）双向认证SSL协议的具体过程

①浏览器发送一个连接请求给安全服务器。

②服务器将自己的证书以及同证书相关的信息发送给客户浏览器。

③客户浏览器检查服务器送过来的证书是否是由自己信赖的CA中心所签发的。如果是，就继续执行协议；如果不是，客户浏览器就给客户一个警告消息：警告客户这个证书不是可以信赖的，询问客户是否需要继续。

④接着客户浏览器比较证书里的消息，例如域名和公钥，与服务器刚刚发送的相关消息是否一致，如果是一致的，客户浏览器认可这个服务器的合法身份。

⑤服务器要求客户发送客户自己的证书。收到后，服务器验证客户的证书，如果没有通过验证，拒绝连接；如果通过验证，服务器获得用户的公钥。

⑥客户浏览器告诉服务器自己所能够支持的通信对称密码方案。

⑦服务器从客户发送过来的密码方案中，选择一种加密程度最高的密码方案，用客户的公钥加过密后通知浏览器。

⑧浏览器针对这个密码方案，选择一个通话密钥，接着用服务器的公钥加过密后发送给服务器。

⑨服务器接收到浏览器送过来的消息，用自己的私钥解密，获得通话密钥。

⑩服务器、浏览器接下来的通信都是用经过对称密码方案，对称密钥加过密的。

上面所述的是双向认证SSL协议的具体通信过程，这种情况要求服务器和用户双方都有证书。单向认证SSL协议不需要客户拥有CA证书，具体的过程相对于上面的叙述，只需将服务器端验证客户证书的过程去掉，以及在协商对称密码方案，对称通话密钥时，服务器发送给客户的是没有加过密的（这并不影响SSL过程的安全性）。

这样，双方具体的通信内容，就是加过密的数据，如果有第三方攻击，获得的只是加密的数据，第三方要获得有用的信息，就需要对加密的数据进行解密，这时候的安全就依赖于密码方案的安全。而幸运的是，目前所用的密码方案，只要通信密钥长度足够长，就足够的安全。这也是我们强调要求使用128位加密通信的原因。

3.3.2 SET协议

SET协议（Secure Electronic Transaction，安全电子交易协议）是由VISA和MasterCard两大信用卡公司于1997年5月联合推出的规范。这个规范自推出之后，就得到了IBM、Netscape、Microsoft、Oracle等众多厂商的支持。其实质是一种应用在Internet上、以信用卡为基础的电子付款系统规范，目的就是保证网络交易的安全。

（1）SET概述

电子商务在提供机遇和便利的同时，也面临着一个最大的挑战，即交易的安全问题。在网上购物的环境中，持卡人希望在交易中保密自己的账户信息，使之不被人盗用；商家则希望客户的订单不可抵赖，并且，在交易过程中，交易各方都希望验明其他方的身份，以防止被欺骗。针对这种情况，由美国Visa和MasterCard两大信用卡组织联合国际上多家科技机构，共同制定了应用于Internet上的以银行卡为基础进行在线交易的安全标准，这就是"安全电子交易"（Secure Electronic Transaction，简称SET）。它采用公钥密码体制和X.509数字证书标准，主要应用于保障网上购物信息的安全性。

由于SET提供了消费者、商家和银行之间的认证，确保了交易数据的机密性、真实性、完整性和交易的不可否认性，特别是保证不将消费者银行卡号暴露给商家等优点，因此它成为目前公认的信用卡/借记卡的网上交易的国际安全标准。

SET主要适用于互联网上的卡交易。SET交易虽然没有传统的面对面交易过程，但与传统交易类似，也涉及三种实体：持卡人（Card Holder）；商户（Merchant）；金融机构（Financial Institution）。持卡人是通过自己的计算机，浏览商户建立在互联网上的网站，选购商品，然后通过金融机构在网上的代表——支付网关进行支付。

（2）SET协议的目标

SET要达到的主要目标是：

①信息在公共互联网上安全传输，保证网上传输的数据不被黑客窃取。

②订单信息和个人账号信息隔离。在将包括持卡人账号信息在内的订单送到商家时，商家只能看到订货信息，而看不到持卡人的账户信息。

③持卡人和商家相互认证，以确保交易各方的真实身份。通常，第三方机构负责为在线交易的各方提供信用担保。

④要求软件遵循相同协议和消息格式，使不同厂家开发的软件具有兼容性和互操作性，并且可以运行在不同的硬件和操作系统平台上。

SET协议涉及的当事人包括持卡人、发卡机构、商家、银行以及支付网关。他们在SET协议中扮演的角色各不相同。

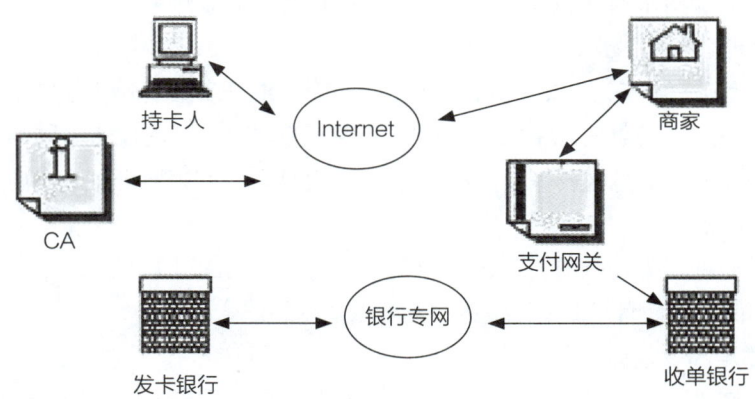

图3-1 SET系统中参与方之间的关系图

（3）SET协议的购物流程

应用SET协议进行网上购物活动的购物流程与传统的、现实的购物流程很相似，这使得电子商务与传统商务可以很容易融合，用户使用也没有什么障碍。与传统购物方式不同的是，顾客进行网上购物需要使用计算机终端设备及软件，从通过浏览器进入在线商店开始，一直到所定货物送货上门，都是通过互联网完成的。一个较为简单和完整的购物流程如下所述：

①持卡人使用浏览器在商家的Web页面上查看和浏览在线商品及目录。

②持卡人选择要购买的商品。

③持卡人填写订单，包括项目列表、价格、总价、运费、搬运费和税费等。订单可通过电子化方式从商家传过来，或由持卡人的电子购物软件建立。有些在线商店允许持卡人与商家协商物品的价格（例如出示老客户证明或给出竞争对手的价格等）。

④持卡人选择付款方式，此时SET开始介入。

⑤持卡人通过网络发送给商家一个完整的订单及要求付款的指令。在SET中，订单和付款指令由持卡人进行数字签名，同时，利用双重签名技术保证商家看不到持卡人的账号信息。

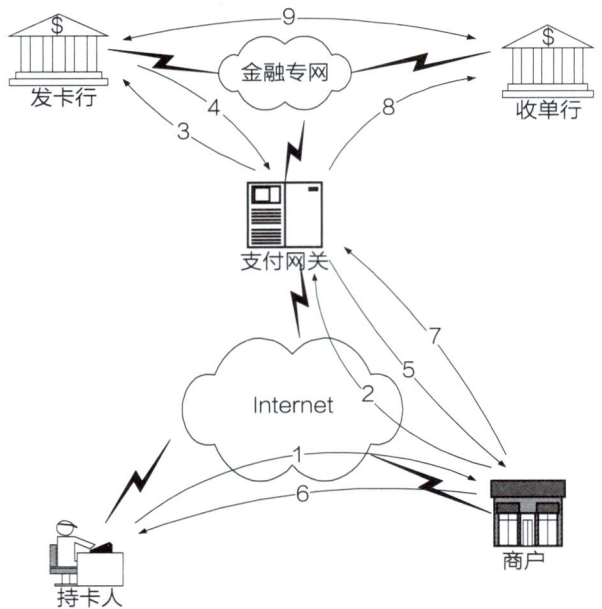

图3-2 网上交易流程

⑥商家接受订单，通过支付网关向持卡人的金融机构请求支付认可。在银行和发卡机构确认和批准交易后，支付网关给商家返回确认信息。

⑦商家通过网络给顾客发送订单确认信息。客户端软件可记录交易日志，以备将来查询。

⑧商家为顾客配送货物，完成订购服务。

⑨商家可以立即请求银行将钱从购物者的账号转移到商家账号，也可以等到某一时间，请求成批划账处理。到此为止，一个购买过程结束。

在该购物过程中，前三步与SET协议无关，从第四步SET协议开始起作用。在处理过程中，SET对通信协议、请求信息格式、数据类型定义等都有明确的规定。同时，在操作的每一步，持卡人、商家、支付网关等都需要通过CA安全认证中心来验证交易各方的身份，以确保对方不是冒名顶替。

SET协议是一种较为复杂的协议，它涉及电子交易活动的方方面面，不但需要技术上的保证、法律上的保障，而且需要所涉及的交易各方的密切配合。

（4）SET交易的安全性

①信息的机密性（Confidentiality）：SET系统中，敏感信息（如持卡人的账户和支付信息）是加密传送的，不会被未经许可的一方访问。

②数据的完整性（Integrity）：通过数字签名，保证在传送者和接收者传送消息期间，消息的内容不会被修改。

③身份的验证（Authentication）：通过使用证书和数字签名，可为交易各方提供认证对方身份的依据，即保证信息的真实性。

④交易的不可否认性（None-repudiation）：通过使用数字签名，可以防止交易中的一方抵赖已发生的交易。

⑤互操作性（Interoperability）：通过使用特定的协议和消息格式，SET系统可提供在不

同的软硬件平台操作的同等能力。

在整个电子交易过程中，SET利用各种加密方法、数字签名、证书认证等技术手段为网上交易的各方提供了最全面的保护，确保了电子交易的安全、有序地进行。

SET提供电子商务的特殊安全需要：支付信息和订单信息的安全保密；使用数字签名确保支付信息的完整性；使用数字签名和消费者证书，进行消费者银行的认证；使用数字签名和商家证书，进行商家的认证；保证所有方事务的不可否认性。

SET主要的长处在于维持了消费者、商家和银行现存的关系，提供了将消费者、商家纳入银行现存网络处理系统的接口，同时使用数字证书等技术，将消费者、商家和银行联系起来，使Internet上的信用卡支付方法比现在的支付系统更加谨慎、安全。

SET包括如下角色：消费者的在线支付软件：电子钱包；商家建立电子商务软件及接收消费者的在线支付软件：电子收款机；建立支付网关的软件及建立认证中心的软件等。

3.3.3　SSL与SET的比较

可以从以下4个方面来比较SSL和SET的异同。

（1）认证机制

SET的安全要求较高，因此,所有参与SET交易的成员（持卡人、商家、支付网关等）都必须先申请数字证书来识别身份，而在SSL中只有商店端的服务器需要认证，客户端认证则是有选择性的。

（2）设置成本

持卡者希望申请SET交易，除了必须先申请数字证书之外，也必须在计算机上安装符合SET规格的电子钱包软件，而SSL交易则不需要另外安装软件。

（3）安全性

一般公认SET的安全性较SSL高，主要是因为整个交易过程中，包括持卡人到商店端、商店到付款转接站再到银行网络，都受到严密的保护，而SSL的安全范围只限于持卡人到商店端的信息交换。

（4）基于Web的应用

SET是为信用卡交易提供安全的，它更通用一些。然而，如果电子商务应用只通过Web或是电子邮件，则可能并不需要SET。

通过以上分析，我们可以看出，SET从技术上和流程上都相对优于SSL，但这是否就意味着未来SET就会超过SSL的应用，最后完全取代SSL呢？问题的结论是：不一定。因为虽然SET通过制定标准和采用各种技术手段，解决了一直困扰电子商务发展的安全问题，其中包括购物与支付信息的保密性、交易支付完整性、身份认证和不可抵赖性，在电子交易环节上提供了更大的信任度、更完整的交易信息、更高的安全性和更少受欺诈的可能性，但是由于SET成本太高，互操作性差，且实现过程复杂，所以还有待完善。而SSL的自主开发性强，我国已有很多单位均已自主开发了128位对称加密算法，并通过了检测，这大大提高了它的破译难度，并且SSL协议已发展到能进行表单签名，在一定程度上弥补了无数字签名的不足。

以上是电子商务安全问题概述，在实施电子商务的过程中，可通过不断地实践和学习来加深和掌握对安全技术的了解。

习题

一、填空题

1. 电子商务系统安全主要由 _____、_____ 和 _____ 三个部分组成。
2. 防火墙指一个由软件系统和硬件设备组合成的 _____ 与 _____ 间的保护屏障。
3. 入侵检测系统分为4个组件：_____、_____、_____、_____。
4. 数字签名主要采用 _____ 算法、_____ 算法、_____ 算法。
5. 数字证书主要有三种类型，分别为 _____、_____、_____。
6. SSL安全协议最初是由 _____ 公司设计开发的，又叫"安全套接层（Secure Sockets Layer）协议"，主要用于提高应用程序之间的数据的传输安全。

二、思考题与实验

1. 电子商务存在的安全隐患表现在哪几个方面？
2. 电子商务对信息安全的需求是什么？
3. 防火墙的主要功能是什么？
4. 简要说明信息摘要使用的过程。
5. 请说明数字证书有哪些功能。
6. 请叙述SET安全协议的工作原理。

技能操作训练

数字证书申请：进入http://www.trustwork.com.cn/网站，也可以到https://testca.netca.net/，免费申请个人数字证书。

实训要求：
（1）写出申请过程。
（2）思考为什么要下载根证书。

案例分析

案例一：淘宝"错价门"引发争议

互联网上从来不乏标价1元的商品。近日，淘宝网上大量商品标价1元，引发网民争先恐后哄抢，但是之后许多订单被淘宝网取消。随后，淘宝网发布公告称，此次事件为第三方软件

"团购宝"交易异常所致。部分网民和商户询问"团购宝"客服得到自动回复称:"服务器可能被攻击,已联系技术紧急处理。"这起"错价门"事件发生至今已有两周,导致"错价门"的真实原因依然是个谜,但与此同时,这一事件暴露出来的我国电子商务安全问题不容小觑。在此次"错价门"事件中,消费者与商家完成交易,成功付款下了订单,买卖双方之间形成了合同关系。作为第三方交易平台的淘宝网关闭交易,这种行为本身是否合法?蒋苏华认为,按照我国现行法律法规,淘宝网的行为涉嫌侵犯了消费者的自由交易权,损害了消费者的合法权益,应赔礼道歉并赔偿消费者的相应损失。

案例二:黑客热衷攻击重点目标

国外几年前就曾经发生过电子商务网站被黑客入侵的案例,国内的电子商务网站近两年也发生过类似事件。浙江义乌一些大型批发网站曾经遭到黑客近一个月的轮番攻击,网站图片几乎都不能显示,每天流失订单金额达上百万元。阿里巴巴网站也曾确认受到不明身份的网络黑客攻击,这些黑客采取多种手段攻击了阿里巴巴在我国大陆和美国的服务器,企图破坏阿里巴巴全球速卖通平台的正常运营。随着国内移动互联网的发展,移动电子商务也将迅速发展并给人们带来更大便利,但是由此也将带来更多的安全隐患。黑客针对无线网络的窃听能获取用户的通信内容、侵犯用户的隐私权。

阅读材料,请分析以下问题:

1. 电子商务存在哪些安全问题?
2. 应如何应对电子商务的安全问题?

项目 4
网络营销

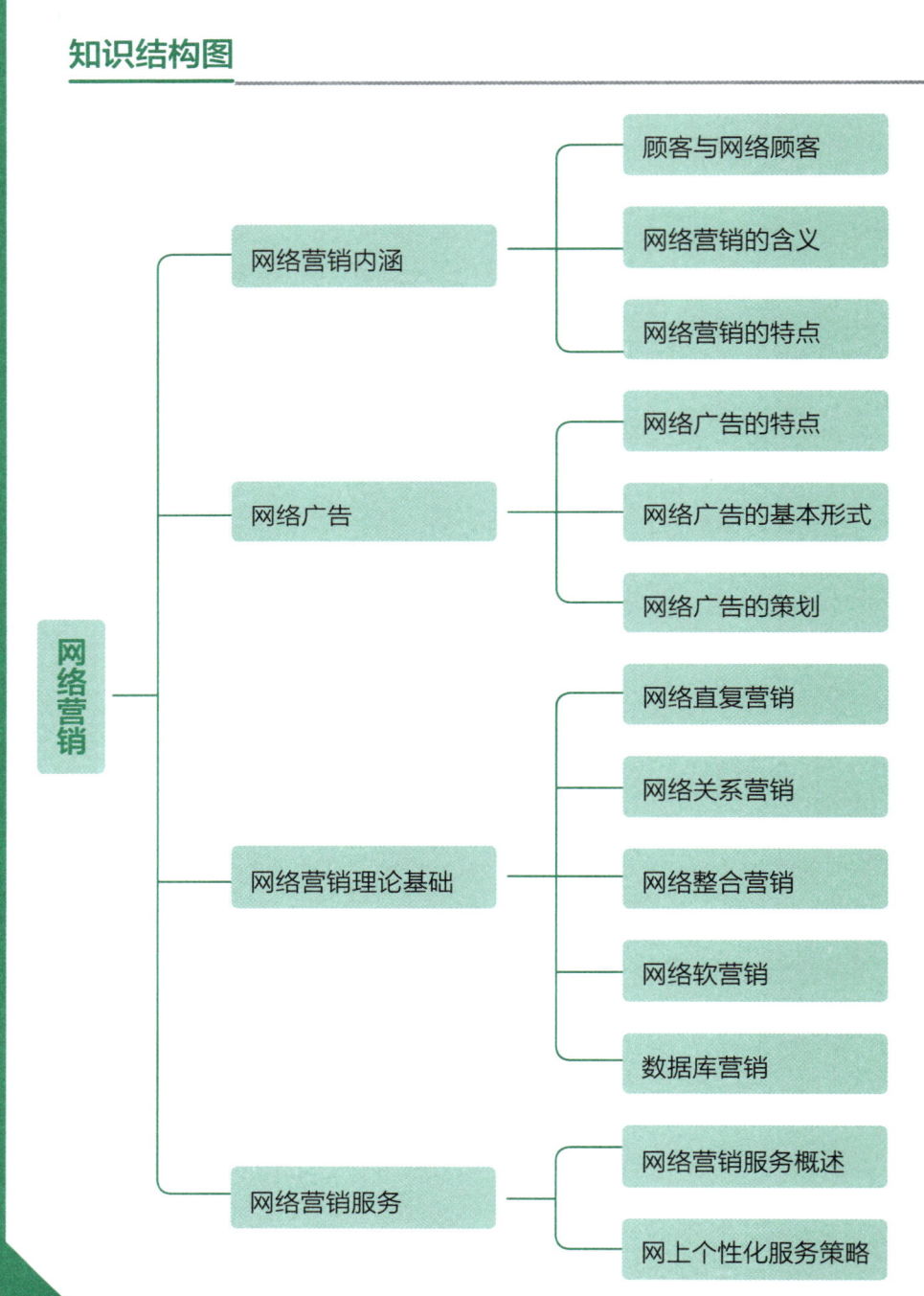

案例导入

雕爷牛腩的网络营销

雕爷牛腩作为中国首家"轻奢餐"餐饮品牌，成立于2012年，主营新中式创意料理，尤以牛腩菜品最为出色。在一道"咖喱牛腩饭"和一道"金汤牛腩面"基础上开发出招牌菜品"食神牛腩"及"鲍鱼骨汤牛腩面"。

雕爷牛腩在开业前足足搞了半年封测，邀请各路明星、微博大号、美食达人免费试吃，从前菜到甜品，无一不是在众多口味中不断优化。雕爷牛腩最神秘也最关键的大招是在营销推广方面用微博引爆流量，一方面是微博关注度高，另一方面封测期不让普通用户进入，这种神秘感引发的消费欲望在开业后爆发。据悉，2013年7月，仅在开业后两个月就整天排长队的雕爷牛腩以估值4亿元融了6000万元。

互联网经济的核心是流量经济，有了流量便有了一切。在电商行业，有了流量还要有重复购买率。雕爷认为，开餐厅的逻辑也是一样的。雕爷牛腩两家店都是商场餐饮层较偏的位置，它的办法是用微博引爆。

在雕爷牛腩的封测期，只有受邀请的人才能来吃。受了邀请的，往往会发微博或者微信说说自己的消费体验，既然受邀请，吃别人的嘴短，吃了又说不好吃的是少之又少。于是，各路明星、微博大号们纷纷在微博上帮着吆喝，最初的传播效果有了。

在开业前夕，雕爷牛腩又利用微博玩了一把大的，比如邀请苍井空到店，微博大号留几手"偶遇"并发微博。苍井空自己在微博上证实之后又引发了网友4.5万次转发，成了当天微博的热门话题。

但在微博炒作过程中，雕爷牛腩也没少挨骂，比如店里规定不让12岁以下的儿童进入，就引来了极大的争议。但雕爷坚信有争议才有流量，乐呵呵地转发这些骂他的微博，又火了一把。

"互联网最有意思的是粉丝文化，往往某个产品做得不错时就会形成'死忠'，一个产品越有人骂，'死忠'就越坚强。"雕爷指出，小米手机从诞生第一天开始就有人不停骂，而"米粉"们总是奋起反击。一旦有了一定量的粉丝，那些提出批评的人就容易和粉丝形成骂战，骂战的结果就是流量的大涨，产品大卖。小米、苹果手机已经证实了这一点，雕爷牛腩也在微博传播过程中培养了一些忠实的粉丝。

运用互联网思维，雕爷牛腩着实火了一把，也大赚了一笔，但这种玩法不是谁都能做得到，比如在封测前期就烧掉了1000多万元，同时也有很多值得借鉴的地方，对于经营者来说，最重要的是要学着如何把互联网思维和传统经营理念相结合，把各种互联网工具为己所用。

思考题：
1. 雕爷牛腩运用了哪种营销方法？
2. 网络在该案例中起到了什么样的作用？
3. 你还知道哪些常见的网络营销方法？

网络的出现改变了现在和将来信息获取、处理和传播的方式，其巨大的信息容量、信息计算和组织能力、强大的交互功能、无处不在的连接能力和廉价的使用特性正深刻地影响着人们对时间、空间和信息等概念的认识，改变了人们交流沟通和交易的方式，它已经对商业、工业、政府、教育、娱乐等领域产生了巨大的影响。互联网已不仅是一种技术，它已经深刻地影响了我们的工作和生活方式，甚至思维方式，也使得市场的性质和内涵、交易方式和消费者购买行为方式发生着变化，改变了原有市场营销理论的环境基础和手段。

伴随着互联网技术和电子商务技术的发展，涌现出了一系列新的市场空间、市场手段、消费人群、消费观念、消费模式等，如网络银行、网上书店、网络广告、网络游戏、网上市场、虚拟企业、网络咨询、远程教育、网上售后服务中心、网络信息搜索、网络信息下载、电子邮件、即时通讯、网上社区等，促使生产企业和商家在产品创新、设计、生产、定价、分销、促销等传统市场营销考虑的内容方面，引入面向互联网的内容，充分利用互联网的优势，提高产品的竞争优势。传统的市场营销观念与网络技术的结合成为必然。网络营销将成为现代营销基本的形式之一。

网络营销主要研究网络环境下市场营销的性质、特点和方法，是技术、经济和管理相结合的产物，具有极强的实践性。

4.1 网络营销内涵

4.1.1 顾客与网络顾客

（1）顾客

顾客是掌握需求资源的人，辨识谁是顾客是企业的首要问题。企业资源有限，市场机会无限，只有解决了谁是顾客的问题，才能把资源有的放矢。也就是说，只有知道顾客是谁，才能有效地对市场进行细分，才能制定正确的营销战略，企业才能最终获取最大利益。

看待顾客，首先要认清谁是顾客，然后才能确定怎样为顾客服务。

（2）网络顾客

网络顾客就是需要通过网络提供服务的人。

网络时代的到来，使得顾客可以有更大的选择权，市场由原来的供方主导转变为顾客主导。因此，网络时代的顾客就显得尤为重要，只有当企业真正了解和掌握顾客后，才有可能最大限度地满足顾客需求，在激烈的市场竞争中获得竞争优势。而互联网的交互性也为企业与顾客进行互动提供了条件，使得企业可以更加方便地了解顾客。企业实施网络营销策略的基础是更加了解顾客的需求，企业充分掌握顾客的消费特性显得特别重要。

4.1.2 网络营销的含义

网络营销是企业整体营销战略的一个组成部分，它是借助联机网络，计算机通信和数字交互式媒体来满足客户需要，实现一定市场营销目标的一系列市场行为。

（1）网络营销内涵

市场营销是为个人和组织实现产品和服务交易而规划和实施创意、设计、生产、定价、促销和分销的过程。市场营销的核心和实质是"有利益地来满足需求"。

宽泛地说，凡是以网络作为主要手段、为达到一定的营销目标进行的营销活动，都可以称为网络营销。这里所指的网络不仅仅是互联网，也包括城域网、无线网、卫星网和其他增值网。由于互联网的广泛性，因此，许多定义也狭义地仅指互联网。

国外对网络营销有许多定义和提法，如e-Marketing, Cyber Marketing, Internet Marketing, Network Marketing, Online Marketing, WWW marketing, mobile Marketing等，主要是针对不同的网络技术和不同时期的提法。目前，比较习惯和采用的翻译方法是e-Marketing，e-表示具有电子化、信息化、网络化的含义。目前，对网络营销的定义有很多，其内容基本一致，分列如下：

网络营销是指利用Internet技术，最大限度满足客户需求，以达到开拓市场、增加盈利为目标的经营过程。

网络营销是企业整体营销战略的一个组成部分，是为实现企业总体经营目标所进行的，以互联网为基本手段营造网上经营环境的各种活动。

网络营销是企业整体营销战略的一个组成部分，是建立在互联网基础之上，借助于互联网特性来实现一定营销目标的一种营销手段。

网络营销是利用Internet技术提供的各种方便、高效的手段，按照现代营销理论中"一切以满足客户需求为中心"的宗旨，以较低成本、较高的效率对企业经营过程中所涉及的相关商务活动进行管理，如市场调查、客户分析、产品开发、生产流程安排、销售策略决策、售后服务、客户反馈等，以期进一步开拓市场、增加盈利，即它是电子商务的外延。同时需要完善的电子支付、法律环境、配送系统作为底层支撑点。

以上这些定义实际上都包括了四个主要的方面：

①利用网络为基础的信息技术，包括利用Web技术的网站建设、搜索引擎、E-mail、链接、数据库、数据仓库和数据挖掘、多媒体技术、虚拟现实技术、通信技术等，为企业和市场提供了以前无法达到和想象的获得信息和处理信息的技术能力，因此，面对新的营销环境，应该充分利用新的营销手段。

②网络营销是对传统营销在互联网上的应用和扩充，是企业整体营销战略的一部分。网络营销就其实质是指利用Internet技术最大限度地满足客户的需求，来达到开拓市场，增加赢利的一个经营过程，其目的仍然是千方百计地满足客户的需求和实现企业产品和服务的销售和盈利。因此，无论网络营销还是传统营销，基本的营销目的和原理也是相同的。

③网络营销是通过互联网进行信息交换的，它具有许多网络带来的新特点，如空间的虚拟性、全球性、时间无限制性、信息沟通的互动性和廉价性、电子货币等。可以实现无店面销

售，不需要店面租金和营业员；可以24小时经营，网上信息搜索，E-mail等。因此，网络营销要特别注意和研究这些网络技术和特性对交易的影响。

④网络营销不等同于网上销售，更不是简单地建立企业网站，或者利用网络做一个广告。网络营销也不是独立的，而是企业整体营销策略中的组成部分，包括企业内部和外部信息处理，同时包括网站本身、产品、顾客、网络服务商、合作伙伴、供应商、销售商等因素，共同形成一个营销体系。网上营销应与网下营销相结合，与各种营销手段相结合。所以，网络营销是整合营销。

网络营销研究的是适用网络虚拟市场的新的营销理论，是伴随网络市场而诞生的带有很强的实践性的学科。就其本质而言，网络营销仍然属于营销的范畴，是排除或减少障碍，引导商品或服务从生产者顺利转移到消费者的过程。从商品供求的角度，这个过程包括商品或服务从设计创新到销售和消费实现的全过程；从营销系统的角度，这个过程包括信息传递与沟通、商品与货币价值交换、产品运输与服务的全过程。在这个过程中，存在着种种时间或空间、意识或技术上的障碍。通过市场营销或网络营销的策略和手段，尽可能在一定程度上减少和排除这些障碍，实现企业的价值，树立企业的品牌形象。

网络营销由于充分利用了网络手段与技术，面向特殊的网上市场环境，相对传统的市场营销而言，从生产者到消费者的价值交换更便利、更充分、更有效率。例如，企业为了更好地了解市场需求，通过互联网展开充分的市场调查，分析产品的目标受众，设计开发满足顾客要求的产品，了解市场上同类产品的现状和竞争对手的情况，设计有效的经营和营销方案，并将产品信息有效地送达到必要的目标受众，以吸引消费者与使用者足够的注意力，促成和引导交易的实现。

由于网上市场和受众的日益扩大，网络营销的一个突出特点是网络消费者个性化趋势日益突出。同传统营销相比，网络营销更加关注消费者的变化，把握消费者的需求。首先，网络为消费者充分体现个性化提供了平台。消费者通过网络可以更广泛地选择商品和服务，或者向企业直接提出自己的要求；企业可以通过网络及时了解最终用户的需求，使企业能更好地掌握最终客户的需求信息，能为客户提供个性化的服务。网络缩短了企业与消费者之间的时空距离，从而能制定更有效的营销策略，更好地满足顾客的需要。其次，网络营销使消费者购物过程更加容易和理智。在传统营销中，企业向顾客传递商品的信息是一种单向的传播沟通手段。而网络营销使消费者通过网络非常方便地了解自己想知道的任何有关商品和企业的信息，足不出户，便可获取丰富的商品信息，极大地改变了传统市场中信息不对称造成的消费者处于劣势的境况，消费者可以从容对各种商品进行比较，选择合适的产品，选择满意的服务。

（2）网络营销对传统营销的冲击

网络营销作为一种全新的营销理念，具有很强的实践性，它的发展速度是前所未有的。随着我国市场经济发展的国际化、规模化，国内市场必将更加开放，更加容易受到国际市场开放的冲击，而网络营销的跨时空性无疑是一个"重型炮弹"，将对传统营销产生巨大冲击。

1）对传统营销策略的影响。

①对传统产品品牌策略的冲击。

首先，是对传统的标准化产品的冲击。通过互联网，厂商可以迅速获得关于产品概念和广告效果测试的反馈信息,也可以测试顾客的不同认同水平,更加容易地对消费者行为方式和偏好进行跟踪,从而对不同的消费者提供不同的商品。怎样更有效地满足各种个性化的需求,是每个上网公司面临的一大挑战。

其次,适应品牌的全球化管理。对上网公司的一个主要挑战是如何对全球品牌和共同的名称或标志识别进行管理。是实行统一形象品牌策略还是实行有本地特点的区域品牌策略,以及如何加强区域管理是上网公司面临的现实问题。

②对定价策略的影响。相对于目前的各种媒体来说,互联网的先进的网络浏览和服务器会使变化不定的且存在差异的价格水平趋于一致。这对于执行差别化定价策略的公司来说不能不说是一个严重的问题。

③对传统营销渠道的冲击。通过互联网,生产商可与最终用户直接联系,中间商的重要性因此有所降低。这造成两种后果:一是由跨国公司所建立的传统的国际分销网络对小竞争者造成的进入障碍将明显降低;二是对于目前直接通过互联网进行产品销售的生产商来说,其售后服务工作是由各分销商承担,但随着他们代理销售利润的消失,分销商将很有可能不再承担这些工作。

④对传统广告障碍的消除。首先,相对于传统媒体来说,由于网络空间具有无限扩展性,因此在网络上做广告可以较少地受到空间篇幅的局限,尽可能地将必要的信息一一罗列。其次,迅速提高的广告效率也为网上企业创造了便利条件。

2)对传统营销方式的冲击。

随着网络技术迅速向宽带化、智能化、个人化方向发展,用户可以在更广阔的领域内实现声、图、像、文一体化的多维信息共享和人机互动。它将导致大众市场的终结,并逐步体现市场的个性化,最终应以每一个用户的需求来组织生产和销售。

另外,网络营销的企业竞争是一种以顾客为焦点的竞争形态,如何与散布在全球各地的顾客群保持紧密的关系并能掌握顾客的特性,再经由教育顾客与企业形象的塑造,建立顾客对于虚拟企业与网络营销的信任感,是网络营销成功的关键。

3)对营销战略的影响。

首先,对营销竞争战略的影响。互联网具有的平等、自由等特性,使得网络营销将降低跨国公司所拥有的规模经济的竞争优势,从而使小企业更易于在全球范围内参与竞争。另一方面,由于人人都能掌握竞争对手的产品信息与营销作为,因此胜负的关键在于如何适时获取、分析、运用这些自网络上获得的信息,来研究并采用极具优势的竞争策略。同时,策略联盟将是网络时代的主要竞争形态,如何运用网络来组成合作联盟,并以联盟所形成的资源规模创造竞争优势,将是未来企业经营的重要手段。

其次,对企业跨国经营战略的影响。任何渴望利用互联网的公司,都必须为其经营选择一种恰当的商业模式,并要明确这种新型媒体所传播的信息和进行的交易将会对其现存模式产生什么样的影响。

4)对营销组织的影响。互联网(Internet)相继带动企业内部网(Intranet)的蓬勃发展,使得企业内外部沟通与经营管理均需要依赖网络作为主要的渠道与信息源。

（3）网络营销与传统营销整合

网络营销作为新的营销理念和策略，凭借互联网特性对传统经营方式产生了巨大的冲击，但这并不等于说网络营销将完全取代传统营销，网络营销与传统营销是一个整合的过程。这是因为，首先，互联网作为新兴的虚拟市场，它覆盖的群体只是整个市场中某一部分群体，许多群体由于各种原因还不能或者不愿意使用互联网，如老人和落后国家地区，因此传统的营销策略和手段则可以覆盖这部分群体。其次，互联网作为一种有效的渠道有着自己的特点和优势，但对于许多消费者来说，由于个人生活方式不愿意接收或者使用新的沟通方式和营销渠道，如许多消费者不愿意在网上购物，而习惯在商场购物。再次，互联网作为一种有效沟通方式，可以方便企业与用户之间直接双向沟通，但消费者有着自己的个人偏好和习惯，愿意选择传统方式进行沟通，如报纸有网上电子版本后，并没有冲击原来的纸张印刷出版业务，相反起到相互促进的作用。最后，互联网只是一种工具，营销面对的是人，因此传统一些以人为主的营销策略所具有的独特的亲和力是网络营销没有办法替代的。随着技术的发展，互联网将逐步克服上述不足，在很长一段时间内网络营销与传统营销是相互影响和相互促进的局面，最后实现融洽的内在统一，在将来没有必要再谈论网络营销了，因为营销的基础之一就是网络。

网络营销与传统营销是相互促进和补充的，企业在进行营销时应根据企业的经营目标和细分市场，整合网络营销和传统营销策略，以最低成本达到最佳的营销目标。网络营销与传统营销的整合，就是利用整合营销策略实现以消费者为中心的传播统一、双向沟通，实现企业的营销目标。

4.1.3 网络营销的特点

网络营销和传统营销之间不存在相互取代的关系，其最终目的都是占有市场份额。但是，网络营销符合数字化潮流，是对营销方式的重组和创新，有其自身独特的特点。网络营销的特点表现在以下几个方面。

（1）交互性

一方面，企业通过网络向顾客发布丰富生动的、即时的产品信息和相关资料，进行市场调查、产品设计调查、产品测试与消费者满意调查、售后服务等营销活动；另一方面，消费者可以通过网站、搜索引擎、E-mail或其他软件工具方便地了解和比较所需信息，理智地选择商品，做出购物决策，甚至提出自己对商品从设计到服务的要求和定制要求。因此，在网络中企业和顾客的信息沟通是互动的、即时的。这种交互性既提高了用户的参与性和积极性，满足了个性化的需求，同时，也提高了企业营销策略的针对性。另外，交互性要求网络营销以顾客为导向，顾客有选择的权利，处于中心地位，而企业或商品处于被选择的地位。

网络营销的交互性使企业更容易向特定用户传递信息，而用户也更方便地获取信息。在交互性的营销方式下，用户可以在一定程度上参与，使得用户与商家的距离感大大缩短，买卖双方信息不对称的情形也有较大的改善。

同时，由于信息的泛滥，也会导致信息搜索的困难和客户隐私信息泄露的问题，因此，需要在法规和技术上解决这些问题。

（2）跨时空

通过互联网进行交易，企业突破了营业场所大小、地域、距离、营业时间和国别的限制，可以用低廉的价格开展全球营销；消费者也突破了地域和距离的制约，拥有了更多的灵活性，更多的选择时间和空间。同时，由于网上交易的非"面对面"方式，交易双方可能相互之间不了解，产生不能"眼见为实"的问题，因此，除了引入认证中心机制和加强网络信息安全外，网络交易更需要"诚信为本"，企业的品牌效应会更加突出。

（3）个性化

网络营销具有鲜明的个性化特征，其促销和交易方式是一对一的、理性的、消费者主导的，与以强势推销为主要的传统营销方式有很大的区别。当今买方市场的形成也促使企业充分考虑消费者的个性化需求，并通过一定的方式与消费者建立长期良好的关系。现代的电子商务技术和柔性化制造技术已经为消费者的个性化消费提供了良好的技术基础。如，在销售之前，通过网络向消费者提供丰富的产品信息和便利的查询比较工具，以利于消费者做出购买决策；在销售中，提供个性化的购物环境和支付手段，以及各种个性化的奖励手段，并采取送货上门的方法；在制造中，可以小批量采购和生产，甚至，按照每一个用户的订单制造；在消费者购买商品后，提供随时与厂家联系的渠道，方便消费者得到及时的服务和技术支持，同时，可以利用网络的各种信息机制，为用户提供更为个性化的关怀和周到的服务。

（4）整合性

互联网上的营销可由商品信息的收集和发布至收款、售后服务一气呵成，因此也是一种全程的营销渠道，因此，网络营销具有整合的特点。另一方面，企业可以借助互联网络将不同的传播营销活动进行统一设计规划和协调实施，如网上广告和电视广播广告相结合，发送电子邮件和邮政信件相结合，以统一的传播渠道向消费者传达信息，避免传播不一致产生的消极影响，提高整体营销的效果。这就是通常所称的网上网下间的整合。

（5）经济性

在互联网上无论是存储信息、处理信息，还是发布信息、获得信息、渠道费用，与传统方式进行比较，其成本都是非常低廉的。因此，网络技术的应用为企业营销活动和消费者购买商品提供了降低成本的基础。首先，企业利用网络既可以加强与主要供应商之间的协作联系，也可以容易地扩大供应商的范围至全球范围，将原材料与产品制造过程有机地结合起来，降低企业的库存和采购成本；其次，网络营销的直销性降低了传统营销迂回式、多层次流通的损耗和费用；另外，网络营销在市场调查、宣传促销费、经营管理等方面也减低了费用，一方面是由于减少了印刷与邮递成本，可以无店面销售，免交租金，节约水电与人工成本；另一方面，也由于网络的作用提高了效能。

（6）高效性

网络营销的高效性主要表现在网络海量的数据存储能力，快速准确的数据处理和传输能力，信息的可测量性和交互能力。电脑可储存大量的多媒体信息，利用软件工具可以快速地查询产品信息，简化交易和支付过程。由于网络营销是由网络通信技术和计算机技术为其技术支撑，可传送的信息数量与精确度，表现出来的商业智能和个性化，远远超过现有的其他媒体和营销手段。同时，现代银行电子支付技术的完善，使整个交易过程更加简单、高效，适宜于电子商务和网络营销的发展。另一方面，现在的企业竞争必须是高效能的，必须对市场需求做出快速反应，及时更新产品或调整价格，及时有效了解并满足顾客的需求。这些都要求企业必须是在高效的平台上运作。

（7）成长性

随着互联网络基础建设的日趋完善，互联网技术的日趋普及，互联网络正在成为一种功能强大的营销工具，它同时兼具渠道、促销、电子交易、互动顾客服务，以及市场信息分析与提供的多种功能。它所具备的一对一营销能力，正是符合个性化营销与直复营销的未来趋势。另外，就现阶段而言，使用者多属年轻、高教育水准，由于这部分群体购买力强，而且具有很强的市场影响力，因此是一项极具开发潜力的市场渠道。

（8）技术性

网络营销是建立在高技术作为支撑的互联网络的基础上的，它包括网络通信技术、信息处理技术、多媒体技术、数据库技术、人工智能技术等计算机硬件和软件技术，极大地丰富了网络营销的手段和表现形式。高技术性不等于高复杂性，实际上，技术的进步体现在使用技术的方便性和简单化。网络营销的技术性要求企业必须有一定的技术投入和技术支持，改变传统的组织形态，提升信息管理部门的功能，引进懂营销与电脑技术的复合型人才，未来才能具备市场的竞争优势。

（9）可测试性

能明确地知道营销的效果，是公司调整、改进营销管理决策的基础。网络营销的互动性、网络的可追踪特性和计算机技术及数据库技术的发展，决定了网络营销的效果是可测试的。网络营销的可测试性在准确性和成本方面是传统营销不可比拟的。因此，如何形成一套完整的公认的网络营销效果衡量指标和评价方法的体系，是网络营销需要解决的重要问题。

（10）智能性

由于网络营销天然的高技术性，必然促进企业决策系统、专家系统、数据挖掘、商业智能等各种优化方法的使用，使网络营销的手段逐步智能化，进而使网络营销的手段再上一个台阶。

4.2 网络广告

4.2.1 网络广告的特点

网络广告是指在Internet上发布、传播的广告信息，它是Internet作为市场营销媒体最先被开发和利用的营销技术。

（1）网络广告的发展

广告作为一种有偿的信息传播形式，它与媒体的发展紧密相连。我国的网络广告发展起步于1997年，经过短短几年的发展，网络广告的形式已被许多企业接受和采纳，而且取得较好的广告效果。

我国网络广告的发布渠道主要通过两种形式：一种是通过网站发布，它主要通过提供免费的信息服务采取"拉"的方法吸引网民访问，网民在访问网站的主页时可以顺便访问发布的网络广告；另一种是通过E-mail发布，目前用E-mail发布广告时有两种方式，一种是类似于邮寄广告，它将有关信息强行发布给收集来的E-mail地址；另一种方式通过E-mail发送免费的电子杂志附带发送广告，接收者必须自行订阅并且同意接收。

由于Internet网民的局限性，使得发布的网络广告还呈现出行业性，主要集中在信息技术行业，而且以计算机类企业和产品广告居多。在发布网络广告的企业中，国外企业走在国内企业的前面，我国的企业正逐步认识到网络广告的作用，许多IT类企业，如联想、清华同方纷纷发布了网络广告。

目前网络广告主要表现形式是旗帜广告和图标，而且以15cm×2cm版面大小的动画旗帜广告居多，由于我国的网络传输速率较低，因此国外流行的丰富图文旗帜广告在国内受到制约。

国外企业发布网络广告动机主要集中在市场定位、品牌建立、电子商务、接触网民和吸引访问等几个方面，而我国网络广告还处在尝试阶段，因此企业的网络广告还缺乏长期性规划。我国发布网络广告的网站一般都有自己的统计审计软件，还没有形成统一的统计标准和第三方的公开审计机构；各个网站的广告定价也主要是参考国外的定价，一般都定价为30$/CPM（cost per thousand，每访问一千次广告收费30美元），但实际成交价格与报价相差甚远，因此网络广告市场还比较混乱，一定程度上也制约了网络广告市场的发展。

（2）网络广告与传统广告

1）网络广告的特点。凭借互联网具有的不同于传统媒体的交互、多媒体和高效的独有特性，网络广告呈现出不同于传统媒体广告的特点：

①互动性：网络广告是一种交互式的与网上顾客进行双向沟通的"活"广告。

②快捷性：网络广告由于有自动化的软件工具进行创作和管理，能以低廉费用按照需要及时变更广告内容。

③丰富性：网络广告内容可以做得十分详尽，形式丰富多彩。

④广泛性：网络广告的特色即它的时间的连续性和地域的广泛性。

⑤可控性：广告主和广告商可以实时评估网络广告效果，调整广告策略以及按效果付费。

2）网络广告与传统广告的比较。既然网络广告有这么多好处，是否就意味着传统媒体应该摒弃了？绝对不是，至少现在不是。传统媒体仍然具有其自身的优势，比如发行量大，就是网络媒体目前还无法比拟的。网络媒体只是行销媒体的一环。最正确的态度应该是将传统媒体与网络媒体整合运用，根据不同的需要，选择不同的方式，从而将行销传播的效益发挥到极致。网络广告具有价格便宜、统计准确、互动交流、跨越时空、图形生动等特点，所以尝试网络广告已经成为一种必然趋势。不过，尝试网络广告，并不意味着就是摒弃传统媒体，相反，互动式的网络媒体应与传统大众媒体整合运用，相互补充，如此才能将行销传播的效益发挥到极限。

4.2.2 网络广告的基本形式

（1）网络广告的类型

网络广告的类型：

① 按钮型广告。

② 旗帜型广告。

③ 主页型广告。

④ 列表分类播发型广告。

⑤ 电子杂志广告。

⑥ 新闻式广告。

⑦ 链接广告。

⑧ 综合型广告。

（2）网络广告的发布途径

广告主如何通过Internet发布企业的广告？从目前来看，一般有以下几种方式。企业可以根据自身的需求，从中选择一种或几种方式。

① 主页形式。

② 网络内容服务商。

③ 专类销售网。

④ 免费的互联网服务。

⑤ 黄页形式。

⑥ 企业名录。

⑦ 网上报纸或杂志。

⑧ 虚拟社区和公告栏（BBS）以及新闻组（Newsgroup）。

4.2.3 网络广告的策划

（1）网络广告的定位策略

网络广告定位发展至今已进一步得到细分，从某种意义上被划分为抢先定位、比附定位、空隙定位、品牌形象定位、企业形象定位、网络广告文化定位。

1）抢先定位。心理学研究证明，首先进入大脑的信息，常常有不易排挤的位置。抢先定位策略就是利用人们认知心理先入为主的特点，使网络广告所宣传的产品、服务或企业形象，率先占领消费者的心理位置，这被认为是最重要的定位策略，也是网络广告界最重视的策略。

这一策略最适宜于新产品上市，特别是那些标新立异能够引导消费的产品。采用高频率强刺激率先抢占消费者心理位置策略，往往能一举成名，使产品成为同类中第一品牌，领导者品牌。当然，一举成了名，并不等于永久占领，还需以持续不断的网络广告，沟通与消费者的情感，巩固这种地位。老产品进入一个新的市场，进入一个还没有竞争强手的市场也可以采取这种抢先定位建立领导者地位的策略。

2）比附定位。这是一种攀龙附凤的定位方法。第一品牌、领导者地位已被别人占领，跟进者要想正面抗争十分困难，于是聪明的网络广告主或网络广告人往往委曲求全以比照攀附领导者的方法，为自己的产品争得一席之地。

3）空隙定位。这也是跟进者重要的定位方法，它是一种钻空子的方法，即寻找消费者心中的空隙，网络广告宣传的重点是填补这种空隙。有一个空子就可能确立一种定位，没有空子还可以创造空子。

4）品牌形象定位。根据产品的个性和消费者的审美心理塑造一个产品形象，并将这个形象植入消费者心中。这个形象一旦被消费者所喜爱，就会在消费者心中形成牢固的品牌地位，消费者与其说是为了满足某种物质需要而购买这种品牌的产品而不买其他，倒不如说是因为喜欢这种品牌所表现的一种形象、满足一种精神追求而购买。

品牌形象定位可以和抢先策略、比附策略、空隙策略等结合运用。品牌形象策略多运用于高档消费。

5）企业形象定位。公共关系网络广告，直接间接推销的是组织自身形象，对于企业来说，就是企业自身的形象。企业的特点，企业的价值观，企业的文化，企业对公众、对社会的责任等，常常是企业公共关系网络广告宣传的主题，也就是此类网络广告的定位。而企业的特点、价值观、文化以及对公众对社会的责任等，正是企业形象的重要表现。

6）网络广告文化定位。文化是人们对自然、社会及自身的认识的积淀。由于人类的认知是循序渐进、由浅入深的，因此，文化也就有不同的阶段，即具有不同的发展层次。不同国度、不同民族对于自然、社会和自身认知的基本方面一旦形成，往往具有较大的惯性，进而形成相对的特色，呈现出民族文化的多样性和发展的阶段性。

网络广告作为进行网络营销的手段之一，是以文化为基础的。网络广告与传统广告相比，最大的特点就是它所宣传的信息要涉及不同的国家、不同的民族和不同的文化。网络广告作为广告行业的"新贵"，在网上所发布的内容在进行制作时，不能循规蹈矩、千篇一律，而应该特别突出广告的文化风格。网络广告没有放之四海而皆准的灵丹妙药，但有特色文化、宣传目标明确的广告则是最能被网民所接受、最能达到推销商品的愿望的。

网络广告的文化定位离不开本土这一基本坐标点，因此必须客观分析自身所处文化的优点和不足，合理定位，才能扬长避短、充分发挥优势，同时还要充分了解广告受众所处的文化背景，以其最容易接受的方式进行广告创意，以增强针对性，避免无的放矢。只有这样，才有可能避免因"水土不服"而引起的消化不良。

网络广告制作者所制作的每一幅广告画面，必须使用能被所有相关文化认同的信息符号；设计的每一项广告促销方案，其主题思想、表现手法以及传递方式等必须行之有效且富有创意，必须首先能在文化上被目标市场所接受，这样才会起到优良的效果。

要进行准确的网络广告文化定位，必须对目标市场的消费者行为进行广泛的跨文化分析。这就要求广告制作者必须具备有关文化的基本知识。既要注意相应文化的文字符号，更要对目标市场的道德规范、思维特性、价值取向、民情风俗、宗教信仰、文化教育以及社会经济发展状况等有确切的把握。只有这样，才能对由此而形成的各种消费需求的特点做出准确的判断。

（2）网络广告市场策略

认定目标市场的依据有两个：一是网络广告产品自身的功效，即网络广告产品能满足消费者某一种或某几种需要的功效；二是市场需求情报，即市场上哪个地区或哪个阶层的人，需要这种产品。以下几种是常见划分目标市场的方法：

1）按经济地位划分。就是按消费者经济收入的不同，划分出不同的目标市场。比如美国王安家用电脑问世伊始，认定的目标市场是具有一定文化素养的中等经济收入的家庭。根据这一目标市场而确定的网络广告活动策略以展示会为主，并配合以专业性媒体网络广告宣传，结果很快打开了局面。

2）按地理环境划分。不同的地理环境，会使居住在不同地区的人形成不同的生活需要。同一地理环境，则会使生活在同一地区的人形成某些共同的生活需要。比如生活在多雨地区的人，都需雨具，而居住在高寒地区的人，则需防寒用品。因此，雨衣雨伞雨鞋等，可把多雨地区居民作为主要的目标市场；而羽绒服、裘皮服装和皮靴等则应以高寒地区居民为目标市场。

3）按人群素质划分。不同社会阶层的人，所受的教育、所从事的工作不同，他们的经济状况、他们的需求水准、他们的兴趣爱好、他们的审美倾向乃至生活习惯都不尽相同。比如消遣性读物的目标市场主要是文化层次较低的职工群体，而学术性刊物的读者群则必定在高文化素养的学者阶层。

4）按购买量划分。在广泛的市场调查基础上，把网络广告产品的所有消费者，按照其购买频率、消费速度等，划分为重消费者、次消费者、轻消费者。重消费者是购买产品最多的人，也是网络广告宣传的主要目标市场。

其他还有按照性别、年龄、职业等划分的方法。

（3）网络广告的心理策略

这里所说的心理策略，是指瞄准消费者购买过程中不同阶段的心理特征，进行网络广告诉求，引导消费者从认知产品直至实现购买。

国际上公认的网络广告心理策略五字经是AIDAS，即：

A（Attention），引起消费者注意。

I（Interest），使消费者发生兴趣。

D（Desire），使消费者产生购买欲望。

A（Action），使购买欲望变成购买行动。

S（Satisfaction），使消费者购买后感到满意。

这五字经是根据消费者的购买心理过程提出来的。

（4）利益导向策略

所谓利益导向，就是抓住消费者注重自身利益的心理特点，注重宣传网络广告产品能给他带来的好处。比如宣传产品的特殊功效，能满足消费者的特殊需要等。利益导向和网络广告定位密切相关，不同的定位，针对消费者不同的需要进行劝导。

（5）网络广告时段策略

为了实现Web广告实时传播，让更多的目标受众来点击或浏览你的Web页面，保证点击的较高有效性，这就要考虑网络广告的时段安排技巧了。同时做好时段安排，还有利于费用的节约。

4.3 网络营销理论基础

客观现实和技术基础是现有市场营销理论形成和发展的基础。由于网络带来的营销手段和性质的变化，使得传统营销理论需要进一步发展和完善，通过对网络特性和新型消费者的需求和购买行为去重新考虑，形成具有网络特色的营销理论。当前的网络营销理论基础主要包括直复营销、关系营销、软营销、整合营销和数据库营销理论。尽管，当前的网络营销理论还不是很成熟，而是更强调实践的可操作性和创新性，但是网络营销的理论对实践具有一定的指导作用。

4.3.1 网络直复营销

（1）直复营销的定义

所谓直复营销（Direct Marketing）是指依靠产品目录、印刷邮件、电话或附有直接反馈的广告以及其他相互交流形式的媒体进行的大范围营销活动。根据美国直复营销协会（ADMA）为直复营销下的定义，直复营销是一种为了在任何地方产生可度量的反应和（或）达成交易，而使用一种或多种广告媒体的相互作用的市场营销体系。直复营销中的"直"是指不通过中间分销渠道而直接通过媒体连接消费者，"复"指企业和消费者的信息交互，包括企业和消费者的信息交互、产品信息以及交易和支付信息的交互等。

（2）直复营销的特点

直复营销作为一种相互作用的体系，一般而言，具有如下特点：

- 强调与目标顾客之间的"双向信息交流"，克服了传统市场营销中的"单向信息交流"方式；
- 为每个目标顾客提供直接向营销人员反映的渠道，企业可以凭借顾客反映找出不足，为下一次直复营销活动做好准备；
- 强调在任何时间、任何地点都可以实现企业与顾客的"信息双向交流"；
- 营销活动范围一般较大；
- 直复营销活动的效果是可测定的。

由于网络具有交互、跨时空和可测试等特性，与同样是建立在网络基础上的现代物流功能和电子支付功能相结合，企业可以直接在网上展开全球范围的营销活动，消费者可通过网络直接寻找企业及相关产品，直接下订单和付款，企业可以通过网络展示产品及服务信息、接收订单、安排生产，通过网上或网下的渠道直接将产品送至消费者手中；互联网的方便、快捷性使得顾客可以方便地通过互联网直接向企业提出建议和购买需求，企业也可以直接通过互联网为用户提供售后服务；通过对顾客提出的建议、需求和要求等信息进行分析，找出企业的不足；企业通过互联网可以实现以最低成本最大限度地了解顾客需求，满足顾客需求，同时细分目标市场，提高营销效率和效用。企业可以方便地统计各种浏览、点击、交易和各种回复、评论的数据，对营销的效果进行评价和及时调整。可见，网络营销属于一种典型的直复营销。

（3）直复营销与传统营销的比较

与传统营销相比较，网络直复营销具有如下特点：

①产需直接见面，使企业既满足了消费者的需求，又减少了盲目生产的后果；

②减少了迂回经济多层次批发中介的费用；

③企业能够及时了解用户对产品的意见和建议，加强了企业和消费者之间的联系；

④减少了整个社会的费用和能源消费结构；

⑤营销的效果可以快速测定，以便于企业制定和改变计划。

如著名的美国PC制造和销售公司Dell公司，在1995年还是亏损的，但在1996年，它们通过互联网络来销售电脑，业绩得到100%增长，Dell公司产品的毛利率达到了21%，资本回报率达到了106%。逐渐使Dell公司成为全球500强企业和美国第一大电脑供应商。

由于顾客通过互联网络，可以直接在公司设计的主页上进行选择和组合电脑，公司的生产部门马上根据要求组织生产，并通过寄送公司，将电脑直接送到用户手中。不管是面对个人用户或者是企业用户，Dell公司都能做到以客户为中心，满足他们不同的消费需求，所生产的几百万台电脑都是一对一的，按照顾客的要求生产。实际上，每台电脑，从接到订单，到产品装车，在Dell公司只需要36个小时。从而，公司可以实现零库存生产，特别是在电脑部件价格急剧下降的时期，零库存不但可以降低库存成本还可以避免因高价进货带来的损失。并且，由于免除了中间商的层层加价，使成本得以有效的控制。而节约的成本，通过一定的形式，可以返还给用户，从而使公司成为用户和供应商的最有吸引力的伙伴。图4-1和图4-2是Dell公司和传统公司在销售模式上的比较。

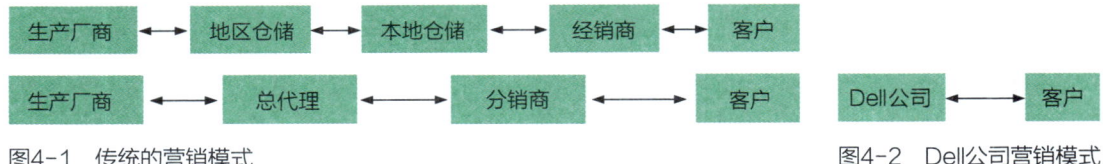

图4-1　传统的营销模式　　　　　　　　　　　　　　图4-2　Dell公司营销模式

4.3.2　网络关系营销

所谓关系营销，是把营销活动看成是一个企业与消费者、供应商、分销商、竞争者、政府机构及其他公众发生互动作用的过程。其核心是建立和发展与这些公众的长期、稳定的良好关系，通过为顾客提供高度满意的产品，提供有效的服务来加强与顾客的联系，保持与顾客的长期关系，培育顾客忠诚度，并在与顾客保持长期关系的基础上开展营销活动，实现企业的营销目标。

（1）关系营销的特征

关系营销具有如下特征：

- 双向沟通。在关系营销中，沟通应该是双向而非单向的。双向沟通意味着更广泛的信息交流和信息共享，意味着企业和顾客之间更多的理解，也才有可能赢得双方的合作和支持。
- 合作。关系营销强调以人为本，以客户为中心，每一次交易都看作是双方互惠的合作，并期待未来更多的合作。
- 双赢。关系营销不是通过损害其中一方或多方的利益来增加其他各方的利益，而是通过合作增加关系各方的利益。
- 亲密。关系营销不只是要实现物质利益的互惠，还必须让参与各方能从关系中获得情感的需求满足。实际上，与客户建立亲密的关系是对客户心理和更高级需求的满足。亲密的关系也是合作和协调的基础。
- 承诺。企业为获得多方的信任，满足多方的需求，必须做出高度的承诺，并在营销过程中检查承诺的执行情况，真正兑现承诺。
- 控制。关系营销要求建立专门的部门，用以跟踪顾客、分销商、供应商及营销系统中其他参与者的态度，由此了解关系的动态变化，检查承诺履行情况和多方的反馈意见，及时采取措施消除关系中的不稳定因素和不利于关系各方利益的共同增长因素。及时改进产品和服务，更好地满足市场的需求。

关系营销追求的是双赢的效果，在合作的基础上，与用户建立亲密的关系，使企业的利益与用户的利益一致，从交易变成责任，从顾客变成企业的参与者和拥护者，从管理营销组合变成管理和顾客的互动关系，形成互相需求、利益共享的关系，才能实现双赢。根据研究，争取一个新顾客的营销费用是老顾客费用的五倍，因此加强与顾客关系并建立顾客的忠诚度，是可以为企业带来长远的利益的。此外，根据"二八"定律，即必须优先与创造企业75%～80%利润的20%～30%的那部分重要顾客建立牢固关系，他们是公司关系营销的宝贵财富。

传统营销是建立在"以生产者为中心"的基础之上，传统营销的核心是交易，企业通过诱使对方发生交易从中获利，因此，可以将传统营销称为交易营销。而关系营销是建立在"以消费者为中心"的基础之上的，关系营销的核心是关系，企业通过建立双方良好的互惠合作关系从中获利。传统营销把视野局限于目标市场上，而关系营销所涉及的范围包括顾客、供应商、分销商、竞争对手、银行、政府及内部员工等。传统营销关心如何生产、如何获得顾客，而关系营销强调充分利用现有资源来保持自己的顾客。

现代市场营销的一个重要思想和发展趋势是"以人为本"，从交易营销转向关系营销，从过去推测性商业模式转向高度回应需求的商业模式。不仅强调赢得用户，而且强调长期地拥有用户；从单一销售转向重视长期利益；从以产品性能为核心转向以服务为核心；从重视产品研发到注重提高反应速度和回应力。而网络营销可以为企业处理好与顾客的关系，把服务、质量和市场有机地结合起来，提高营销的效能，这是一种企业和消费者双赢的模式。

（2）关系营销的工作

从企业与顾客互动的角度，关系营销的主要工作大致如下：
- 分析和寻找用户；
- 向客户提供售后产品和服务以及承诺；
- 不折不扣地履行承诺并尽可能地满足顾客的需要；

- 检查对顾客的承诺的实现情况，认真总结顾客的反馈意见，并拿出解决办法；
- 加强与客户的沟通和联系，加强合作联系；
- 千方百计留住老客户。

（3）关系营销中互联网的作用

互联网作为一种有效的双向沟通渠道，企业与顾客之间可以实现极低费用的沟通和交流，它为企业与顾客建立长期关系提供有效的保障。事实上，互联网的应用，为关系营销提供了最好的手段。

第一，顾客可以直接提出自己的个性化需求，甚至参加到企业的产品设计中来，而企业通过互联网可以及时地了解消费者的需求和愿望，及时答复并迅速做出反应，根据顾客的个性化需求，企业可以利用柔性化的生产技术最大限度满足顾客的需求，企业与顾客的关系更加密切，为顾客在消费产品和服务时创造更多的价值。

第二，企业也可以从顾客的需求中了解市场、细分市场和锁定市场，最大限度降低营销费用，提高对市场的反应速度。同时，企业通过互联网的低成本获得的利润，可以通过让利或提高服务质量等形式，返还给消费者，使其得到更多的实惠。

第三，利用互联网，企业可以低成本地、不受时间和空间限制地与客户保持通畅的联系，随时通报企业的产品或活动信息，如新产品性能和培训消息等，为顾客提供优质的服务。

第四，通过互联网，企业也可以了解到消费者的一些特殊的需要，通过一些人文的关怀措施，建立用户与企业的亲密关系，使消费者更加关心企业的发展。

第五，通过互联网，企业还可以实现与企业相关的企业和组织建立关系，以低廉成本帮助企业与企业的供应商、分销商等建立协作伙伴关系，实现双赢发展。

前面例子中的 Dell 公司，通过建立电子商务系统和管理信息系统建立了与消费者良好的信息互动关系，不但降低了库存成本和交易费用，提高了交易量，同时密切了双方的合作关系。

4.3.3 网络整合营销

整合营销是一种通过对各种营销工具和手段的系统化结合，根据环境进行即时性动态修正，以使交换双方在交互中实现价值增值的营销理论与营销方法。整合营销以市场为调节方式，以价值为联系方式，以互动为行为方式，是现代企业面对动态复杂环境的有效选择。整合营销强调将营销中的各种要素组合，使各种作用力统一方向，形成合力，共同为企业的营销目标服务。

在传统的营销中，产品（Product）、价格（Price）、渠道（Place）、促销（Promotion）是企业营销策略中的关键因素，美国密歇根州立大学的杰罗姆·麦卡锡教授（Jerome McCarthy）将这些内容归纳为市场营销组合策略中的"4P"组合。

"4P"理论的基本出发点是企业的利润最大化，它的理论基础仍然是厂商理论，以产品为中心，其实际的决策过程是：

市场调研→营销战略→营销策略→反向营销控制

"4P"营销这样一个单向链，最大的问题是没有把顾客整合到整个营销决策过程中去，它实质是将厂商利润凌驾于满足消费者需求之上。

在网络营销中消费者处于优势地位，或者说处于中心地位。因为在互联网环境下，网络上信息丰富的特征使顾客的选择余地变得很大；不仅参与的主动性增强，而且选择的主动性也得到加强，产品交易的实现关键在于消费者的选择。归根结底在于企业或产品是否满足消费者的需求，特别是个性化需求的满足。因此，企业必须树立新的营销观念，即在营销中，充分考虑消费者的个性化需求，消费者的价值取向，消费者的接受程度，以及如何方便和取悦消费者。以上这些因素，意味着传统强势营销影响力在减弱，"4P"理论不完全适合网络营销；网络营销应该把顾客整合到整个营销过程中来，从他们的需求出发开始并贯穿整个营销过程。

因此，传统的以"4P"理论为典型代表的营销管理方法就必须作进一步的扩展。以美国营销专家唐·E.舒尔兹教授（Don E Schultz）为首的一批营销学者从顾客需求的角度出发研究市场营销理论，把消费者的需求放到首位，提出了"4C"组合，即Customer（顾客的需求和期望）、Cost（顾客的费用）、Convenience（顾客购买的方便性）、Communication（顾客与企业的沟通）。简言之，即产品应满足消费者的需求，企业的利润和产品的定价应符合消费者的意愿，产品的分销应考虑消费者的便利性，促销形式应达到企业和消费者真诚有效的双向沟通。

首先，产品和服务必须以顾客为中心。由于互联网络具有很好的互动性和引导性，用户通过互联网络在企业的引导下对产品或服务进行选择或提出具体要求，企业可以根据顾客的选择和要求及时进行生产并提供及时服务，企业的产品和服务必须给顾客带来价值和回报，否则企业的利润难以实现。因为顾客在有很多商品选择余地的情况下，他不会选择对自己没有价值或价值很小的商品。但是，如果企业从"4P"对应的"4C"出发，在此前提下寻找能实现企业利益的最大化的营销决策，则可能同时达到利润最大和满足顾客需求两个目标。

其次，以顾客能接受的成本定价。价格是"4P"中直接影响利润的因素之一，是企业盈利的重要手段。传统的定价方式主要是以生产成本为基准来制定商品的价格。但是，在网络环境下，企业与顾客的合作更为紧密，顾客的中心地位和选择权要求新型的价格制定方法，要求产品的价格水平是顾客能够接受的，要求企业对顾客的需求以及对价格的认同，并依据该成本来组织生产和销售。在互联网上，顾客可以提出可接受的成本，企业根据顾客的成本提供柔性的产品设计和生产方案供用户选择，直到顾客认同确认后再组织生产和销售。所有这一切都是顾客在公司的服务器程序的导引下完成的，并不需要专门的服务人员，因此成本也极其低廉。事实上，会产生双赢的效果。目前，美国的Dell公司允许顾客在互联网络上，通过公司的网页和网上软件系统，用户可以自己选择、自己设计和组装满足自己需要的电脑，并根据提示，来调整价格水平。Dell公司根据用户的要求生产电脑，并通过用户的价格反馈和市场的情况，灵活地调整价格水平，满足客户的要求。

第三，产品的分销以方便顾客为主。网络营销是一对一的分销渠道，是跨时空进行销售的，顾客可以随时随地利用互联网络订货和购买产品，顾客可以足不出户地得到产品。互联网和现代物流体系形成了良好的直销渠道。如Amazon（亚马逊书城）公司可以在三天之内将顾客所购书籍送达顾客的手中，并可以通过遍布的连锁组织方便地退货。

第四，转强势营销为加强与顾客沟通和联系的营销。传统的促销是企业为主体，通过一定的媒体或工具对顾客进行强制式灌输，从而影响顾客对公司和产品的认知度和接受度。顾客是被动接受的，企业与顾客的沟通和联系是单向的，企业并不知道顾客到底的需求是什么，或者需要花很大的代价去与客户沟通，因此，公司的促销成本很高。互联网络上的营销是一对一和交互式的，顾客可以参与到公司的营销活动中来，因此互联网络更能加强与顾客的沟通和联系，更能了解顾客和需求，更易引起顾客的认同，其沟通方式的特点是双向的和低成本的。

我们把以上营销模式称为网络整合营销模式。实际上，是利用互联网络将传统的"4P"营销组合与更好地体现以顾客为中心的"4C"相结合。

网络的即时交互为实现网络整合营销提供了物质基础。消费者个性消费的复归是网络整合营销的内在动力。个性消费的复归促使企业需要和顾客对话，了解他们的个性需求，而企业必须把顾客整合到传统营销的过程中来。从以上的分析，可以得出网络整合营销过程的起点是消费者的需求，最终实现的目标是满足消费者需求和企业利润最大化。

4.3.4 网络软营销

软营销理论是针对工业经济时代的以大规模生产为主要特征的"强式营销"提出的新理论，它强调企业进行市场营销活动的同时必须尊重消费者的感受和体验，让消费者能舒服地主动接受企业的营销活动。软营销不但满足购物者的生理需求，同时满足更高层次的心理需求。

传统的营销方式常使用传统广告促销和人员推销。在传统广告中，为了提高广告的到达率和暴露频次，消费者常常被迫接受厂商通过传统媒体广告的信息"轰炸"，它的目标是通过不断的信息灌输方式在消费者心中留下深刻的印象，至于消费者是否愿意接受，需要不需要则不考虑；人员推销也一样，推销人员根本不考虑被推销对象是否愿意和需要，只是根据推销人员自己的判断强行展开推销活动。

强势营销在以企业为主导地位的大工业时代是颇具效果的，但是，在网络时代，强势营销的效果大打折扣，甚至适得其反。首先，现代的营销是以消费者为主导，企业必须考虑消费者的意愿和接受度，不能引起消费者的反感。其次，互联网具有开放、交互、平等、自由等特性。人们在虚拟的网上世界逐渐形成特有的网络社区和特有的文化和习俗，他们强调相互尊重和沟通，注重个人体验和隐私保护。他们理智地去寻找所需要的信息，不欢迎不请自到的广告。

例如，现在许多公司为了促销产品或服务，通过各种商业或技术手段，获取用户的E-mail地址，大量地向用户发送E-mail广告，其结果众所周知，被当成垃圾邮件，使用户不胜其烦，结果招致用户的厌烦情绪和反对。在这种情况下，肯定不会有良好的信息沟通，也不可能树立企业的良好形象，更不能完成企业预想的营销效果。

软营销和强势营销的一个根本区别就在于：软营销的主动方是消费者，而强势营销的主动方是企业。网络软营销是从消费者的体验和需求出发，采取拉式策略吸引消费者关注企业来达到营销效果。

可以说，互联网本身的特点和消费者个性需求回归是网络软营销理论的基础。

4.3.5 数据库营销

数据库营销是企业通过搜集和积累消费者的大量信息，经过处理后预测消费者有多大可能性去购买某种产品，以及利用这些信息给产品以精确定位，有针对性地制作营销信息，以达到说服消费者去购买产品的目的。数据库是指营销数据库，其作用是存储客户、产品、市场、人口统计、销售趋势、竞争和交易等信息，企业可以通过一定的数据模型和软件对数据进行分析和利用，以便于更好地进行消费者分析，确定目标市场，跟踪市场领导者以及进行销售管理等。

传统的营销主要建立在定性的基础上，企业对市场的了解往往是经验，而不是实际数据。而数据库的引入，使营销工作建立在准确的、海量的数据基础上，不但可以使用多种计算和决策方法，更加充分地了解顾客的需求，了解顾客的价值，评估顾客的价值，分析顾客需求和交易行为，更准确地进行市场调查和预测，改善企业营销决策的准确性。而且，由于数据库能够不断更新，能够及时反映市场迅速变化的实际状况，使企业营销决策更符合现实。因此，数据库营销是企业掌握市场的重要途径，可以帮助企业准确了解用户信息，方便地建立与用户的双向联系，确定企业目标消费群，准确分析竞争者的优劣势，及时反馈和检验营销效果，使企业促销工作具有针对性，从而提高企业的营销效率。

数据库营销一般包括六个基本过程：数据收集、数据存储、数据处理、寻找目标顾客、数据深加工以及数据库维护。

（1）数据收集

数据收集的任务是收集各种顾客、产品、交易、市场调查、产品维修等原始信息，也包括各种渠道积累和发布的数据，如信用卡记录、天气数据、人口统计数据、患者病历记录、通讯簿等。

（2）数据存储

将各种数据录入、建立营销数据库。

（3）数据处理

运用统计等技术，通过编制相应软件，导出产品开发部门、营销部门、公共关系等部门所需要的详细数据。

（4）寻找目标顾客

根据产品的参数和消费者特性，利用一定的经验模型和数据模型，以此查找和分析目标顾客，作为营销工作的目标。

（5）数据深加工

对隐藏在数据中的规律和知识进行挖掘，分析营销中各因素对营销目标的影响，使营销工作更科学，效果最佳。

（6）维护数据库

完成对数据库中数据的添加、删除、修改操作，同时，对数据库的性能进行改善。

提到网络，总使人想到四通八达的网络，功能强大的服务器，其实，网络真正的价值在于奔流在网络中的信息，在于散布在网络中的信息集散地——数据库。作为当前最有效的数据存储和管理技术，数据库一直充当着互联网的数据基地。当前，大部分的网页数据存储在各种数据库中。无论是对网页的更新，对市场调查数据的存储，还是对客户数据的收集、处理等，最有效、成本最低的方法仍然是数据库技术。因此，数据库技术注定与企业网络营销连在一起。这种通过数据库技术和网络技术为主要支撑，以满足客户需求为中心的营销理念，称为网络数据库营销。

显然，网络数据库营销具有数据库营销的所有特点和优点，并且，由于互联网的作用，放大了数据海量存储、数据共享、互动和沟通的功能。另外，还可以在网络上动态地采集数据，使数据库更快、更准确地反映市场的变化。

4.4　网络营销服务

4.4.1　网络营销服务概述

（1）网络营销服务的分类

根据服务的比例，企业提供的服务可以分为四类：纯有形货物的较少服务；伴随服务的有形货物；主要服务伴随小物品和小服务；纯服务。对于网络营销服务，则可以简单划分为网上产品服务营销和服务产品营销。网上产品服务营销主要是指前面两类服务，服务是产品营销的一个有机组成部分。网上服务产品营销是指无形产品，可以通过互联网直接进行传输和消费的服务产品的营销活动。对于服务产品营销除了关注服务销售过程的服务外，还要针对服务产品的特点开展营销活动。根据网络营销交易的时间间隔，可以将服务划分成销售前的服务、销售中的服务和销售后的服务。

（2）网络营销服务的特点

服务区别于有形产品的主要特点是不可触摸性、不可分离性、可变性和易消失性。同样，网络营销服务也具有上述特点，但其内涵却发生了很大变化，具体体现在以下几个方面：

1）增强顾客对服务的感性认识。服务的最大局限在于服务的无形和不可触摸性，因此在进行服务营销时，经常需要对服务进行有形化，通过一些有形方式表现出来，以增强顾客的体验和感受。

2）突破时空不可分离性。服务的最大特点是生产和消费的同时性，因此服务往往受到时间和空间的限制。顾客为寻求服务，往往需要花费大量时间去等待和奔波。基于互联网的远程服务则可以突破服务的时空限制。如现在的远程医疗、远程教育、远程培训、远程订票等，这些服务通过互联网都可以实现消费方和供给方的空间分离。

3）提供更高层次的服务。传统服务的不可分离性使得顾客寻求服务受到限制，互联网的出现突破了传统服务的限制。顾客可以通过互联网得到更高层次的服务，顾客不仅可以了解信息，还可以直接参与整个过程，最大限度满足顾客的个人需求。

4）顾客寻求服务的主动性增强。顾客通过互联网可以直接向企业提出要求，企业必须针对顾客的要求提供特定的一对一服务。而且企业也可以借助互联网的低成本来满足顾客的一对一服务的需求，当然企业必须改变业务流程和管理方式，实现柔性化服务。

5）服务成本效益提高。一方面，企业通过互联网实现远程服务，扩大服务市场范围，创造了新的市场机会；另一方面，企业通过互联网提供服务，可以增强企业与顾客之间的关系，培养顾客的忠诚度，减少企业的营销成本费用。因此，许多企业将网络营销服务作为企业在市场竞争中的重要手段。

（3）网上产品服务

1）网上售前服务。市场营销从原来的交易营销演变为关系营销，市场营销目标转变为在达成交易的同时还要维系与顾客的关系，更好地为顾客提供全方面的服务。根据顾客与企业发生关系的阶段，可以分为销售前、销售中和销售后三个阶段。网络营销产品服务相应也划分为网上售前服务、网上售中服务和网上售后服务。

从交易双方的需求可以看出，企业网络营销售前服务主要是提供信息服务。企业提供售前服务的方式主要有两种：一种是通过自己的网站宣传和介绍产品信息，这种方式要求企业的网站必须有一定的知名度，否则很难吸引顾客注意；另一种方式通过网上虚拟市场提供商品信息。企业可以免费在上面发布产品信息广告，提供产品样品。除了提供产品信息外，还应该提供产品相关信息，包括产品性能介绍和同类产品比较信息。为方便顾客准备购买，还应该介绍产品如何购买的信息，产品包含哪些服务，产品使用说明等。总之，提供的信息要让准备购买的顾客"胸有成竹"，顾客在购买后可以放心使用。

2）网上售中服务。网上售中服务主要是指销售过程中的服务。这类服务是指产品的买卖关系已经确定，等待产品送到指定地点的过程中的服务，如了解订单执行情况、产品运输情况等。在传统营销部门中，有30%~40%的资源是用于应对顾客对销售执行情况的查询和询问，这些服务不但浪费时间，而且非常琐碎难以给用户满意的回答。特别是一些跨地区的销售，顾客要求服务的比例更高，而网上销售的一个特点是突破传统市场对地理位置的依赖和分割，因此网上销售的售中服务非常重要。因此，在设计网上销售网站时，在提供网上订货功能的同时，还要提供订单执行查询功能，方便顾客及时了解订单执行情况，同时减少因网上直销带来的顾客对售中服务人员的需求。

3）网上售后服务。

①网上售后服务的内涵。网上售后服务就是借助互联网的直接沟通的优势，以便捷方式满足客户对产品帮助、技术支持和使用维护的需求。网上售后服务有两类：一类是基本的网上产品支持和技术服务；另一类是企业为满足顾客的附加需求提供的增值服务。

由于分工的日益专业化，使得一个产品的生产需要多个企业配合，因此产品的支持和技术也相对比较复杂。提供网上产品支持和技术服务，可以方便客户通过网站直接找到相应的企业或者专家寻求帮助，减少不必要的中间环节。如美国的波音公司通过其网站公布其零件供应商的联系方式，同时将有关技术资料放到网站，方便各地飞机维修人员及时索取最新资料和寻求技术帮助。为提升企业的竞争能力，许多企业在提供基本售后服务的同时，还提供一些增值性服务。

②网上售后服务的特点。

便捷性。网上的服务是24小时开放的，用户可以随时随地上网寻求支持和服务，而且不用等待。

灵活性。由于网上的服务是综合了许多技术人员知识、经验和以往客户出现问题的解决办法，因此用户可以根据自己的需要从网上寻求相应帮助，同时可以学习其他人的解决办法。

低廉性。网上售后服务的自动化和开放性，使得企业可以减少售后服务和技术支持人员，大大减少不必要的管理费用和服务费用。

直接性。客户通过上网可以直接寻求服务，避免通过传统方式经过多个中间环节才能得以处理。

4.4.2　网上个性化服务策略

（1）网上个性化服务概述

个性化服务（customized service），也叫定制服务，就是按照顾客特别是一般消费者的要求提供特定服务。

个性化服务包括三个方面：服务时空的个性化，在人们希望的时间和希望的地点得到服务；服务方式的个性化，能根据个人爱好或特色来进行服务；服务内容的个性化，不再是千篇一律，千人一面，而是各取所需，各得其所。互联网可以在上述三个方面给用户提供个性化的服务。

伴随个性化服务，会出现相应的问题。首先是隐私问题，个人提交的需求、信息提供者掌握的个人偏好和倾向，都是一笔巨大的财富。大多数人不愿公开自己的"绝对隐私"。因此，企业在提供个性化服务时，必须注意保护用户的一些隐私信息，更不能将这些隐私信息进行公开或者出卖。侵犯用户的隐私信息，不但招致用户的反对，而且可能导致用户的抗诉甚至报复。其次，提供的个性化服务要是用户真正需要的。另外，个性化服务还涉及许多技术问题，用户需要做到不论何时、不论何地都可以接收信息，而且接收的信息是用户需要的和选择的。

（2）网上个性化的信息服务

网站是一种影响面广、受众数量巨大的市场营销工具，伴随着受众范围和数量的"无限"增大，受众在语言、文化背景、消费水平、经济环境和意识形态，直至每个消费者具体的需求水平等方面存在的差异就变成一个非常突出的问题了。于是，怎样充分发挥互联网在动态交互方面的优势，尽量满足不同消费者的不同需求，就成为定制服务产生的市场动因。

（3）网上个性化的信息服务方式

目前网上提供的定制服务，一般是网站经营者根据受众在需求上存在的差异，将信息或服务化整为零或提供定时定量服务，让受众根据自己的喜好去选择和组配，从而使网站在为大多数受众服务的同时，变成能够一对一地满足受众特殊需求的市场营销工具。个性化服务，改变了信息服务"我提供什么，用户接受什么"的传统方式，变成了"用户需要什么，我提供什么"的个性化方式。信息的个性化服务，主要有下面一些方案：

①页面定制。Web定制使预订者获得自己选择的多媒体信息，只需标准的Web浏览器。许多网站都推出了个性化页面服务。

②电子邮件定制方案。目前电子邮件定制信息只能定制文本方式的信息。

③需要客户端软件支持的定制服务。客户端软件方式对计算机配置有较高的要求，在信息流动过程中可以借用客户端计算机的空间和系统资源，但是让客户下载是一件麻烦事。

（4）网上个性化信息服务应注意的问题

网上个性化服务是一种非常有效的网络营销策略，但网上个性化服务是一个系统性工作，它需要从方式上、内容上、技术上和资金上进行系统规划和配合，否则个性化服务是很难实现的。对于一般网站提供个性化服务要注意下面几个问题：

①个性化服务是众多网站经营手段中的一种，是否适合于你的网站应用，应用在网站的哪个环节上，是需要具体情况具体分析的。

②应用个性化服务首先要做的是细分市场，细分目标群体，同时准确地确定不同群体的需求特点。这几个方面的因素决定着个性化服务的具体方式，也决定着个性化服务的信息内容是什么。

③市场细分的程度越高，需要投入到个性化服务中的成本也会相应提高，而且对网站的技术要求也更高，网站经营者要量力而行。

案例学习

亚马逊网上书店

1995年，杰夫·贝索斯（Jeffrey Bezos）在西雅图市郊的一个租来的房屋中，以30万美元为第一笔投资开始了亚马逊.COM的运作。而当时的出版业巨人Barnes&Noble的年销售额高达24亿美元。其巨大的规模、丰富的品种和高额的折扣，并没有给当时的亚马逊留下多少发展空间。然而，借助于Internet这个新技术所带来的新市场，亚马逊迅速发展壮大。1995年8月，亚马逊卖出了第一本书。在短短半年时间，亚马逊完成了第一个目标，成为了全球最大的网上书店。那时的亚马逊在这个全新的市场中没有劲敌和竞争对手，它是进入这个市场的第一人。宽松的竞争环境和Internet带来的新市场给了亚马逊巨大的发展机会。

到1998年年底，亚马逊提供的书刊品种达到250万种，是当时传统书刊连锁商的14倍，拥有450万的客户和高达58％的重复购买率，1998年销售额从1997年的1.48亿美元上升到5.4亿美元，占据了全美在线售书42％的市场份额。1997年9月，亚马逊公司的股票在美国Nasdaq证券交易市场挂牌上市。亚马逊公司第一期发行了250万股股票，发行价为9美元，1998年亚马逊最高价达到209美元，是1年前发行价的23倍，其市值高达111亿美元，是1997年年底上市的Barnes & Noble市值的6倍，这充分显示了公众对电子商务前景的信心。

1998年，亚马逊开通了网上儿童书店和音乐书店。同时，它开始涉足零售业。亚马逊的经营思想得到了广大投资者的认可。尽管在当时亚马逊处于亏损中，在1999年年底，她的股票市值还是达到了112美元。

案例分析

亚马逊网上书店

亚马逊在短短的几年中的成功发展，给人们树立了一个商业典范。成功的奥秘在哪里？通过对该案例的分析，我们不难得出以下结论：

首先，敢于尝试新技术，利用先进的互联网技术，将传统的商业活动发展到网络的虚拟空间可以说是亚马逊成功的首要因素。网络市场和传统市场有着明显不同：交易的内容不同，信息流（数据流）绝大部分地取代了物流、货币流；交易的场景不同，电子屏幕取代面对面的交流；交易的基础设施不同，电脑、网络通信技术取代了物理性场景。同时，互联网为商业活动提供了许多机会。互联网具备跨时空性、互动性、高效性、经济性的许多特点，在吸引了大量客户的同时，也减少了企业的运营成本和管理成本。这些特点为亚马逊的爆炸式的发展提供了基础。

其次，亚马逊适当的营销策略实现了它的发展目标。这些营销策略可以简单地归为三类：

第一是产品策略。当客户进入亚马逊的网上书店，可以找到任何想要的书籍。质量高，品种全是亚马逊的战略之一。正像亚马逊总裁所说的那样，只要是已经出版的书籍，这里全有。

第二是品牌策略。亚马逊认为，要能够在激烈竞争的市场中保持不败，必须要创造自己的品牌。亚马逊投入巨资打造品牌，收到了极好的效果。

第三是服务策略。亚马逊实行全面周到的服务策略。从友好的用户界面，丰富的检索手段，到灵活的促销手段、安全可靠的付款方式及物流体系都使用户感受到了亚马逊的优质服务。

习题

一、判断题

（　　）1. 网络营销站点之间往往通过相互签订协议来免费加入对方的旗帜广告。

（　　）2. 正确的营销策略是网络营销成败的关键。

（　　）3. 网络商务信息是指通过计算机网络传递的商务信息，包括文字、数据、表格、图形、影像、声音以及内容能够被人或计算机察知的符号系统。

（　　）4. 市场营销就是产品销售。

（　　）5. 网络营销的特点是消费者只在网上购物。

（　　）6. 任何产品都可以在网上销售。

（　　）7. 在搜索引擎的搜索文本框中，往往输入的内容越详细，查找到的范围就越小。

（　　）8. 网络商务信息的收集主要依靠市场实地考察、查询资料、可行性研究等方式进行。

（　　）9. 不能通过专业讨论组来发布网络信息。

（　　）10. 网络信息的特点是容易筛选，准确性高。

(　) 11. 布尔运算符AND是指输入两个关键词是"或"的关系。

(　) 12. 网络广告最大的特点就是具有交互性。

(　) 13. 旗帜广告是以GIF、JIG等格式建立的带超链接的图像文件，一般定位在网页上眉处，大多用来表现广告内容。

(　) 14. 在网络营销环境中，较高的访问率意味着带来较高的购买率。

(　) 15. 实现网站高访问率的方法是在电视上做广告。

二、单选题

1. 网络消费者一般地说集中在（　）。
   A. 中青年消费者　　　　　　B. 中老年人
   C. 中低收入阶层　　　　　　D. 青少年学生

2. 下面哪一句话最能反映网络营销的特点。（　）
   A. 网络营销是在Internet上推销商品
   B. 网络营销是建立在Internet环境中的营销方式
   C. 网络营销比传统营销方式更为优越之处是其方便实用
   D. 网络营销具有比传统营销方式更好的营销效果。

3. 与传统市场相比，网络市场更趋于一个买方市场，这是由于（　）。
   A. 网上用户迅速增加　　　　B. 网上用户通常拥有更强的购买力
   C. 客户拥有了解信息的手段　D. 商家为了占领市场而不断迎合顾客的需求

4. 在使用电子邮件进行推销时，向客户投送Spam邮件很可能会引起客户反感，Spam邮件是指（　）。
   A. 带有虚假广告成分的邮件　B. 未事先征得用户同意的邮件
   C. 带有色情成分的广告　　　D. 过于频密的广告邮件

5. 网络商务信息与一般商务信息的根本区别在于（　）。
   A. 它们的内容不同　　　　　B. 它们的作用不同
   C. 它们的传递途径不同　　　D. 它们的来源不同

6. 从网络商务信息本身所具有的总的价格水平，可以将它粗略分为4个等级，下列哪个选项不属于这4个等级。
   A. 免费商务信息　B. 低收费信息　C. 标准收费信息　D. 高收费信息

7. 下列哪一项不是收集网络商务信息的基本要求（　）。
   A. 及时　　　　　B. 准确　　　　C. 全面　　　　　D. 经济

8. 以下哪一个不是搜索引擎中使用的运算符（　）。
   A. AND　　　　　B. OR　　　　　C. NOT　　　　　D. NOR

9. 常用的搜索引擎不包括（　）。
   A. www.google.com　　　　　B. www.yahoo.com
   C. www.sohu.com　　　　　　D. www.hotbot.com

10. 旗帜广告的特点不包括（　）。
    A. 经济性和易统计性　　　　B. 通俗性和引人注目

C. 广泛性和交互性 D. 时效性和主动性

三、多选题

1. 传统营销学中的4P组合包括以下哪几项。（ ）
   A. 定位（Position） B. 产品（Products）
   C. 分销（Place） D. 促销（Promotion）
2. 以下属于网络营销的特点的是（ ）。
   A. 互动性 B. 虚拟性 C. 服务性 D. 全球性
3. 网络营销的优势包括以下的（ ）。
   A. 不受时间和地域的限制 B. 可以与顾客形成互动沟通
   C. 可以提供免费产品 D. 可以降低经营成本
4. 网络商务信息的主要特点有（ ）。
   A. 时效性强 B. 准确性低 C. 便于储存 D. 加工筛选难度大
5. 收集商务信息的基本要求包括（ ）。
   A. 及时 B. 准确 C. 全面 D. 经济
6. 在Internet上检索网络商务信息要面对哪方面的困难是不准确的（ ）。
   A. Internet信息资源多而分散且质量参差不齐
   B. Internet信息缺乏专业水准
   C. Internet资源缺乏有效的管理
   D. 各种检索软件检索方法不一
7. 搜索引擎的定制功能中，可设置的项目包括（ ）。
   A. 查找范围 B. 每页显示多少项结果
   C. 显示访问者登录人数 D. 查询结果的显示方式
8. 网络广告的特点包括（ ）。
   A. 企业可将顾客进行分类，分别传送不同的广告信息
   B. 企业可以不花钱地在网上做广告
   C. 顾客主动浏览广告内容
   D. 顾客可以在线向企业提出咨询或服务请求
9. 新型网络营销广告不断涌现，但不包括（ ）。
   A. 跳出窗口 B. 路障 C. 空间广告 D. 旗帜广告
10. 检测与评估网络营销广告的基本方法不包括（ ）。
    A. 选择网站 B. 确定价格 C. 形象设计 D. 网站监测

四、思考题

1. 网络营销对传统营销产生了哪些影响？
2. 网站内容设计应注意哪些方面？谈谈你的看法。
3. 搜索引擎主要有哪些类别？请举出几个知名的国内外搜索引擎。
4. 网络广告有哪些主要优点？

技能训练

1. 举例说明网络营销的特点。

跨时空性	互动性	成长性	整合性	超前性	经济性
简评					

2. 比较传统营销与网络营销的特点。

项目	传统营销	网络营销	备注
使用的工具			
时空			
费用			
其他			
简评			

项目 5 电子商务物流

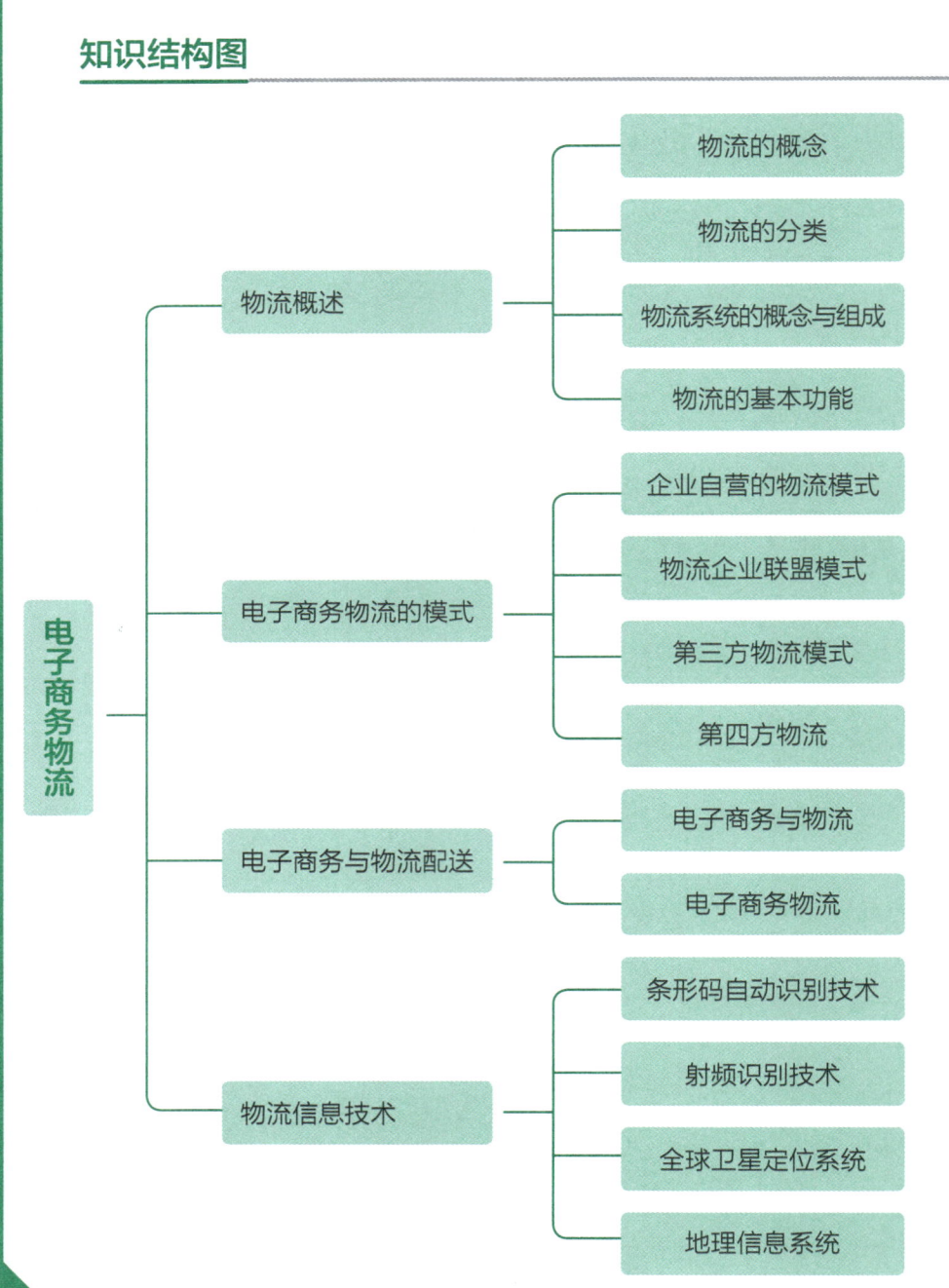

案例导入

沃尔玛百货有限公司的物流系统

沃尔玛百货有限公司，由美国零售业的传奇人物山姆·沃尔顿于1962年创立。在短短几十年间，它由一家小型折扣商店发展成为世界上最大的零售企业。2007年沃尔玛全球的销售额达到3745亿美元，连续荣登《财富》杂志全球500强企业榜首，并多次被评为"最受尊敬企业"。沃尔玛如何能在如此短的时间内不断壮大，超越对手，坐上世界零售企业的头把交椅呢？沃尔玛商店是一个比较常规的、提供商品的商场，它以比较低廉的价格提供人们的日常用品。除了商店之外，沃尔玛还有一类沃尔玛购物广场，这是在过去十几年中才开发出来的，但发展速度很快，已成为主流业态。沃尔玛公司在美国有2000多个这样的购物广场，购物广场营业面积为1万平方米左右，毛利率17%～18%，相比于一般超市的毛利率仍有优势。商品组合相当于一个超市加一个折扣百货店，商品大类比超市略窄，但质量更好，总计约6.5万种，食品、综合商品各一半，遵循"一站购齐"的原则。这样，顾客来到这里在一个商场中所有东西都可以买到，这是沃尔玛业务增长的一个模式。在中国是这样，在国际上的其他地方也是这样。经过四十多年的发展，沃尔玛已成为美国最大的私人雇主和世界上最大连锁零售商。目前，沃尔玛在全球开设了7200多家商场，员工总数190多万人，分布在美国、墨西哥、波多黎各、加拿大、阿根廷、巴西、中国、德国、韩国、英国等国家。

20世纪70年代沃尔玛建立了管理信息系统，负责处理公司的业务报表，加快了运作速度。80年代又与休斯公司合作发射商业通信卫星，1983年的时候采用了POS机，就是销售始点数据系统。1985年建立了电子数据交换系统（eletronic data exchange, EDI），采用无纸化作业。1986年又建立了快速反应机制（QR）。沃尔玛是全球第一个发射商业通信卫星的企业，也是全球第一个建立物流数据处理中心的企业，全球第一个实现集团内部24小时计算机物流网络化监控，使采购库存、订货、配送和销售一体化。在物流运营过程中，为了尽可能降低成本，沃尔玛建立了一个无缝点对点物流系统，既能够为商店和顾客提供最迅速的服务，又可以使供货商直接进入沃尔玛的系统（零售链接）。通过零售链接，供应商就可以根据产品的销售情况来决定生产的状况，同时做出未来的销售预测，这样可以降低成本。"无缝链接"贯穿于物流循环的全过程，如此优化的系统不仅降低了供应方的成本，为其生产提供了理性预期，也使得销货方及配送方实现了"零库存"，减少了库存积压，最大化企业收益。1970年沃尔玛建立了第一家配送中心，位于本顿维尔，为4个州32个商场供货，沃尔玛总部也设在这个配送中心之中。在不断增长扩大的过程当中，沃尔玛虽然也建立了大量新的配送中心，但是沃尔玛的总部仍然是在阿肯色州本顿维尔市的配送中心附近。如今，沃尔玛已有配送中心120多个，美国本土已有70多个，这些配送中心服务于沃尔玛在世界各地的近7000家商场，配送中心平均占地约10万平米，相当于32个足球场那么大，全部实现了自动化作业。每种商品都有条码，由十几公里长的传送带传送商品，由激光扫描器和电脑追踪每件商品的储存位置及运送情况。从沃尔玛任何一个配送中心出发，汽车只需一天就能抵达它所服务的商店。当沃尔玛的商店用计算机发出订单，到它的商品补充完毕，这个过程平均只需2天，比以往大大缩短了时日。沃尔玛2003

年在物流方面的投资是1000多亿,因为现在的业务的不断增长,所以在物流方面的投资也在同时增长,沃尔玛每年从现有的销售额中提取数百亿元,非常集中地用于物流配送中心建设。沃尔玛所从事的零售业务,要求实行"薄利多销"原则,因此要获取利润就必须采取措施去大力降低成本。为此,沃尔玛采取了很多措施,其中配送中心和进货成本控制机制最为关键和成功,它们构成了确保沃尔玛成功的垄断优势。

5.1 物流概述

经济全球化为物资供应、材料加工、成品组装、产品包装、市场营销提供了更为广阔的拓展空间;世界经济一体化促使贸易的方式和技术快速更新,特别是近年来电子商务的飞速发展,使贸易活动更加频繁,交易数量急剧膨胀,迫切需要有与之相配套的物流服务。曾经制约电子商务发展的网上支付、网络安全等问题已基本得到解决,然而物流配送问题对电子商务发展的制约作用却越来越突出,特别是在物流体系尚不健全的我国,物流现已成为影响电子商务发展的"瓶颈"。一个完整的电子商务交易过程一般都包含信息流、资金流和物流。物流是信息流和资金流最终实现的根本保证,如果信息流、资金流传递速度很快,而物流传递速度跟不上,电子商务的优势还是体现不出来。电子商务的迅猛发展与传统的物流实现方式的矛盾已变得越来越尖锐,"成也物流,败也物流"已成为开展电子商务的企业首要把握的原则。

5.1.1 物流的概念

物流(physical distribution,PD)一词最早出现在美国,汉语的意思是"实物分配"或"货物配送"。1915年,阿奇·萧在《市场流通中的若干问题》一书中就提到物流一词。第二次世界大战中,美国军队围绕战争供应建立了"后勤"(logistics)理论,并将其用于战争活动中,其中所提出的"后勤"是指战时的物资生产、采购、运输、配给等活动。1991年的海湾战争在1个月左右的时间,用最经济的方案,将50多万兵力、50多万吨的空运物资和300万吨的海运物资,从分布在世界各地的基地集结、发送到指定的地点。这项庞大的军事活动被视为后勤学应用的一大典范,并成为企业组织商品生产和流通的范例。后来"后勤"在商业活动中得到了广泛应用,包含了生产过程和流通过程的物流,形成了范围更广泛的概念。这里所说的后勤供应服务是一种以"供应链理论""虚拟工厂理论"等为背景的新型物流服务模式,是供应环节与运输环节有机结合的产物和物流理论的升华。现在欧美国家更多地把物流称作Logistics而不是Physical Distribution。20世纪50年代,日本派团考察美国的物流技术,引进了"物流"的概念。日本的物流概念是从英文的Physical Distribution翻译过去的,到了20世纪70年代日本已成为世界上物流较发达的国家之一。20世纪80年代初,我国从日本直接引入"物流"概念至今。

物流的定义有很多,目前在国内、国际普遍采用的有以下几种。

（1）我国国家质量技术监督局对物流的定义

物流是指物品从供应地向接收地的实体流动过程，根据实际需要，将运输、储存、装卸、搬运、包装、流通加工、配送、信息处理等基本功能实施有机结合。

（2）美国物流管理协会对物流的定义

物流是供应链流程的一部分，是为满足消费者需求而进行的对货物、服务及相关信息从起始地到消费地的有效率与效益的流动与储存的计划、实施与控制的过程。

（3）联合国物流委员会对物流作了新的界定

物流是为了满足消费者需要而进行的从起点到终点的原材料、中间过程库存、最终产品和相关信息有效流动和储存计划、实现和控制管理的过程。

从物流的定义可知，物流过程一方面包含了运输、存货、管理、仓储、包装、物料搬运及其他相关活动；另一方面包含了效率与效益两方面，其最终目的是满足客户的需求与企业盈利目标。

现代物流是以系统理论为出发点，考虑各因素的互动影响，通过"物流八最原则"（最合适的运输工具、最便利的联合运输、最短的运输距离、最合理的包装、最少的仓储、最短的时间、最快的信息、最佳的服务）的策划，实现商品较低成本及较好效果并举的位移结果。

5.1.2 物流的分类

社会经济领域中的物流活动无处不在，许多领域都有特征性的物流活动。尽管不同领域中的物流存在着相同的基本要素，但在不同的生产活动中物流的对象、目的、范围不同，就形成了不同的物流类型。按照物流系统中商品的运动方式、空间范围、研究对象，可以从不同的角度对物流系统进行分类。

（1）按商品运动方式分类

1）流通业物流。流通业物流是为了克服产品生产点与消费点之间存在的空间和时间上的间隔而产生的一种物品运动方式。它主要通过运输、储存、包装、流通加工、配送等物流运作手段，以最低的成本，把特定的产品和服务在特定的时间提交给特定的客户。流通业物流的运作对象一般是产成品，除了少量的流通加工对物品具有一定的生产性作用以外，流通业物流中，物品自身形态不发生变化，而只是发生空间上的转移和时间上的延迟。

2）制造业物流。制造业物流是为了将各种物料、零件、配件等物品从原始形态转成特定的产品形态而产生的一种物品运动方式。制造业物流中，物品形态随着生产加工的进行而不断变化，直至最后成为特定形态的产成品。制造业物流中按其所发挥的职能可分为供应物流、生产物流、销售物流、回收物流、废弃物流等。

（2）按空间范围分类

1）地区物流。指在地区内运动的物流。地区有不同的划分标准：可以按行政区域划分，如华东地区、华中地区等；可以按经济圈划分，如苏锡常地区、黑龙江边境贸易区等；也可以按地理区域位置划分，如长江三角洲地区、珠江三角洲地区等。

2）国内物流。在一个国家的范围内所进行的物流。国内物流的运作应遵守国内物流管理部门所制定的行业标准。

3）国际物流。指原材料、在制品、半成品和产成品在国与国之间的流动和移动，即包括各种形式的物资在国与国之间的流入和流出，如进（出）口商品、转运物资、过境物资、邮件、捐赠物资、援助物资，加工装配所需物料、部件以及退货等在国与国之间的流动等。

(3) 按研究对象分类

1）社会物流。社会物流也称为大物流或宏观物流。它是指全社会物流的整体，是国民经济的重要组成部分。政府宏观经济政策和物流政策对宏观物流的发展具有重要作用。国家的基础设施建设，如港口、机场、码头、航道、铁路、公路以及重要物资的仓储基地等都会对宏观物流的发展产生重大的影响，决定着宏观物流的整体效益。

2）行业物流。同一行业中的企业是市场上的竞争对手，但在物流领域中常常可以互相协作，共同促进行业物流系统的合理化。如日本的建设机械行业提出行业物流系统化的具体内容为：各种运输手段的有效利用；建设共同的零部件仓库，实行共同集中配送；建立新旧设备及零部件的共同流通中心；建立技术中心，共同培训操作人员和维修人员；统一建设机械的规格等。

3）企业物流。企业内部范围内物品的实体流动。

5.1.3 物流系统的概念与组成

(1) 物流系统的概念

物流系统是指在一定的时间和空间里，由所需输送的物料和包括有关设备、输送工具、仓储设备、人员以及通信联系等若干相互制约的动态要素构成的具有特定功能的有机整体。

物流系统是"有效地达成物流目的的一种机制"，物流的目的是"追求以最低物流成本向客户提供优质物流服务"。物流系统作为一个整体，内部因素是不可分割的。系统论的一个观点是：局部的最优不等于全局最优。所以只有将物流系统内部的各要素综合考虑，相互配合，服从物流系统整体的功能和目的，才能使作为整体的物流系统达到最优。整体优化的目的就是要使输入最少，即物流成本、消耗的资源最少，而作为输出的物流服务效果最佳。

(2) 物流系统的组成

物流系统是一个复杂的系统工程，涉及通信系统、交通运输系统、资源管理系统以及信息管理系统等多种系统的综合功能。

1）物流配送中心。物流配送中心是物流系统的核心。物流配送中心是集存储保管、集散转运、流通加工、商品配送、信息传递、代购代销、连带服务等多功能于一体的现代化物流管理中心，承担物资的集中和分发等多种功能。

2）物流信息网络系统。物流信息网络系统是整个物流系统管理和调度的信息平台，是物流系统信息基础设施。所有的管理信息、物流信息和客户服务信息都是通过这个数据通信网络平台传输和管理的。同时，物流信息网络应该实现同上下游企业或其他合作伙伴物流企业之间的信息通信连接。这个网络的有无，反映了电子商务物流和传统物流的根本区别。物流信息系统还应该提供公共的信息服务平台，便于各种客户对系统的访问。这个系统的高效运行，是提高物流系统效益的基本条件。物流信息网络系统要使用各种现代网络通信技术，例如移动通信、卫星通信和数据安全等技术。

3）物流运输网络。物流运输网络是由分布于不同地域，由各种运输工具和相应的管理系统和工作人员组成，主要完成货物运输的系统。物流运输系统是在物流中心管理系统的统一调度和控制下，实现物流运输资源的最佳配置和最佳运输线路的安排等管理功能。物流运输网络也可能是由多个物流企业结成联盟，共同实现物流效益的最大化。

4）物流仓储。现代化的大型仓储场地和设备是物流系统存储、管理货物的基地，也是现代物流的标志之一。现代物流仓储无论是设备还是管理方式都不同于传统的物资仓库管理。为了实现存储空间的高效利用和货物的快速分拣，现代物流仓储需要立体的存储货架、现代化存取货物的机械设备以及智能化仓储管理信息系统。

5）客户服务系统。快速、便捷、透明的物流服务是使客户满意，从而获得更多忠诚客户的重要条件。因此一个功能完善的物流系统应该包括完善的客户服务系统，为客户提供全方位的物流信息服务，如客户物流跟踪信息、客户投诉和信息反馈以及客户查询信息功能等。

6）物流管理系统。物流管理系统通过物流管理组织，对整个物流活动进行计划、实施、评价的工作，以不断提高物流的经济效益。物流管理包括规划、组织实施和协调控制的过程，其目的是以最低的物流成本达到客户所满意的服务水平。物流系统的组织和管理需要大量的各种类型的专业物流管理人才。

5.1.4 物流的基本功能

物流的基本功能包括运输、保管、装卸搬运、包装、流通加工以及与其相联系的物流信息，它们相互联系，构成物流系统的功能组成要素。

1）运输。用设备和工具，将物品从一地点向另一地点运送的物流活动，其中包括集货、分配、搬运、中转、装入、卸下、分散等一系列活动。

2）保管。保管是对物品进行保存并对其数量、质量进行管理控制的活动。

3）装卸搬运。装卸搬运是指在同一地域范围内进行的，以改变货物存放状态和空间位置为主要内容和目的的物流活动。

4）包装。包装是指为在流通过程中保护产品、方便储运、促进销售，按一定的技术方法而采用的容器、材料及辅助物等的总体名称。也指为了达到上述目的而采用容器、材料及辅助物的过程中施加一定技术方法等的操作活动。也就是说，包装是包装物及包装操作的总称。

5）流通加工。流通加工是指物品在从生产地到使用地的过程中，根据需要施加包装、分割、计量、分拣、刷标志、拴标签、组装等简单作业的总称。其作用是通过流通加工增加产品的附加价值，生产出新的产品来满足社会需要，在供应量不变的情况下能增加企业的经济效益。

5.2 电子商务物流的模式

在现代社会,社会分工渐趋精细,专业化日益盛行,为达到企业的正常运作,物流是每个企业都必须具备的功能。但是,根据所处行业和规模的不同,企业所需物流功能的程度也不同,组建物流体系的规模也不一样。

物流模式是指企业为得到自身所需的物流功能而组建物流体系时所选择的组建模式。由于电子商务在网上完成商流、信息流和资金流,只有物流在网下完成的特点,对于企业开展电子商务来说,选择何种物流模式建立合乎要求的物流体系,是电子商务得以成功实施的关键。

从产权的角度,电子商务公司采取的物流模式一般有企业自营物流、物流企业联盟及第三方物流等模式。此外,第四方物流作为一个新生模式,正在被研究和实践着。

5.2.1 企业自营的物流模式

电子商务企业借助自身的物质条件,自行开展经营的物流,称为自营物流。电子商务公司自营物流可以掌握交易的最后环节,有利于收集终端的信息,并且可以控制交易时间。特别是在本城市内配送上,网站组织自己的配送队伍可以减少向其他配送公司下达配送要求的手续,在网上接受订购后立即进行简单的处理后即可配送,大大缩短了顾客的等待时间,提高了顾客的满意度。如上海梅林正广和对于上海市区内的网上订单,均组织自己的配送队伍进行配送,零散顾客使用"黄鱼车"、电动车、摩托车等配送工具,团购用户使用面包车等配送,当日送到,加强了梅林正广和在上海电子商务市场中的竞争优势。

但是,自营物流要求公司拥有一支自己的配送队伍,这势必产生管理问题和成本问题。有些电子商务企业在网上销售领域有优势,但是物流管理方面根本没有经验,导致成本居高不下,反而成为企业的负担。不是所有的电子商务企业都有必要、有能力自营物流的,具有以下特征的电子商务企业才适合自营物流:

①业务集中在企业所在城市,送货方式比较单一。由于业务范围不广,企业独立组织配送所耗费的人力不是很大,所涉及的配送设备也仅仅限于汽车和人力车而已,如果交由其他企业处理,反而浪费时间、增加配送成本。

②拥有覆盖面很广的分销、代理及连锁店,而企业业务又集中在其覆盖范围内的。这样的企业一般是从传统产业转型而来或依然拥有传统产业经营业务的企业。海尔就是一个典型代表,在许多人对海尔成立自己的物流子公司感到不解时,海尔依然坚信自营物流能给海尔带来新的竞争力,事实也证明了这一点。

③对于一些规模比较大、资金比较雄厚、货物配送量巨大的企业来说,投入资金建立自己的配送系统、掌握物流配送的主动权也是一种战略选择。亚马逊投入巨资在美国许多重要城市建立自己的配送中心,很好地控制了交易的最后环节。

这里需要特别说明的一点是,自营物流并非不能把有些功能外包。根据自身条件,可以将有关的物流服务委托给专门企业去做,即从市场上购买相关的物流服务(如向运输公司购买运输服务，向仓储企业购买仓储服务）。但这些服务只限于一次或者一系列分散的物流功能，而且是临时的、纯市场交易的服务。另外，即便物流服务的基础设施为自身所有，但委托有关的物流企业来运作，如请仓库管理公司来管理仓库，或请专业物流企业来运作管理现有的企业车队等，从产业进化的角度来看这是一个进步。

5.2.2 物流企业联盟模式

根据国家物流术语标准，物流企业联盟模式（logistics alliance）是指在物流方面通过签署合同形成优势互补、相互信任、共担风险、共享收益的物流伙伴关系。

绝大多数物流服务利益产生于规模经济。因此，专业物流企业的要求是物流方面的规模经济。为了追求这种规模经济，就导致了物流联盟的产生。物流联盟的效益在于物流联盟内的成员可以从其他成员那里得到过剩的物流能力或处于战略意义的市场地理位置以及卓越的管理能力等。

物流联盟一般有以下特征。

（1）相互依赖

组成物流联盟的企业之间具在很强的依赖性，资源共享、优势互补。

（2）分工明确

无论对于何种企业来说，物流需求都产生于市场的需求。物流联盟的各个组成企业应该明确自身在整个物流联盟中的优势所在以及应担当的角色，这样物流联盟内部的对抗和冲突就会大大减少，联盟企业就可将精力集中在某项服务上。

（3）强调合作

高度成功的物流联盟的营销战略是建立一个合作平台。

物流联盟适用于两种情况：第一，物流在企业发展战略中起主要作用，而企业自身的物流管理能力、管理水平又比较低。在这种情况下，组建物流联盟将会在物流设施、运输能力及专业管理方面收益极大。第二，如果物流在企业战略中不占关键地位，但企业的物流水平很高，就应该寻找其他企业共享物流资源，通过增大物流量获得规模效应，降低物流成本。

物流联盟的风险在于容易产生对战略伙伴的过分依赖，由于资产专用性和信息不对称的原因使企业可能蒙受损失。另外，可能造成核心竞争力丧失。

5.2.3 第三方物流模式

（1）第三方物流的定义

第三方物流（third party logistics，3PL）是由供方和需方以外的物流企业提供物流服务的业务模式。具体来说，是指由物流的实际需求方（第一方）和物流的实际供给方（第二方）之外的第三方部分或全部利用第三方的资源通过合约向第一方提供的物流服务，也称合同物流、契约物流。第三方是指提供部分或全部物流功能服务的一个外部提供者，是物流专业化和社会化的一种形式。

美国联邦快递（www.Fedex.com）就是一个典型的第三方物流企业。联邦快递1997年年初开始就像一家纯粹的电子商务公司一样从事电子商务业务，但不同的是，该公司在物流网络和信息网络以及客户资源上远比一般的电子商务公司具有优势。因为它控制了电子商务最为重要的环节——配送，这是其他多数电子商务公司无法比拟的。

总部位于美国田纳西州的联邦快递成立于1973年4月，是全球规模最大的快递公司，联邦快递公司的服务范围涵盖占全球国民生产总值90%的区域，能在24~48小时之内提供门到门、代为清关的国际快递服务。公司无与伦比的航线权及基础设施使其成为全球最大的快递公司，向214个国家及地区提供快速、可靠、及时的快递运输服务。联邦快递每个工作日运送的包裹超过310万个，其在全球拥有超过138000名员工、42969个投递点、643架飞机和43000辆车辆。

（2）第三方物流的利与弊

在当今竞争日趋激化和社会分工日益细化的大背景下，物流外包具有明显的优越性，具体表现在：

1）企业集中精力于核心业务。由于任何企业的资源都是有限的，很难成为业务上面面俱到的专家。为此，企业应把自己的主要资源集中于自己擅长的主业，而把物流等辅助功能留给物流公司。全球零售巨头沃尔玛开始拥有自己的物流子公司来解决自己的物流业务，但是沃尔玛认为物流并非自己的主业，也并非沃尔玛最擅长的，因此，将业绩良好的物流子公司出售，以便集中精力于自己的核心业务；美国通用汽车的萨顿工厂通过与赖德专业物流公司合作，取得良好效益。

2）灵活运用新技术，实现以信息换库存，降低成本。当科学技术日益进步时，专业的第三方物流供应商能不断地更换信息技术与装备，而普通的单个制造公司一时间难以更新自己的资源或技能；不同的零售商可能有不同的、不断变化的配送和信息技术需求，但第三方物流公司能以一种快速、更具成本优势的方式满足这些需求，而这些服务通常都是制造商一家难以做到的。

3）减少固定资产投资，加速资本周转。企业自营物流需要投入大量的资金购买物流设备，建设仓库和信息网络等专业物流设备。这些资源对于缺乏资金的企业特别是中小企业是个沉重的负担。而如果使用第三方物流公司不仅减少了设施的投资，还解放了车队和仓库方面的资金占用，加速了资金周转。

4）提供灵活多样的顾客服务，为顾客创造更多的价值。当然，第三方物流也会有一些不利的方面，如，企业不能直接控制物流职能，不能保证供货的及时与准确；企业将失去实践物流的机会；甚至有些企业担心"机密"泄露等。

5.2.4 第四方物流

（1）第四方物流概述

第四方物流的首要倡议者是安盛咨询公司。安盛公司甚至注册了该术语的商标，并定义为"一个调配和管理组织自身的及具有互补性服务提供商的资源、能力与技术，来提供全面的供应链解决方案的供应链集成商"。这里描述的第四方物流供应商不再只是一个理论概念,安盛咨询公司在欧洲已有两次成功的第四方物流运作。第三方物流作为整个供应链的一部分,通常情况下不可能向客户提供整个供应链的服务,即便在供应链的某些环节的服务,第三方物流也只能完成其中的部分内容。第四方物流是在第三方物流的基础上对管理和技术等物流资源进一步整合,为用户提供全面意义上的供应链物流解决方案。

(2)第四方物流的特征

①第四方物流有能力提供一整套完善的供应链解决方案,是集成管理咨询和第三方物流服务的集成商。

②第四方物流是通过对供应链产生影响的能力来增加价值,在向客户提供持续更新和优化的技术方案的同时,满足客户的特殊需求。

③成为第四方物流企业需具备一定的条件,如能够制定供应链策略、设计业务流程再造。具备技术集成和人力资源管理的能力;如在集成供应链技术和外包能力方面处于领先地位,且有较雄厚的专业人才;如能够管理多个不同的供应商并具有良好的管理和组织能力等。

5.3 电子商务与物流配送

5.3.1 电子商务与物流

电子商务是利用现代信息化技术,将信息流、物流、资金流融为一个整体,实现网上商务活动的过程,具体的有了解商情、订单收发、撮合、配送、支付、保险等商业活动。电子商务的任何一笔交易,都包含着几种基本的"流",即信息流、商流、资金流和物流。在电子商务下,四流中的前三流均可通过计算机和网络通信设备实现,但作为上述四流中最为特殊的物流,只有诸如电子出版物、信息咨询等少数商品和服务可以直接通过网络传输方式进行,但对于多数商品和服务,则需借助一系列机械化、自动化工具传输。物流与电子商务的关系究竟如何可以从以下几方面说明。

(1)电子商务是现代化物流和信息技术发展的产物

电子商务概念的提出首先是在美国。物流管理技术自1915年发展至今已有80多年的历史,通过利用各种机械化、自动化工具及计算机和网络通信设备,早已日臻完善。同时,美国作为一个发达国家,其技术创新的本源是需求,即所谓的需求拉动技术创新。作为电子商务前身的电子数据交换技术(electronic data interchange,EDI)的产生是为了简化烦琐、耗时的订单等处理过程,以加快物流的速度,提高物资的利用率。电子商务的提出最终是为了解决信息流、商流和资金流处理上的烦琐对现代化的物流过程的延缓,进一步提高现代化的物流速度。

（2）电子商务离不开物流

电子商务是20世纪信息化、网络化的产物，随着电子商务的进一步推广与应用，物流的重要性对电子商务活动的影响日益明显。试想，在电子商务下，消费者网上浏览后，通过轻松点击完成了网上购物，但所购货物迟迟不能送到手中，甚至出现了买电视机送茶叶的情况，其结果可想而知。消费者势必会放弃电子商务，选择更为安全可靠的传统购物方式。1999年9月，我国的一些单位组织了一次72小时的网上生存测验。测验中一个突出的问题就是物流问题，尤其是费尽周折填好订单后漫长的等待，使电子商务的跨时域优势也丧失殆尽。此后的一次市场调查证实，人们最关注的热点问题是"物流"，再次使人们认识到物流在电子商务活动中地位的重要，认识到现代化的物流是电子商务活动中不可缺少的部分。

（3）物流是实施电子商务的根本保证

电子商务通过快捷、高效的信息处理手段可以比较容易地解决信息流（信息交换）、商流（所有权转移）和资金流（支付）的问题，而将商品及时地配送到用户手中，即完成商品的空间转移（物流）才标志着电子商务过程的结束，因此物流系统的效率高低是电子商务成功与否的关键。在我国，物流设施落后，配送体系尚不完善，要发展电子商务首先应改造物流设施，建立与电子商务衔接的配送体系。

（4）电子商务会促进物流技术的大发展

电子商务是一种新型的基于Internet技术在Internet上所进行的企业与企业、企业与用户间的商业活动的形式。电子商务实现了在全世界范围内用Internet技术以电子方式进行物品与服务的交换。电子商务所完成的功能不仅仅是订货和支付，还包括从生产到消费的整个商务过程。随着电子商务的发展，企业不必再花费巨资进行产品信息采集了。企业可以在网上发布电子公告，对用户进行调查；也可以将产品调查表放在企业主页或者某个知名站点上（尤其是某类产品的专业站点），让用户在网上即时填表或者下载填表后返回；此外企业还可以根据所掌握的客户资料，发送电子邮件。当信息系统通过网络采集到足够的产品信息后，企业决策层根据这些信息适时调整生产计划，适时推出适销对路的产品。产品一旦定型，客户就可以通过电子商务系统订货，即时反馈到企业，企业立即组织生产，最后通过配送系统即时送到用户手中。这样，企业就以极其少的投入实现了产品的零库存生产过程。随着计算机技术的不断普及，网络技术的不断完善，电子商务势必取得长足发展和应用，物流也将实现真正意义上的"货能畅其流"。由此可见，现代物流与电子商务关系密切，可以说两者相互依存，互为依托。新的历史时期，讨论现代物流的发展和讨论电子商务的进一步普及，脱离任何一方都是毫无意义的。

5.3.2 电子商务物流

电子商务物流是指在电子商务交易活动中，为实现商流转移而进行的接收、储存、包装、搬运、配送、运输等实物处理与流动过程。它是在特定时间和空间范围内，由商品（物资）、包装设备、装卸搬运机械、运输工具、仓储设备、人员和信息网络等要素组合而成的系统整体。狭义的电子商务物流仅仅包括传统的储存、搬运、配送等物流作业，广义的电子商务物流包括整个电子商务活动中的物流运作流程，如订单接收、拣货、分发包装等，以及向上游的商品采购都包含在内。电子商务物流具有以下特点。

（1）信息化

先进发达的信息技术是电子商务的核心，物流信息化是电子商务的必然要求。物流信息化表现为物流信息的商品化、物流信息收集的数据库化和代码化、物流信息处理的电子化和计算机化、物流信息传递的标准化和实时化、物流信息存储的数字化等。条形码技术、射频技术、数据库技术、电子订货系统、电子数据交换、全球定位系统等新技术得到大量运用，企业资源计划、快速反应及有效的客户反映等理念在物流运营中得到实施和验证。

（2）自动化

自动化的基础是信息化，自动化的核心是机电一体化，自动化的外在表现是无人化，自动化的效果是省力化，另外还可以扩大物流作业能力、提高劳动生产率、减少物流作业的差错等。物流自动化的设施非常多，如条形码/语音/射频自动识别系统、自动分拣系统、自动存取系统、自动导向车、货物自动跟踪系统等。这些设施在发达国家已普遍用于物流作业流程中，而在我国由于物流业起步晚，发展水平低，自动化技术的普及还需要相当长的时间。

（3）网络化

电子商务物流网络化包括两层含义：一是物流配送系统实现计算机通信网络连接，包括物流配送中心与上游供应商或制造商的联系要通过计算机网络，与下游顾客之间的联系也要通过计算机网络，比如物流配送中心向供应商提出订单这个过程，就可以使用计算机通信方式，借助电子订货系统（EOS）和电子数据交换技术（EDI）来自动实现，物流配送中心通过计算机网络收集下游客户的订货的过程也可以自动完成；二是组织的网络化，即所谓的企业内部网（Intranet）。比如，我国台湾的电脑业在20世纪90年代创造出了"全球运筹式产销模式"，这种模式的基本特点是按照客户订单组织生产，生产采取分散形式，即将全世界的电脑资源都利用起来，采取外包的形式将一台电脑的所有零部件、元器件、芯片外包给世界各地的制造商去生产，然后通过全球的物流网络将这些零部件、元器件和芯片发往同一个物流配送中心进行组装，由该物流配送中心将组装的电脑迅速发给用户。这一过程需要有高效的物流网络支持，当然物流网络的基础是信息、电脑网络。物流的网络化是物流信息化的必然，是电子商务下物流活动的主要特征之一。当今世界Internet等全球网络资源的可用性及网络技术的普及为物流的网络化提供了良好的外部环境，物流网络化不可阻挡。

（4）智能化

这是物流自动化、信息化的一种高层次应用，物流作业过程大量的运筹和决策，如库存水平的确定、运输（搬运）路径的选择、自动导向车的运行轨迹和作业控制、自动分拣机的运行、物流配送中心经营管理的决策支持等问题都需要借助于大量的知识才能解决。在物流自动化的进程中，物流智能化是不可回避的技术难题。目前，专家系统、机器人等相关技术在国际上已经有比较成熟的研究成果，有力地促进了物流的智能化发展。物流的智能化已成为电子商务下物流发展的一个新趋势。

（5）柔性化

随着市场竞争的加剧，在以买方为主导的市场环境下，少批量、多品种、个性化需求越来越普遍，要求企业能顺应客户需求，及时改变生产策略，满足客户需求。柔性化生产就是为实现"以顾客为中心"的理念而在生产领域提出的，但要真正做到柔性化，即真正地能根据消费者需求的变化来灵活调节生产工艺，没有配套的柔性化的物流系统是不可能达到目的的。20世纪90年代，国际生产领域纷纷推出弹性制造系统（FMS）、计算机集成制造系统（CIMS）、制造资源系统（MRP）、企业资源计划（ERP）以及供应链管理的概念和技术，这些概念和技术的实质是要将生产、流通进行集成，根据需求端的需求组织生产，安排物流活动。因此，柔性化的物流正是适应生产、流通与消费的需求而发展起来的一种新型物流模式。它要求物流配送中心要根据消费需求"多品种、小批量、多批次、短周期"的特色，灵活组织和实施物流作业。

此外，物流设施、商品包装的标准化，物流的社会化、共同化也都是电子商务下物流模式的新特点，其目的都是提高物流效率，更好地满足市场需求。

5.4 物流信息技术

物流技术一般是指与物流要素活动有关的所有专业技术的总称，可以包括各种操作方法、管理技能等，如流通加工技术、物品包装技术、物品标识技术、物品实时跟踪技术等；物流技术还包括物流规划、物流评价、物流设计、物流策略等。随着计算机网络技术的普及，物流技术中综合了许多现代信息技术，如EDI、GPS（全球定位系统）、GIS（地理信息系统）等。

物流信息技术是指现代信息技术在物流各个作业环节中的应用，是物流现代化的标志。随着物流信息技术的不断发展，产生了一系列新的物流理念和经营方式，推进了物流的改革。

5.4.1 条形码自动识别技术

（1）条形码的识别原理

要将按照一定规则编译出来的条形码转换成有意义的信息，需要经历扫描和译码两个过程。物体的颜色是由其反射光的类型决定的，白色物体能反射各种波长的可见光，黑色物体则吸收各种波长的可见光，所以当条形码扫描器光源发出的光在条形码上反射后，反射光照射到条形码扫描器内部的光电转换器上，光电转换器根据强弱不同的反射光信号，转换成相应的电信号。根据原理的差异，扫描器可以分为光笔、CCD、激光三种。电信号输出到条形码扫描器的放大电路增强信号之后，再送到整形电路将模拟信号转换成数字信号。白条、黑条的宽度不同，相应的电信号持续时间长短也不同。然后译码器通过测量脉冲数字电信号0，1的数目来判别条和空的数目。通过测量0，1信号持续的时间来判别条和空的宽度。此时所得到的数据仍然是杂乱无章的，要知道条形码所包含的信息，则需根据对应的编码规则（例如：EAN-8码），将条形符号换成相应的数字、字符信息。最后，由计算机系统进行数据处理与管理，物品的详细信息便被识别了。

（2）条形码的优越性

1）可靠性强。条形码的读取准确率远远超过人工记录，平均每15000个字符才会出现一个错误。

2）效率高。条形码的读取速度很快，相当于每秒40个字符。

3）成本低。与其他自动化识别技术相比较，条形码技术仅仅需要一小张贴纸和相对构造简单的光学扫描仪，成本相当低廉。

4）易于制作。条形码的编写很简单，制作也仅仅需要印刷，被称作为"可印刷的计算机语言"。

5）易于操作。条形码识别设备的构造简单，使用方便。

6）灵活实用。条形码符号可以手工键盘输入，也可以和有关设备组成识别系统实现自动化识别，还可以和其他控制设备联系起来实现整个系统的自动化管理。

（3）条形码的扫描

条形码的扫描需要扫描器，扫描器利用自身光源照射条形码，再利用光电转换器接收反射的光线，将反射光线的明暗转换成数字信号。不论是采取何种规则印制的条形码，都由静区、起始字符、数据字符与终止字符组成。有些条码在数据字符与终止字符之间还有校验字符。

静区：顾名思义，不携带任何信息的区域，起提示作用。

起始字符：第一位字符，具有特殊结构，当扫描器读取到该字符时，便开始正式读取代码了。

数据字符：条形码的主要内容。

校验字符：检验读取到的数据是否正确。不同编码规则可能会有不同的校验规则。

终止字符：最后一位字符，一样具有特殊结构，用于告知代码扫描完毕，同时还起到只是进行校验计算的作用。

为了方便双向扫描，起止字符具有不对称结构。因此扫描器扫描时可以自动对条码信息重新排列。条码扫描器有光笔、CCD、激光三种。

光笔：最原始的扫描方式，需要手动移动光笔，并且还要与条形码接触。

CCD：以CCD作为光电转换器，LED作为发光光源的扫描器。在一定范围内，可以实现自动扫描，并且可以阅读各种材料、不平表面上的条码，成本也较为低廉。但是与激光式相比，扫描距离较短。

激光：以激光作为发光源的扫描器。又可分为线型、全角度等几种。

线型：多用于手持式扫描器，范围远，准确性高。

全角度：多为卧式，自动化程度高，在各种方向上都可以自动读取条形码。

（4）条形码技术的优点

条形码是迄今为止最经济、实用的一种自动识别技术。条形码技术具有以下几个方面的优点：

输入速度快：与键盘输入相比，条形码输入的速度是键盘输入的5倍，并且能实现"即时数据输入"。

可靠性高：键盘输入数据出错率为三百分之一，利用光学字符识别技术出错率为万分之一，而采用条形码技术误码率低于百万分之一。

采集信息量大：利用传统的一维条形码一次可采集几十位字符的信息，二维条形码便可以携带数千个字符的信息，并有一定的自动纠错能力。

灵活实用：条形码标识既可以作为一种识别手段单独使用，也可以和有关识别设备组成一个系统实现自动化识别，还可以和其他控制设备连接起来实现自动化管理。

另外，条形码标签易于制作，对设备和材料没有特殊要求，识别设备操作容易，不需要特殊培训，且设备也相对便宜。

5.4.2 射频识别技术

（1）基本原理

RF（radio frequency）技术的基本原理是电磁理论。射频系统的优点是不局限于视线，识别距离比光学系统远，射频识别卡具有读写能力，可携带大量数据，难以伪造，且有智能。近年来，便携式数据终端（PDT）的应用多了起来，PDT可以把那些采集到的有用数据存储起来或传送至一个管理信息系统。便携式数据终端一般包括一个扫描器、一个体积小但功能很强并带有存储器的计算机、一个显示器和供人工输入的键盘。在只读存储器中装有常驻内存的操作系统，用于控制数据的采集和传送。

PDT存储器中的数据可随时通过射频通信技术传送到主计算机。操作时先扫描位置标签，货架号码、产品数量就都输入到PDT，再通过RF技术把这些数据传送到计算机管理系统，可以得到客户产品清单、发票、发运标签、该地所存产品代码和数量等。

（2）射频技术在物流管理中的适用性

RF技术适用于物料跟踪、运载工具和货架识别等要求非接触数据采集和交换的场合，由于RF标签具有可读写能力，对于需要频繁改变数据内容的场合尤为适用。

我国RF的应用也已经开始，一些高速公路的收费站口使用RF可以不停车收费，我国铁路系统使用RF记录货车车厢编号的试点已运行了一段时间，一些物流公司也正在准备将RF用于物流管理中。

5.4.3 全球卫星定位系统

全球卫星定位系统（GPS）是结合了卫星及无线技术的导航系统，具备全天候、全球覆盖、高精度的特征，能够实时、全天候为全球范围内的陆地、海上、空中的各类目标提供持续实时的三维定位、三维速度及精确时间信息。

（1）GPS概述

GPS是美国从20世纪70年代开始研制，历时20年，耗资200亿美元，于1994年全面建成，具有在海、陆、空进行全方位实时三维导航与定位能力的新一代卫星导航与定位系统。经我国测绘等部门的使用表明，GPS以全天候、高精度、自动化、高效益等显著特点，赢得广大测绘工作者的信赖，并成功地应用于大地测量、工程测量、航空摄影测量、运载工具导航和管制、地壳运动监测、工程变形监测、资源勘察、地球动力学等多种学科，从而给测绘领域带来一场深刻的技术革命。

随着GPS的不断改进，硬、软件的不断完善，应用领域正在不断地开拓，目前已遍及国民经济各种部门，并开始逐步深入人们的日常生活。

（2）GPS的物流功能

①实时监控功能。在任意时刻通过发出指令查询运输工具所在的地理位置（经度、纬度、速度等信息）并在电子地图上直观地显示出来。

②双向通讯功能。GPS的用户可以使用GSM的语音功能与司机进行通话，或使用该系统安装在运输工具上的移动设备的汉字液晶显示终端进行汉字消息收发对话。

驾驶员通过按下相应的服务、动作键，将该信息反馈到网络GPS，质量监督员可在网络GPS工作站的显示屏上确认其工作的正确性，了解并控制整个运输作业的准确性（发车时间、到货时间、卸货时间、返回时间等）。

③动态调度功能。调度人员能在任意时刻通过调度中心发出文字调度指令，并得到确认信息。

可进行运输工具待命计划管理，操作人员通过在途信息的反馈，运输工具未返回车队前即做好待命计划，可提前下达运输任务，减少等待时间，加快运输工具周转速度。

可进行运能管理，将运输工具的运能信息、维修记录信息、车辆运行状况、驾驶人员信息、运输工具的在途信息等多种信息提供给调度部门，以提高重车率，尽量减少空车时间和空车距离，充分利用运输工具的运能。

④数据存储、分析功能。实现路线规划及路线优化，事先规划车辆的运行路线、运行区域，何时应该到达什么地方等，并将该信息记录在数据库，以备以后查询、分析使用。

（3）GPS在物流领域的应用

①用于汽车自定位、跟踪调度。

②用于铁路运输管理。

③用于军事物流。

5.4.4 地理信息系统

（1）GIS的概念

GIS是多种学科交叉的产物，它以地理空间数据为基础，采用地理模型分析方法，适时地提供多种空间的和动态的地理信息，是一种为地理研究和地理决策服务的计算机技术系统。其基本功能是将表格型数据（无论它来自数据库、电子表格文件或直接在程序中输入）转换为地理图形显示，然后对显示结果浏览、操作和分析。其显示范围可以从洲际地图到非常详细的街区地图，显示对象包括人口、销售情况、运输线路以及其他内容。

（2）GIS技术的应用

GIS应用于物流分析，主要是指利用GIS强大的地理数据功能来完善物流分析技术。完整的GIS物流分析软件集成了车辆路线模型、网络物流模型、分配集合模型和设施定位模型等。

①车辆路线模型。用于解决一个起始点、多个终点的货物运输中如何降低物流作业费用，并保证服务质量的问题，包括决定使用多少辆车，每辆车的路线等。

②网络物流模型。用于解决寻求最有效的分配货物路径问题，也就是物流网点布局问题。如将货物从N个仓库运往到M个商店，每个商店都有固定的需求量，因此需要确定由哪个仓库提货送给哪个商店，所耗的运输代价最小。

③分配集合模型。可以根据各个要素的相似点把同一层的所有或部分要素分为几个组，用以解决确定服务范围和销售市场范围等问题。如某一公司要设立多个分销点，要求这些分销点要覆盖某一地区，而且要使每个分销点的顾客数目大致相等。

④设施定位模型。用于确定一个或多个设施的位置。在物流系统中，仓库和运输线路共同组成了物流网络，仓库处于网络的节点上，节点决定着线路，如何根据供求的实际需要并结合经济效益等原则，在既定区域内设立多少个仓库，每个仓库的位置，每个仓库的规模以及仓库之间的物流关系等问题，运用此模型均能很容易地得到解决。

习题

一、判断题

（　）1. 物流为网上交易的最后一个环节，其执行结果的好坏将对电子交易的成败起着十分重要的作用。

（　）2. 电子商务的流程体现不了物流的重要性。

（　）3. 在电子商务环境下，物流企业是介于买卖双方之间的第三方，以服务作为第一宗旨。

（　）4. "商流"与"物流"相辅相成、互相补充。"物流"先于"商流"存在，如果没有"物流"，"商流"也就无法实现。

（　）5. 生产企业的物流活动各个物流过程中，生产物流是主要过程。

（　）6. 企业内部物流是企业生产活动的中心环节。

（　）7. 不同行业和企业其进行的物流活动的运作方法和重点也应不同。

（　）8. 生产企业物流包括从原材料和零部件的采购、进行生产的过程直到所生产的商品销售出厂以及售后服务的一切物流活动。

二、单选题

1. 1999年9月，有关媒体组织了一次"72小时的网上生存实验"，结果暴露了不少问题，其中物流配送是最大的问题之一。根据这段话，以下观点不正确的是（　）。

   A. 物流是电子商务的重要组成部分

   B. 我国物流业起步较晚，水平较低

   C. 电子商务的任何一笔交易都必须涉及信息流、商流、资金流和物流4个基本部分

   D. 物流是所有电子商务活动的纽带

2. "生产企业、流通企业或消费者购入原材料、备品备件等物资的采购、供应活动"，这句话描述的物流是（　　）。

　　A. 生产物流　　B. 供应物流　　C. 销售物流　　D. 回收物流

3. 电子商务的任何一笔交易都由（　　）组成。

　　A. 商流、资金流、物流　　　　　B. 信息流、商流、物流

　　C. 信息流、商流、资金流　　　　D. 信息流、商流、资金流、物流

4. 物流企业的服务目标是（　　）。

　　A. 保证商品与生产要素在全球范围内以空前的速度流动

　　B. 使物流企业向跨国经营和全球化方向发展

　　C. 综合性物流

　　D. 物流企业成为介于买卖双方之间的第三方，以服务作为第一宗旨

5. 以下是对电子商务环境下物流业的发展趋势进行的预测，其中不合理的是（　　）。

　　A. 物流系统要有良好的信息处理和信息传输系统

　　B. 物流企业将向跨国经营和全球化方向发展

　　C. 在电子商务的环境下，物流向粗放型阶段发展

　　D. 在电子商务环境下，物流企业是介于买卖双方之间的第三方，以服务作为第一宗旨

6. 在商品生产的过程中，现代化的物流活动可以（　　）。

　　A. 提高生产成本　　　　　　B. 优化库存结构

　　C. 增加资金占压　　　　　　D. 增长生产周期

7. 将工厂生产的商品运到物流中心、厂内或其他工厂的仓库入库这一部分属于生产企业物流的哪一部分？（　　）

　　A. 采购物流　　B. 厂内物流　　C. 退货物流　　D. 废弃物与回收物流

8. 以下哪一个是企业生产活动的中心环节？（　　）

　　A. 企业生产物流　　　　　　B. 企业采购物流

　　C. 企业销售物流　　　　　　D. 企业退货物流

9. 关于厂内物流，说法不正确的是（　　）。

　　A. 将所采购的原材料和零部件等放入仓库并加以妥善保管，在生产需要时及时出库送到生产现场

　　B. 生产的商品从工厂、物流中心或外单位的仓库送到批发商手中

　　C. 将工厂生产的商品运到物流中心、厂内或其他工厂的仓库入库

　　D. 物流中心和工厂的仓库对商品进行必要的运输包装和流通加工等

10. （　　）位于生产企业生产活动的开始，其作用的好坏将影响到整个生产活动的结果。

　　A. 企业内部物流　　　　　　B. 企业采购物流

　　C. 企业销售物流　　　　　　D. 企业退货物流

三．多选题

1. 电子商务环境下的物流企业追求的目标和发展趋势是（　　）。

　　A. 信息化　　B. 全球化　　C. 多功能化　　D. 一流的服务水平

2. 物流的信息化包括（　　）。
   A. 商品代码和数据库的建立　　B. 运输网络合理化
   C. 销售网络系统化　　　　　　D. 物流中心管理电子化
3. 对物流企业而言，不断提高对客户的（　　）是它们的追求目标。
   A. 服务质量　　B. 信息流量　　C. 服务水平　　D. 业务水平
4. 储运和物流的内涵有区别，表现在（　　）。
   A. 储运基本上只指储存和运输这两个环节，而物流则包括物品的运输、保管、配送、包装、装卸、流通加工及相关信息活动
   B. 物流比储运所包含的内容更为广泛
   C. 在储运的概念中并不涉及存储运输与其他活动整体系统化和最优化的问题，而物流则十分强调相关活动的系统化
   D. 物流强调达到整个物流活动的整体最优化
5. 企业销售物流所研究的问题包括（　　）。
   A. 产品送货方式　　B. 包装形式　　C. 运输最佳路线　　D. 其他特殊方式

四．思考题

1. 试述电子商务与物流的关系。
2. 电子商务下的物流具有什么特点？
3. 试述电子商务物流技术的含义与种类。
4. 你认为未来几年内，中国的电子商务物流会在哪些方面得到快速发展？

技能操作训练

1. 条形码技术在电子商务物流系统中的应用分析。
2. 撰写参观物流配送中心工作任务实践报告。

案例分析

菜鸟网络助力双十一

想象一下，你明天准备上网下单购买的一件商品，在一周前就已经备货在了距离你家最近的仓库，甚至可能今天就在发往你家的路上。

相比于前几年的"双十一"物流兵荒马乱的场景和频频爆仓的现象，自从2013年菜鸟网络成立之后的"双十一"，整体的物流状况已经得到了相当大的改善，而用大数据改造快递公司和商家，以实现以上不可思议的场景，则是菜鸟网络在经历了多个双十一物流大考之后交上的完美答卷。

自菜鸟网络成立之后的3个"双十一"，物流体系都能经受住考验，虽然每年"双十一"产生的包裹数量都在大幅增长，但以往的爆仓等现象却不复存在。包裹的处理及时得益于大数

据的应用和信息共享，早在每年"双十一"之前，菜鸟网络就给快递公司提供物流预测。对各家快递"双十一"期间有望分推到的包裹总量给出了预估数字，预测甚至细化到了不同路线乃至主要营业网点届时可能获得的包裹量。根据预测信息，各家快递公司对IT系统服务器进行了扩容，增加行业从业人员，新添了自动化设备。

对于商家而言，在往年的"双十一"期间，备货量的多寡主要取决于商家自己的预估，货卖完了商家高兴，万一备多了则要处理囤积货物，后期浪费大量的人力和物力成本。而随着菜鸟的介入，这个问题迎刃而解。现在的处理方式是，菜鸟会根据促销会场的位置、商品类目、交易分析以及路径效率前期给予商家一个基本的备货建议量，而商家可能会提出自己的预估量，然后大家就各自的看法和依据来互相说服，最终产生一个结果。菜鸟网络会根据历史销售数据以及每年进入"双十一"的商家名单、备货量等信息进行综合的数据分析预测，指导商家合理备货。

除了数据预测之外，菜鸟网络的拳头产品——物流预警雷达服务也在不断升级。这是一个通过物流数据的实时共享指导物流快递公司协调作业的系统。通过快递公司开放端口，接入各自的后台数据，实时监测快递公司具体站点和路线的情况。如果包裹站点出现饱和迹象，甚至可能爆仓，就会提醒相关的商家选择其他快递发货；如果一条屏幕上路线出现拥堵提示，也能发现到底谁堵在哪里了，然后给其他快递公司进行预先提示，提供新的路径建议，这就能化解较大的拥堵风险。

除此之外，"双十一"期间菜鸟还在线下和快道公司做出一系列协同。比如在全国的核心节点城市，"双十一"期间菜鸟派驻自己的工作人员赶赴当地快递公司，负责紧急情况的协调和资源调配。

以2015年天猫"双十一"为例，根据菜鸟网络统计数据，截至2015年11月17日上午9点，2015"双十一"当天产生的4.67亿个包裹中，超过94%的物流订单已经发货，累计2.4亿个包裹完成签收。据菜鸟团队的工作人员解释，在这其中超过1.7亿个包裹被提前发货，1亿个包裹被提前送到消费者手里。在菜鸟网络大数据协同下，2015年"双十一"物流订单比2014年翻了将近一倍，但是全国整个物流体系运作却非常顺利，没有出现爆仓等情况，"物流给力"成了网络上人们对"双十一"快递的普通评价。

根据材料讨论以下问题：
1. 菜鸟网络的物流运作模式是怎样的？
2. 菜鸟网络在"双十一"期间如何指导商家备货、发货？
3. 菜鸟网路在提高社会整体物流体系运作效率上起到什么作用？

项目 6 网络零售

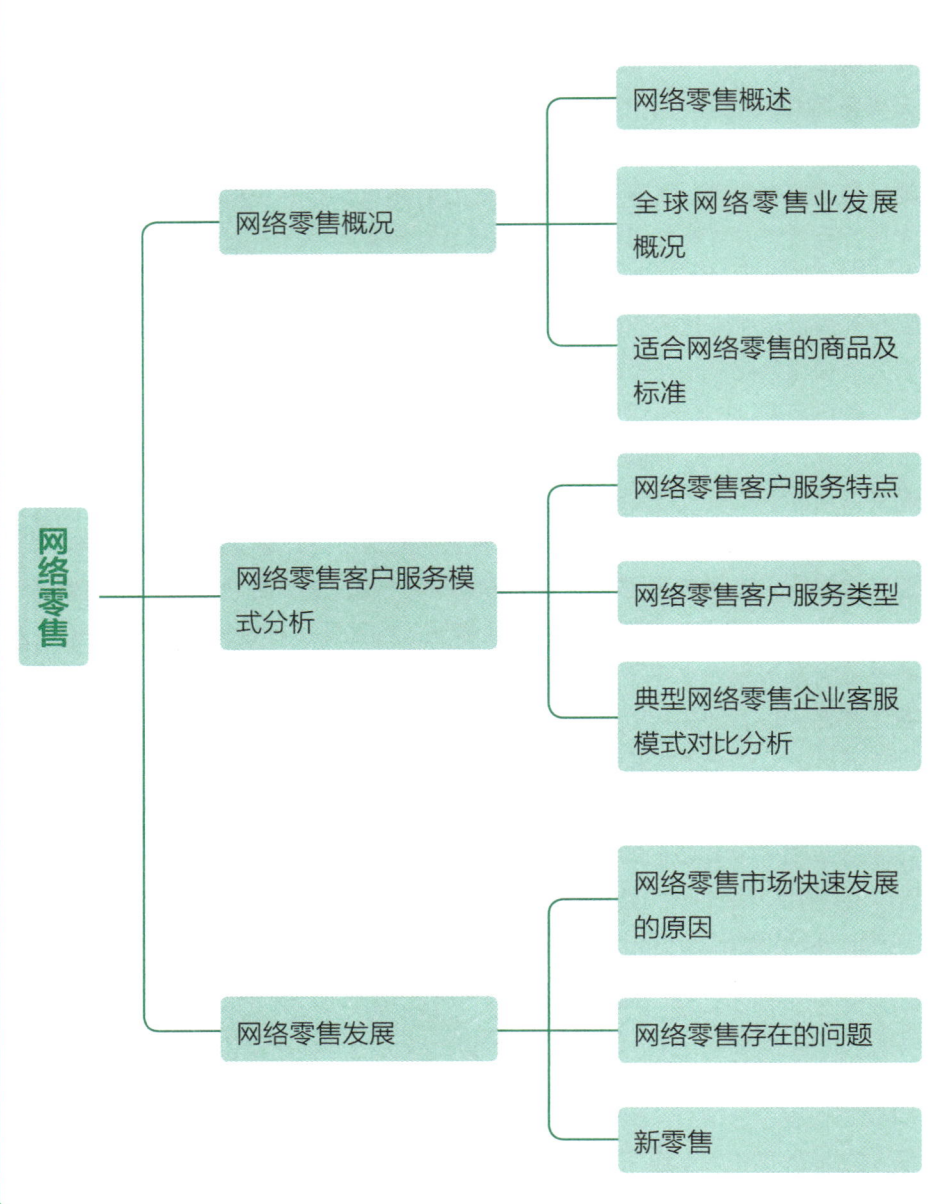

案例导入

2017年无人零售5大趋势

未来的零售业总体趋势趋向于大商圈分解为小商圈，走向细分，便利化发展。小商圈得到填补，更细分的消费场景被挖掘出来，并进行精细化运营。在这样的趋势驱动下，小而灵活，低成本的无人零售业态受到市场追捧，那未来的无人零售将会往什么样的趋势发展呢？

触屏式购买成为主流

不再需要在机器上按各种复杂的按钮，自带高清电子触摸屏幕的新一代智能自动售货机通过操作系统设置和设计实现购买界面一目了然，让你的购买就像在手机上购买一样简单，选品、支付、出货全智能化，消费者可以在屏幕上清晰地看到货品的种类、价格介绍等，动动手指即可轻松购买。

移动支付成基本配置

不支持移动支付的售货机势必会死去，只是时间问题而已，这是毋庸置疑的。灵活便捷的移动支付方式既是消费升级的需要，也是技术革命的必然。未来是年轻人的，年轻人所追求的时尚便捷必然成为商业追逐的对象。

机器设备成为大数据入口

自动售货机上的智能操作系统可对所有货物进行智能管控，消费者的每一次购买都成为用户画像和购买偏好分析的数据来源，运营者可通过大数据分析清晰地了解到消费者的需求和偏好，从而指导进货、配货、销售等环节，基于数据分析的进销存管理让运营者更科学而有效地提高销量。掌握海量用户消费数据的运营者也将成为未来拥有消费者的一方。

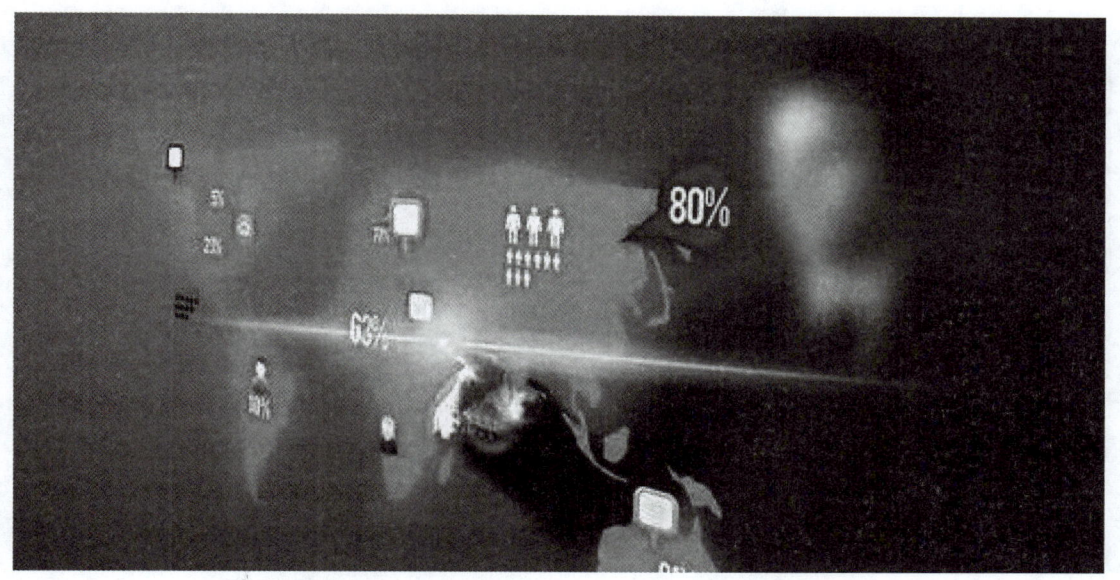

智能化管控替代人工管理

互联网接入机器，不管是设备故障，还是货品缺货，都能实时反映到管理端（包括手机端和电脑端）。比如当自动售货机发生故障的时候，监控系统会很快发现并发出警告；而在牛奶或薯片售罄的时候它会及时向管理者发出补货信号，不再需要到现场巡视，大大方便了运营者的管理。智能化管理后台能有效把控库存、供应链的精准管理，有效降低库存压力和进货补货压力，甚至实现零库存。

功能衍生——岂止售货机

未来的自动售货机不止满足于卖货，广告、社交、信息发布、交流平台等都有无限可能。基于新一代自动售货机的大屏设计和操作系统的智能化，在屏幕上实现广告展示已经是成熟的应用，或者，点击一下商品就会出现一个像淘宝的宝贝详情页的产品介绍也未必不可；再或者，在无处不在的自动售货机上发布一条寻物启事、交友广告，还有商品的实时评论……都是非常有可能的，想象空间巨大。

6.1 网络零售概况

6.1.1 网络零售概述

（1）网络零售的定义

根据中国电子商务研究中心发布的《2017年中国网络零售调查报告》给出的网络零售定义，网络零售是指交易双方以互联网为媒介进行的商品交易活动，即通过互联网进行的信息的组织和传递，实现了有形商品和无形商品所有权的转移或服务的消费。买卖双方通过电子商务（线上）应用实现交易信息查询（信息流）、交易（资金流）和交付（物流）等行为。

网络零售也称网络购物，包含了B2C和C2C两种基本形式。

（2）网络零售的分类

1）根据系统平台的形式划分。根据系统平台的形式，网络零售可以分为门户网站商城模式、店中店模式、C2C卖场模式。

①门户网站商城模式。商城由门户类网站，如新浪、搜狐等开设并运营，商家付费入驻，入驻的商家使用统一的数据接口管理商品。这种方式缺少个性形象体现和展示，商家没有属于自己的网店，商品使用统一的展示页、统一的购物流程和结算系统。商城促销统一组织，并统一收银结算。

②店中店模式。店中店模式大体与上一模式相似，如当当和亚马逊的店中店。商家付费入驻商城或销售与商城分成，使用统一的结算和物流系统、会员系统。商家使用统一的数据接口管理商品数据，欠缺个性形象和品牌展示。

③C2C卖场模式。C2C是目前网上商城应用较多的方式，如淘宝（taobao.com）、易趣（eachnet.com）。商家使用统一的平台入驻开店销售。商家可开设店铺，但形象有限，由于商城流量大，有一定的销售量。但商家也不易建立个性的网上品牌形象，不能管理和维护自己的客户，无法独立个性促销，价格攀比较严重，具体到每一个商家的客户忠诚度较低。

2）根据针对的客户群不同划分。针对中国网络零售的现状，根据针对的客户群不同，网络零售划分为内贸网络零售以及外贸网络零售，如表6-1所示。

表6-1 网络零售市场类型划分

	内贸网络零售	外贸网络零售
C2C	内贸C2C	外贸C2C
B2C	内贸B2C	外贸B2C

其中内贸C2C平台的典型代表为淘宝网、拍拍网、易趣等。外贸C2C平台中最常用的外国平台有eBay、AmazonStore，国内建设面向国外市场的平台有易唐网、贝通网、LinkChina、 tootoomart.com、madeinchina.com等。内贸B2C平台的典型代表为京东、当当、卓越亚马逊、VANCAL、走秀网等。外贸B2C平台的典型代表有1ightinthebox.com、草莓网、glassesshop.com等。

6.1.2 全球网络零售业发展概况

（1）全球网络零售市场交易

根据高盛年度报告，2016年全球网络零售达到1.915万亿美元，年增长率达19.4%。另外，随着宽带的普及、用户网络购物便利性增强以及实体零售商的衰退，未来三年全球网络零售交易额将以年增长率20.4%的速度增长至3.3万亿美元。

e-Marketer的统计数据显示，2014年全球网购用户数量达9.036亿人，其中亚太地区网购用户数量最多，达3.911亿人。全球人均网购消费额在2015年为1243美元，其中北美地区人均网购消费额为2221美元，西欧地区人均网购消费额为1738美元，亚太地区人均网购消费额为850美元。

（2）美国网络零售市场状况

网络零售起源于美国，1995年亚马逊书店开立，掀起了美国网络零售的热潮。在亚马逊的带动下，美国涌现了大量的网上商城，雅虎、美国在线等知名网站或接入服务商都开始开展网络零售业。传统的零售业也逐渐转变观念发展电子商务模式，如美国的沃尔玛和西尔斯集团，也逐渐建立了网上商店。美国网络零售业的迅猛发展得益于当时的经济环境。首先，美国拥有健全的金融支付系统和信用制度，为网上支付活动提供了良好的保证。其次，美国拥有美国邮政局、Fedex、UPS等大型物流企业和遍布全国的现代物流网络，发达的物流体系能够保证消费者网购的产品3天内到货，为网络零售的配送提供了必要条件。

据美国人口统计局的数据显示，2011年美国网络零售交易规模为1277亿美元，2014年达1424.8亿美元，2004年美国网络零售市场交易规模仅为277亿美元。美国网络零售业的增长速度超过了传统零售业的增长速度。2015年美国网络零售增长率为4.6%，美国总体零售额则下降了0.6%。美国网络零售额占总零售额的比重从2011年的2.9%上升至2015年的3.9%。

（3）欧洲和日本网络零售市场现状

欧洲的电子商务1995年开始起步，初期的电子商务主要以电子行业的B2B为主要模式。但尽管起步较晚，欧洲的网络零售业仍走在世界的前列。2015年欧洲B2B和B2C交易规模达3230亿欧元，其中德国、英国和法国网络零售额占欧洲网络零售交易额的70%。2006年4月英国著名电器零售企业DIXONS宣布放弃传统零售业，转而发展网络零售模式。DSG国际集团、M.video、达蒂集团也纷纷将网上商城作为发展战略的重心和未来发展方向。2003年英国网络零售交易额占全国零售交易总额的比例已经达到10%。2014年英国网络购物交易额和互联网连接支付费用总计600亿英镑，2009年英国网络购物交易额只有20亿英镑。1984年德国进入互联网时代。2015年德国网购用户渗透率达到63.3%，网络零售交易额占德国全社会商品零售总额的比例为14%。2008年德国网络零售交易规模为750亿欧元，占全球9.9%的份额，人均网购消费913欧元。根据德国互联网经济协会的统计数据显示，德国电子商务企业约6000家，电子商务从业者约20万~25万人。

2013年法国网络零售交易额为161亿欧元，2014年达到209亿欧元，2015年增加到314亿欧元。随着法国年轻网民的日益成熟和网民购买力的不断增强，法国网络零售业前景十分广阔。

日本B2C电子商务规模在2008年为58814亿日元，2013年达到68873亿日元，2014年上升至79649亿日元。日本主流的网络零售模式有六种：一是在线综合超市模式，采取直接采购和销售，代表网站为亚马逊；二是在线购物广场模式，只提供平台给品牌入驻，不直接销售产品，以乐天市场为代表；三是网络综合超市和购物广场相结合的模式，既经营自销，也有商家入驻，以7netshopping为代表；四是网络时尚购物广场，提供时尚精品品牌入驻，以zozotown为典型代表；五是网络折扣商店，如HMV；六是网络限时折扣模式，以netprice为代表。

（4）我国网络零售市场现状

我国网络零售业的开展开始于1997年，杭州出现了一家名为"我国现代书店"的网上书店。20世纪90年代后期我国网络零售行业受到消费习惯、信用和支付问题的制约以及美国网络泡沫破灭的影响，发展比较缓慢。但是2003年"非典"的出现，促进了我国网络零售行业的高速发展。尽管受到2008年金融危机的影响，我国网络零售业的年均增长率仍保持在60%以上。2015年我国网络购物交易额突破30000亿元大关，达3.2万亿元，占社会消费品零售总额的比重为6.2%。

我国购物网站主要有四类：一是C2C平台，有淘宝网、拍拍网和易趣；二是B2C平台，提供商家入驻，包括天猫、QQ商城、QQ网购；三是综合B2C网站，直接销售商品，有京东商城、亚马逊、当当网、苏宁易购、1号店、银泰；四是垂直B2C网站，仅销售某品类商品，如服装类的凡客诚品、麦考林、梦芭莎等，鞋、箱包类的麦包包、优购、名鞋库等，3C家电类的易迅、国美电器、库巴等，化妆品类的乐蜂网等，时尚、奢侈品类的走秀网、唯品会等。据中国电子商务研究中心监测数据显示，截至2015年12月我国B2C、C2C与其他电商模式企业数达24875家。

2015年天猫交易额占B2C市场份额的51%，天猫和京东商城总交易额占B2C市场交易额的70%。在我国TOP50的B2C零售商中，纯网络零售商比例超过3/4，达38家，混合渠道网络零售商数量达12家。2011年交易额位于前50位的网络零售商中，主营服装服饰类的网络零售商达20家，其次数码家电类零售商10家，综合百货类网站7家。

6.1.3 适合网络零售的商品及标准

（1）适合网络零售的产品

网络营销是大家都看好的一种营销方式，但并不是任何产品都适合做网络营销。同其他产品或销售模式一样，它也具有一定的局限性。只要生产出来，产品都不愁卖的年代早已过去，因此在任何一个产品生产之前，做好目标市场定位都是必要的工作。就准备开展网络营销的产品而言，确定目标市场时的首要工作是分析现在网络用户的特征，如此才能确定出产品或者说要生产什么样的产品才能适合网络营销。

当前网络用户一般具有以下特征：年轻、个性、追求时尚、乐于尝试。网络用户的这些特点使他们更加注重自我，要求越来越独特、越来越变化多端，绝不能像过去那样一概而论。用户要求个性化，希望能做出自己的选择，有自己独立的想法。冷静理性分析是网络用户的一个显著特点。市场营销理论认为，在商家铺天盖地的广告轰炸下，很多人对某一产品可能从不接受到接受，甚至产生冲动性购买。但网络购物者越来越理性，不会轻易受舆论左右，对铺天盖地的官方广告轰炸也有相当强的抵抗力，对某一商品的价格、服务及其他方面，做出多次比较分析，反复推敲，并据此做出决定。

从广泛意义上讲，在互联网上进行市场营销的产品可以是任何产品或者任何服务项目。但是，就像不同的产品适合采用不同的销售渠道一样，网络营销也有其适用范围。产品能否利用网络营销一般取决于产品的性质、科技含量以及产品的目标市场与交易方式等方面的因素。一般来说，目前适合于网络营销的产品主要有以下几种：

1）一般日常消费品。一般日常消费品是指日常的衣食住行所用到的一些产品，如服饰类、居家类等产品。

2）服务等无形产品。服务等无形产品主要包括宾馆预订、鲜花预订、演出门票的订购、旅游线路的挑选、储蓄业务、电子机票预定和各类咨询服务等。借助于网络，这类服务显得更加方便、快捷、有效，也更加人性化。

3）3C产品。3C是计算机（Computer）、通信（Communication）和消费电子产品（Consumer Electronic）三类电子产品的简称。京东商城在线销售包括家用电器、手机数码、电脑商品及日用百货等，其中3C产品，连续五年增长率均超过300%的营业额。由此可以看出，电脑软、硬件产品在网上的销售一直很活跃。其主要原因是：首先，网络用户大多数对这类产品信息最为热衷，而且产品的升级、更新换代使得这一市场有着永不衰退的增长点；其次，电脑软件通过网络传输非常便利，可以采用试用或免费赠送等引起消费者的兴趣，在使用过软件网上试用版后，就可决定是否购买整个软件了。不过由于硬件水货横行，软件盗版很多，在一定程度上也影响了此类产品在网上的销售。

4）知识含量较高的产品或不便现实咨询的产品。这类产品如心理咨询、个人问题咨询（如婚姻问题、涉及个人隐私的问题）等。

5）创意独特的新产品。利用网络沟通的广泛性、便利性，创意独特的新产品可以更主动地向更多的人展示，以充分满足那些品位独特、需求特殊的顾客。如杭州每年都会举办创意展，其产品追求更多的不是实用性，而是创意。当然，创意型产品也要分具体情况，某些创意型产品就不太适合拿到网上展示。例如图片一放到网上，马上就有可能被模仿，某些创意型产品不挂到网上的原因就在于此。

6）有收藏价值的产品。如珠宝类，现在做网店的商家已经不少，而且包括九钻网在内的专业性B2C网站近年来也呈快速发展态势，还有像奥运相关收藏品，如纪念币、邮票等。

7）能引起女性购买欲的产品。其实上面的分类已经包含了很多女性购买类产品，之所以要将其单独提出来作为一个大类，主要是因为据淘宝网等相关数据表明，当前网购人群中，无论从购买频率、消费额，还是从其他方面分析，女性都是商家特别重视的一个购买群体，如家居用品、女装、女鞋等。

（2）衡量是否适合网络销售商品的标准

1）是否为准必需品。一方面刺激非必需品的购买相对比准必需品要难很多，另一方面非必需品的需求往往跟着经济走，经济下滑或泡沫会对非必需品（如相机、玩具等）和奢侈品（如手表、钻石等）造成毁灭性的打击。

2）是否为大众商品。小众商品很难起量，而且往往那些综合B2C也会涉及这些商品，在一个狭窄市场里与众多竞争对手竞争会很辛苦，而且推广营销上会比较受限制，只能对点不能对面。

3）是否为可产生重复持续购买商品。如果重复持续购买低，就意味着必须要把重心放在开拓新客户上，这样会导致初次营销成本一直居高不下，而老客户只能起到有限的口碑传播的作用。重复持续购买高的商品可以通过很高的初次营销成本亏损来投资新客户，以后总能从这些顾客上收回来，又有老客户一直在持续创造价值。

4）是否为标准化商品。越标准的商品用户说服成本就越小，这就是为什么做男士衬衣的凡客诚品可以做得很大，而历史更长的女装B2C却没一家能出规模的。

5）是否为比线下价格有优势又有利润商品。如IT类商品，价格比线下并没有明显优势也没有足够利润，不打价格战就是等死，打价格战就是亏损，只能拿规模说话，就算有了规模利润也少得可怜。典型例子：年销售额150亿美元的亚马逊网站利润达到5亿美元，而年销售额20亿美元的新蛋网利润却不到3000万美元左右。

6）是否严重受水货、假货冲击。如IT类商品、运动用品等商品，不但要面临激烈的竞争对手，还要受水货、假货的严重冲击。

7）售后是否麻烦。IT、服装等商品售后问题多而且处理程序烦琐，导致顾客不敢或不愿在网上购买，而且B2C本身售后成本就比较高。

8）单价是否过高。单价越高，初次尝试购买成本越大，购买阻力越大，这会影响重复持续购买率。

9）运输是否便利。在我国目前的物流环境下，图书和数码产品的运输条件和成本相差很大，有些产品的销售也受到物流所能到达的区域的影响。

10）是否为市场变化快容易贬值的商品。如IT类商品，一个月内变几次价，而且经常出现缺货情况，对库存的依赖和要求很高，库存积压就会导致现金流紧张。

11）是否为主要商品。作为副件商品，一是需求小于主商品，二是很难和做主商品的B2C竞争，比如卖手机配件的怎么和卖手机的B2C竞争？卖笔记本包的如何与卖笔记本电脑的B2C竞争？用户在一个B2C就买齐了，为何要去别的B2C买副件商品，转移成本太高，除非价格有优势。就算价格真有优势，用户又怎么会知道？很少有人会专门去买副件商品。

12）是否为非阶段性需求商品。比如母婴和运动鞋，只是人在某一个特定时期才需要的商品，顾客在没到或过了这个时期后自然会流失掉，不像图书、IT类商品、服装这些大部分阶段都需要的商品。所以，在网上选择销售商品时，要慎重选择适销对路的产品，同时要进行长期有效的推广。

6.2 网络零售客户服务模式分析

6.2.1 网络零售客户服务特点

客户服务是企业面向终端消费者的一扇窗口。传统零售业的客户服务通常具备销售、服务和形象展示三项功能。网络零售环境下,在继承三项基本功能的同时,针对网络零售不受时空限制、虚拟化、高效率、专业性强等特点,对网络零售客户服务工作提出新的要求。

(1)偏重导购销售功能

目前,国内的网络零售企业根据自身运营特点和发展阶段,一般将企业活动的重心集中在商品销售、促进关联销售与反复消费、精简稳定系统平台、降低实施的成本与实施周期四个方面。这其中,客服在前两方面起到重要作用。网络零售企业对客服的销售能力的要求集中体现在三方面。

首先,客服岗位综合销售、促销与服务三种职能。与传统零售企业相比,网络零售企业以小微企业为主,组织结构相对简单。以天猫家居类目大卖家"优倍斯特家居旗舰店"为例,企业下设运营、客服、仓储、美工、财务五部门。其中客服部负责为顾客提供商品信息、促销信息、使用说明、包装说明、物流查询、退换货、维修保养、返利回款等服务;配合运营部下达、开展促销活动;实施客服调度管理、投诉处理、顾客信息维护等工作。客服俨然已成为集销售、促销与客户服务为一体的综合性岗位。

其次,从事与导购销售活动相关的售前客服在团队中占绝大比例。目前许多网络零售企业为了划清岗位职能、提高服务质量与效率,将客服岗位细分为售前、售中、售后与管理四类。其中,售前客服主要负责解答顾客信息咨询、开展促销和关联销售;售中客服主要负责订单的审核和确认;售后客服主要负责查单查件、退换货及投诉处理;客服管理主要负责日常分组、调度与考核。以"优倍斯特家居旗舰店"为例,企业的售前、售中、售后客服相互轮岗,每日当班开展售前服务的客服人员占七成以上。

此外,绩效考核中,与销售业绩相关的指标占较大比重。目前,许多网络零售企业为了稳定客服队伍、激励士气、提高管理效率与产出,采用绩效考核的形式发放薪酬福利。通常,企业从工作业绩、工作能力和工作态度三方面考核员工。其中,企业最为重视客服工作业绩中与销售能力相关的指标项,如转化率、销售额、销售比重、订单总数、客单价、关联销售比例、主动营销比例等。

(2)强调信息化技能

网络零售建立在互联网与信息技术广泛应用的基础上,需要计算机软硬件、通信设备、通信技术、网络技术的配合与应用。因此,从事网络零售客户服务的人员需要具备较高的信息化技能,以适应工作环境的要求。对网络零售客服的信息化技能的需求主要来自两个层面:

首先是相关软硬件的正确使用与维护。与网络零售客户服务相关的常用硬件包括计算机、手机、话机、耳麦等设备,常用软件包括即时通信软件、图形图像软件、文件处理软件、客户关系管理软件等。以银泰网客服中心为例,该部门依托电话中心开展客户服务,客服人员需要掌握座席计算机基本操作、话机耳麦使用与保养、后台订单系统操作等信息化技能，客服管理人员还需要掌握话务录音与统计、等待队列监控与现场调度、IVR菜单管理、统计报表分析等信息化技能。

其次是多平台业务流程的快速掌握。目前，许多网络零售企业都涉及多个平台，如太平鸟服饰，既有自营平台下的B2C官方网站，又有第三方平台下的B2C网店（如太平鸟天猫旗舰店、太平鸟一号店等）。不同电子商务平台下的业务流程存在一定差异，客服人员需要快速地掌握多平台业务流程的特点与操作。此外，随着移动商务市场的快速兴起，通过智能手机、平板电脑等设备完成的交易比例提高，客服还需掌握不同平台在不同终端设备下的使用流程，以指导消费者购物操作。

（3）注重服务规范性

网络零售活动具有虚拟性，消费者与商家不直接面对面交易，只能通过文字、图片、视频、语音等数字化手段获取信息。与网站平台、商品描述等固态信息相比，客服与顾客间的有效互动，对于解答商品属性、传递品牌价值、树立企业形象具有更为积极有效的作用。网络零售企业重视客户服务规范性具有三方面积极意义。

第一，遵循规范流程，降低服务失误风险。通过网络开展客户服务，在扩展服务范围和效率、提高单位时间内顾客接待数量的同时，也增加了客户服务人员的工作压力和服务失误概率。制定并遵循规范客服接待流程，是企业降低服务失误的一项基本举措。

第二，实施个性服务，提高转化率与销售额。通常，售前接待流程包含问好、提问、分析、推荐、谈判、帮助、核实、告别八个步骤。通过执行标准的售前接待流程，客服能够引导性地提问，分析和体察客户的真实需求，从而个性化地推荐商品组合，提高转化率和销售额。

第三，树立企业形象，提高客户满意度。网络的虚拟性会增加消费者的距离感和怀疑感，良好的客服互动交流，能帮助消费者感知商品质量和服务态度、树立企业形象、提升满意度。

6.2.2　网络零售客户服务类型

（1）按顾客所处地域分

根据网络零售企业面向顾客的地域，网络零售客服分为B2C内贸型客服和B2C外贸型客服两大类。B2C内贸客服的主要工作是使用即时通信软件和电话，服务网络零售的全过程；一般需要客服掌握业务流程、商品特性、物流支付、保养维护等全方位的知识；典型代表如京东商城客服。与国内网络消费者不同，国外的消费者对网上购物和B2C网站具有较强的自信心和信任感，一般通过浏览商品描述信息即做出购买决定，当遇到问题时偏好使用E-mail与客服交流。因此，B2C外贸客服的主要工作是通过E-mail回复解答顾客的问题；一般需要客服具备较好的英语阅读写作能力及商务信函知识，典型代表如兰亭集势客服。

（2）按所处电商平台分

根据网络零售企业所处的电子商务平台，网络零售客服分为B2C纯电商自有平台客服、B2C传统零售企业自有平台客服、B2C第三方平台客服三大类。B2C纯电商自有平台的客服主要通过在线留言方式协助商品导购、通过电话开展售后服务，典型代表如麦考林客服。B2C传统零售企业自有平台具有线上线下双重渠道的优势，消费者在网上渠道更关心商品价格、促销活动及退换政策，因此客服主要针对这类问题进行解答和处理，典型代表如银泰网客服中心。B2C第三方平台的客服主要通过第三方平台专有IM工具，开展售前、售中和售后的服务，典型代表如天猫旗舰店铺客服。

（3）按服务工具分

根据网络零售客户服务所采用的工具，网络零售客服分为在线客服和电话客服两大类。专门的电话客服一般依托呼叫中心开展服务活动，具有快捷性、双向性等优点，且自动化程度和规范性高，是展现企业服务水平与品牌形象的良好途径，但建设呼叫中心的前期投入巨大，小微企业难以承受，典型代表如银泰网电话客服。在线客服充分利用互联网低费率、高效率的优点，通过IM、E-mail、在线留言板等工具为客户提供即使有效的服务，典型代表如旺旺客服。

表6-2　网络零售客服类型

分类依据	类型	典型代表
地域范围	B2C内贸型客服	京东商城客服
	B2C外贸型客服	兰亭集势客服
所处平台	B2C纯电商自有平台客服	麦考林客服
	B2C传统零售企业自有平台客服	银泰网客服中心
	B2C第三方平台客服	天猫旗舰店客服
服务工具	在线客服	旺旺客服
	电话客服	银泰网络电话客服

6.2.3　典型网络零售企业客服模式对比分析

（1）银泰网模式

1）呼叫中心为主，在线客服为辅。

银泰网拥有强大且完善的呼叫中心，由经专业培训的客服代表借助呼叫中心服务系统、辅以现场值班经理以及后台技术人员的支持，开展客户服务。目前中心有前台接线客服43名，中后台外呼客服17名，其他客服20名。客户通过400-119-1111致电银泰网获取所需服务。银泰网客服主要通过电话与客户沟通交流，此外以E-mail、在线回帖等方式服务客户。

2）岗位职责划分。

银泰网对客服中心的岗位细分及客服的职业发展都做了严格的规划，将客服工作划分为7项具体岗位。客服人员能够看到职业上升通道，自觉地培养相应技能与素养。其中，前台、中台、后台客服根据电话呼出/呼入的方向进行区分，前台负责呼入接线，中后台负责呼出，三个岗位的客服人员相互轮岗，其他管理类岗位设专人岗。

表6-3 银泰网客服岗位细分

序号	岗位	职责
1	前台客服	接听来电，解答售前、售后咨询与投诉
2	中台客服	审核特殊订单，必要时外呼以获取缺失信息
3	后台客服	审核退换货订单，必要时外呼以告知处理状态
4	客服组长	开展前台、中台、后台客服的分组管理
5	现场BC	监控呼叫等待，实施现场调度
6	质控	回听话务录音，评价服务规范性与有效性
7	客服主管	制定客服中心各项制度、考核方案，开展客服培训

3）标准业务流程。

前台业务流程。根据呼入号码或账号，可查看过往订单信息及账户类信息，解答客户咨询。如有咨询不能立即处理，则在系统中填写工单，标注工单状态，将问题反馈给相应部门，待相关部门回复后再回电告知客户，修改工单状态为完结；如果咨询能成功处理，则记录工单，将工单状态标为完结。

中台业务流程。银泰网ERP系统能够实行系统自动审单，但对于订单金额超过2000元、订单信息不完整、同一时间内重复下单的三类特殊订单需要人工审核。人工审单包括审核款到发货的订单和货到付款的订单，操作流程略有区别。

后台业务流程。后台客服对待审核的退换货申请单（即RMA单）进行核查，将符合退换货政策且质检通过的RMA单做审核通过，交由财务退款或物流换货。退货单要核实客户的货号是否正确，将准确无误的RMA单审核通过，填写正确的退款金额，交由财务进行退款。换货单要核实客户所需换的商品是否正确，将准确无误的RMA单审核通过，交由物流部处理。

（2）天猫模式

1）旺旺客服为主，电话客服为辅。

以韩都衣舍天猫旗舰店为例，目前客户服务以旺旺客服为主，电话客服为辅。在线客服中，售前客服10人、售后客服4人、分销客服2人、VIP专席客服1人、投诉客服1人、老客户专区客服34人。客户可以通过400-811-7878主动致电韩都衣舍获取所需服务。

2）岗位职责划分。

韩都衣舍根据一笔交易的典型环节，将客户服务分为售前服务和售后服务两大类。其中，新客户的售前由售前客服负责、老客户的售前由老客户专区客服负责、批发客户的售前由分销客服负责。售后服务中，物流查询及退换货由售后客服和老客户专区客服负责，投诉由专门的投诉客服负责。特别地，韩都衣舍根据客户价值，将客户分为新客户、老客户、VIP客户三个等级，通过实施不同的优先级、配备不同的客服人员，以提高服务效率和质量。

表6-4　韩都衣舍天猫旗舰店客服岗位细分

序号	岗位	职责
1	售前客服	提供商品导购，关联销售、使用包装说明，促销活动等服务
2	售后客服	提供物流查询、退换货、维修保养、洗涤指导等服务
3	分销客服	介绍商品销售政策、指导商品推广、协助推荐客户进货
4	VIP专席客服	为大客户提供相关服务
5	投诉客服	受理解决商品、物流和服务中产生的各类纠纷
6	老客户专区客服	为重复购买或再次咨询的老客户提供相关服务
7	客服主管	制定客服中心各项制度、考核方案，开展客服指导

3）标准业务流程。

售前接待流程。根据典型交易环节，售前接待分为问好、提问、分析、推荐、谈判、帮助、核实、告别八个步骤。

售后服务流程。售后服务主要包括查单查件、投诉及退换货。对查单查件类型服务，客服首先查看发货状态，确认已发货前提下，根据单号查看物流状态。如果物流状态缺失，且查询时间距离发货时间较近，建议客户耐心等待并及时回访；如果查询时间距离发货时间较远，客服联系物流公司，询问单号进度。如遇疑难件，则再次向客户核对地址和电话，若地址或电话错误，则更改收货地址或联系电话。

（3）银泰与天猫客服模式比较

银泰网作为国内传统零售业巨头银泰集团旗下的电子商务品牌，是传统零售业开展网络销售渠道拓展的典型代表。网站内的品牌与商品系列与线下银泰百货几乎同步，同时涉及国际顶尖奢侈品，定位高端精品百货消费群体。因此，银泰网的客户服务追求与商品质量价位相符的高品质，企业重金打造呼叫中心、制定规范的管理与服务流程、培训优秀的客服人员，目的在于巩固银泰百货的品质形象，在大型百货电商化的大潮中占领先机。

与绝大多数天猫客服偏重销售业绩不同，银泰网的客户服务最终目的是提高客户满意度、打造品牌形象。企业更重视客户服务的规范性与服务效果，因此在客服岗位中专辟"质控"岗位。与绝大多数天猫店客户服务偏重导购分销不同，银泰网的客户服务内容围绕受理客户咨询与流程处理，销售业绩并不列入客服的绩效考核指标。

表6-5　银泰网和天猫旗舰店韩都衣舍客户服务比较

比较项目	银泰网	韩都衣舍天猫旗舰店
平台类型	B2C传统零售企业自有平台	B2C第三方平台
服务目的	巩固高品质形象，占领市场先机	促进销售，提升知名度

续表

比较项目	银泰网	韩都衣舍天猫旗舰店
服务模式	电话客服为主，在线客服为	在线客服为主，电话客服为辅
服务工具	呼叫中心、网站在线留言板、E-mial	阿里旺旺、电话、E-mail
岗位细分/依据	7岗位/呼入呼出方向	7类服务岗位/客户等级与交易环节
客服规模	80人左右	50人左右
服务成本构成	呼叫中心软硬件设备、ERP系统、场租水电、人员工资	天猫技术服务费、相关CRM软件、场租水电、人员工资
服务效率	简单问题效率低、复杂问题效率高	简单问题效率高、复杂问题效率低
优点	展现服务品质档次、自动化水平高、个性化精准服务、动态客户资源管理	高效率低成本、即时个性化服务
缺点	建设维护投入大、服务成本高	自动化管控弱、服务失误概率较大

6.3 网络零售发展

6.3.1 网络零售市场快速发展的原因

网络零售行业之所以可以有如此快速的发展，原因是多方面的，既有外部环境因素的影响也有内部因素的影响。外部环境因素包括技术环境、政策环境、经济环境及社会环境等方面。

（1）技术环境因素

互联网技术的革新为网络零售业的发展奠定基础，多样化的移动支付方式、智能手机和移动应用的发展、3D打印、无人机送货、虚拟试衣等技术的研发和完善在为网络购物提供基本条件的同时提升了用户体验，使网络购物更具吸引力，从而带动网络购物的普及。此外更多技术的应用推动生产运输、物流配送、平台展示等运营模式的变革创新，推动网络零售业进一步快速发展。

（2）政策环境因素

国家相关部门就消费者信息安全保护、消费者权益保护及网络零售市场监管等方面出台的一系列的法律法规，在政策法规层面推动了网络零售业的快速发展。在网络购物的整个过程中，第三方支付处于至关重要的位置，因此有关于第三方支付的相关政策的成熟与完善对于网络零售业的发展有着重要的作用。

（3）经济环境因素

网络零售市场的繁荣发展是以消费市场平稳运行为前提和基础的，我国城乡居民消费水平的稳步提升为消费市场提供了有力支撑，也造就了网络零售市场快速发展的局面。

（4）社会环境因素

政府方面及市场方面都积极推进网络诚信体系建设，推动实名制的贯彻落实，提升消费者对于网络零售行业的信任水平，增强对于网络购物环境的安全感，为网络零售行业的快速发展增添了动力。

内部因素主要是网络零售业本身所具有的相对于传统零售业的优势。

（1）价格优势

相对于实体零售商而言，网络零售商在租赁店面、雇用员工等方面的开支相对较少，因此在价格方面可能会存在一定的优势。

（2）产品优势

由于网络零售商的销售途径是通过网络，在产品更新方面要比实体零售店更快一些，还可以针对消费者需求提供定制产品，为消费者提供更多的选择。

（3）时间及空间优势

随着时代发展，现代的社会人们工作繁忙，且时间成本越来越高。网络购物节约了消费者的购买时间和出行成本，提高了商品交易的效率，解决了快节奏工作和生活方式下没有时间逛商城的问题。而且，由于当前移动购物的不断发展，消费者可以通过手机利用零碎时间上网购物，大大降低了消费者的时间成本。

6.3.2 网络零售存在的问题

网络零售还存在许多问题，有些问题引起了许多争论。

（1）电子中介

目前，一些转型到网上的企业，网上渠道已经开始对其盈利能力和合作关系发生影响。例如，1998年，有一些分销商担心得罪授权经销商而拒绝向网上销售商供货，美国马萨诸塞州的酒类分销商甚至控告网上销售商trtualV'meyards，不让他在网上卖酒。估计在一些行业，随着渠道冲突的加剧，对网上销售的挑战还会增加，并会出现更多的限制。公司内部也会出现渠道冲突，处理公司内部渠道冲突的办法之一是团队报酬制度，不过，其主要困难将是如何确定每种销售方式的价值及相应的报酬比例。

Internet这个概念，起初意味着"无中介"（Disintermediation），现在意味着"再中介"（RC-intermediation）。Internet最大的作用之一就是生产者直接向客户销售。这种作用完全改变了好多行业，使购买者和一部分销售者受益。今后估计人们的注意力将从无中介转向再中介。电子商务市场的生产者既要吸引一大批直接买主，又要吸引一大批销售商，并妥当地协调他们之间的关系。再中介起初会带来新的低效率，但其长期效益大得多。

首先，生产者增加其品牌投资，有助于增加市场的容量和所达到的范围。其次，生产者吸引一大批销售者，有助于满足购买者的需求。最后，生产者将管理大量的供应和需求数据，有助于达成近乎完全信息（完全信息是指买方和卖方都能够掌握足够的信息，从而使产品的价格充分接近其价值）的分销。电子化的市场就类似于现在的股票交易市场，并终将变得重要。

（2）渠道冲突

同一厂商的客户通过在线市场与离线市场的不同渠道以不同的价格获得同质量的商品，这样会导致制造商与中介、合作伙伴与客户之间的冲突。渠道冲突（Channel Conflict）指的是渠道成员发现其他渠道成员从事的活动阻碍或者不利于本组织实现自身的目标。在线市场的竞争程度及竞争方向的变化会迅速影响到离线市场的竞争。相反，离线市场的竞争水平对在线市场的影响程度却远不及在线市场对离线市场的影响水平。传统理论认为，引入类似在线市场这样新的交易系统有利于离线市场的竞争。但有研究认为，引入在线市场也有可能削弱离线市场特别是离线市场的行业中介的竞争水平。如果同一厂商的客户群通过在线市场与离线市场的不同渠道以不同的价格获得同质商品，就会导致制造商与中介、合作伙伴与客户之间的冲突，这就是厂商的渠道冲突。渠道冲突常常成为厂商经营在线市场时需要考虑的关键问题之一。

（3）价格竞争

"网络零售将变成价格竞赛，而网下零售将不得已趋向服务竞赛"，定位大师里斯在《互联网商规11条》中预测到。沃尔玛为什么能够风靡全球？因为它倡导天天低价。再看看步行街的各个店铺，十个有九个门外挂着打折促销的广告。货比三家已经成为消费者购物的习惯，他们从一个店逛到另一个店，对比着同样的产品不同的价格。网上购物同样如此，消费者总是趋向于购买更低价的商品。不但各个网上商城纷纷打出低价折扣等促销广告，而且购物搜索引擎也逐渐风靡，通过搜索获得网上商品最低价来迎合消费者的心理。如果卓越亚马逊不是低价售书，即便它再具有便利性、界面再友好，也不会有消费者埋单。美国著名的buy.com网站总是号称"全球最低价"，它能够自动扫描竞争对手的商品价格，然后调整为最低价。现在这家网站已经聚集了强大的人气，当然它还需要在盈利上下功夫。

那么，是不是作为网络零售就一定要打价格战？如果你有雄厚的资金作支撑，那当然可以。但是，如果你没有相当的实力，就不能自投死路。降低价格除了降低自身的利润外，还可以在商业模式上下功夫。比如"基地型电子商务模式"，将传统经济的"零库存"概念引入其中，将电子商务中心建立到产业基地中去，节省了物流和库存环节，大大压缩了成本，从而能在价格上给予消费者更多的优惠。这种基于商业模式上建立起来的价格优势，才是一个网上企业的核心竞争力。

当然，模式也会被模仿，而是否会被竞争对手超越，就在于你跑得是否足够快。毋庸置疑的是，现在和未来的网络零售的竞争，归根结底就是一场价格竞赛。

（4）欺诈

伴随着大量网上购物行为的发生，网上欺诈活动也日益猖獗，犯罪分子往往利用消费者"贪便宜、图省事"的消费心理，通过虚假的网站、华丽的页面、超低的价格、伪造的证件，大肆骗取钱财。

网络经济的虚拟性，使得鱼目混珠、泥沙俱下的情况很难避免。在电子商务法律法规还不健全的情况下,如何识别网络骗局,保护自身权益,成为广大网络消费者关注的焦点。专业电子商务信用信息披露平台——中国电子商务法律网的电子商务欺诈信息举报中心(www.315online.com.cn)发布了防范网络欺诈的"十招"技巧,以供消费者在实际网络交易过程中参考借鉴。

1)针对网站卖家。

①检查资质。检查网站是否具有合法的ICP证及工商局颁发的营业执照。按照信息产业部的规定,提供网络交易服务的网站如属经营性网站,必须申请ICP许可证。取得该许可证的条件包括具有工商局颁发的营业执照,注册资金在100万元人民币以上等。各地工商部门也提供了网站的资质证明,比如北京市工商局给备案网站提供了"红盾"标识,上海市工商局给备案网站提供了"企业营业执照认证"标识。以上标识都能链接到相关政府部门的网站上,并可提供信息核实。

②检查网站有没有公布详细的经营地址和电话号码。正规的经营网站都会公布自己的经营地址、固定电话号码等信息,供客户联系。

③检查网站是否提供实名登记的联系方式。手机。目前,电信运营商提供的不用经过实名登记的电话号码主要是预付费手机,如移动的神州行、动感地带,联通的如意通、UP新势力等。欺诈性网站多提供以上联系方式。例如,某网站提供"销售热线:0136—6130××××;地址:深圳市××街××号",该热线有两点可疑:一是将手机写成固定电话的方式,试图让人误以为是固定电话(拨打该手机时往往是可以打通的);二是手机所在地址与网站提供的地址不同,通过输入号码段"1366130"查询,该手机为北京的移动神州行卡。

E-mail。作为有实力的购物网站,联系E-mail中的"@",后缀与其域名往往是一致的,而不会使用公众常用的免费邮箱。

④检查付款方式。有些网站的支付方式限定为个人银行卡转账,不接受邮局汇款和网上支付。遇到这种情况也一定要慎重。因为通过邮局汇款需要知道收款人的联系地址;通过网上支付时,网络银行对交易过程有详细的记录,一旦发生诈骗,公安部门较容易追查。因此,部分虚假网站的支付方式就限定为个人银行卡转账以降低其风险,而这些个人银行卡往往都是通过虚假证件办理的,难以进一步追查。还有一种更为隐蔽的方式是怂恿用户进行网上支付,但购物者在进行网上支付操作时,其实支付过程并没有进入网上银行的支付界面,而是进入了一个伪造的界面,要求购物者直接输入本人银行账号及密码。这就是典型的"网络钓鱼"了。为防止"网络钓鱼",一方面不要随便打开来历不明的电子邮件;另一方面一定要仔细查看网上银行的域名,哪怕是很细微的差别(如中国工商银行网上银行的域名是www.icbc.com.cn,虚假网站的域名有WWW.1cbc.com.Cn)。还有,尽量使用银行提供的电子签名等更安全的支付方式。

⑤检查该网站有没有提供消费者反馈的留言簿或论坛。不可信网站往往由于心虚而不敢设立公开论坛让大家发表意见。当然也有的设立了看似公开的论坛,上面有不少歌功颂德的吹捧文章,可是当你提出一些尖锐的问题时,很快就会被删除。

2）针对个人卖家

①交易前先查询卖家信用度。信用评价是各大交易平台服务商提供的诚信体系的一部分，也是衡量网上用户信誉的重要指标。因此，消费者应尽量选信用度高的卖家交易。但也不能盲目相信星级，建议在出价前要查看该用户注册的时间、所交易的具体商品以及其他用户给他的具体评价、留言。若短时间内发生大量的交易记录，可能就值得怀疑了。

②货比三家，切勿贪小失大。在网上购物时千万不能贪小便宜，对超常低于市场价的商品一定要谨慎。消费者可以使用交易平台提供的"搜索功能"查看同类商品的价格信息，如果价格只是同类商品的一半，甚至只有四折，这样的商品大多有问题。

③为保留交易记录，切忌私下交易。消费者千万不要因为急于成交而通过留言留下个人联系方式与卖家私下交易，因为如此一来，网站就无法掌握真实的交易记录与信息，也没有办法接受和处理今后一旦发生的投诉。像eBay、易趣提供了交易安全基金，消费者如果在网上规范交易，一旦发生纠纷，受损的用户可以获得最高1000元人民币的赔付。

④高额交易可选择第三方托收服务。针对C2C交易，交易平台服务商都提供了第三方托收的服务，如eBay易趣的"安付通"、淘宝的"支付宝"等。当消费者购买高价物品，或者想在最终付款之前有机会检验一下物品时，可以考虑此类服务，它可以由交易平台服务商一直代为保管消费者所付的款项，直到消费者收到、检验并核准过物品后，才会把货款发放给卖家。

⑤交易完成后，尽量索取售货凭证。在传统的网下购物中，人们习惯索要发票。但网上购物却是一"点"定音，因为没有相关的凭证，很多纠纷往往不了了之。因此，建议消费者在完成交易后，向卖家索要收据、发票或者其他凭证，并妥善保管汇款单据等，同时保留与卖家的往来邮件、交易订单的网页等，以备不时之需。

6.3.3 新零售

（1）新零售的定义

企业以互联网为依托，通过运用大数据、人工智能等先进技术手段，对商品的生产、流通与销售过程进行升级改造，进而重塑业态结构与生态圈，并对线上服务、线下体验以及现代物流进行深度融合的零售新模式。

未来电子商务平台即将消失，线上线下和物流结合在一起才会产生新零售。线上是指云平台，线下是指销售门店或生产商，新物流消灭库存，减少囤货量。

电子商务平台消失是指现有的电商平台分散，每个人都有自己的电商平台，不再入驻天猫、京东、亚马逊大型电子商务平台。

（2）新零售的发展动因

一方面，经过近年来的全速前行，传统电商由于互联网和移动互联网终端大范围普及所带来的用户增长以及流量红利正逐渐萎缩，传统电商所面临的增长"瓶颈"开始显现。国家统计局的数据显示：全国网上零售额的增速已经连续三年下滑，2014年1~9月份的全国网上零售额为18238亿元，同比增长达到49.9%；2015年1~9月份的全国网上零售额为25914亿元，同比增长降到36.2%，而在2016年的1~9月份，全国网上零售额34651亿元，增速仅为26.1%。此外，从2016年"天猫""淘宝"的"双11"总成交额1207亿元来看，GMV增速也从2013年超过60%下降到了2016年的24%。根据艾瑞咨询的预测：国内网购增速的放缓仍将以每年下降8~10个百分点的趋势延续。传统电商发展的"天花板"已经依稀可见，对于电商企业而言，唯有变革才有出路。

另一方面，传统的线上电商从诞生之日起就存在着难以补平的明显短板，线上购物的体验始终不及线下购物是不争的事实。相对于线下实体店给顾客提供商品或服务时所具备的可视性、可听性、可触性、可感性、可用性等直观属性，线上电商始终没有找到能够提供真实场景和良好购物体验的现实路径。因此，在用户的消费过程体验方面要远逊于实体店面。不能满足人们日益增长的对高品质、异质化、体验式消费的需求将成为阻碍传统线上电商企业实现可持续发展的"硬伤"。特别是在我国居民人均可支配收入不断提高的情况下，人们对购物的关注点已经不再仅仅局限于价格低廉等线上电商曾经引以为傲的优势方面，而是愈发注重对消费过程的体验和感受。因此，探索运用"新零售"模式来启动消费购物体验的升级，推进消费购物方式的变革，构建零售业的全渠道生态格局，必将成为传统电子商务企业实现自我创新发展的又一次有益尝试。

（3）新零售与传统零售的区别

①占用场地更小，像智能零售柜可以直接放到办公室里面。

②节约人员开支，像零售行业，人员工资是很大的一笔成本，而新零售可以大规模减少工作人员数量。

③消费体验好，新零售一般采用无人干扰的方式，实现拿了就走的购物模式。

新零售最后会成为一种业态，比如一幢商务楼，里面有服装，百货，餐饮，电影，咖啡等，消费者可以进入随意取用，会有视频技术和基于YXU2881M的RFID技术记录你在里面的消费情况，离开时一并发送账单给你。这其中，信用的管理将是最重要的。

（4）新零售的未来

21世纪的初期，当传统零售企业还未能觉察到电子商务对整个商业生态圈所可能产生的颠覆性作用之时，以淘宝、京东等为代表的电子商务平台却开始破土而出，电子商务发展到今天，已经占据中国零售市场主导地位，这也印证了比尔·盖茨曾经所言："人们常常将未来两年可能出现的改变看得过高，但同时又把未来十年可能出现的改变看得过低。"随着"新零售"模式的逐步落地，线上和线下将从原来的相对独立、相互冲突逐渐转化为互为促进、彼此融合，电子商务的表现形式和商业路径必定会发生根本性的转变。当所有实体零售都具有明显的"电商"基因特征之时，传统意义上的"电商"将不复存在，而人们现在经常抱怨的电子商务给实体经济带来的严重冲击也将成为历史。

小知识——2017年《最佳新零售创新企业排行榜》

排名	企业名称	核心业务	排名	企业名称	核心业务
1	盒马鲜生	生鲜O2O平台	6	好买衣	线上智能试衣间品牌
2	掌贝	店铺智能营销平台	7	生日管家	生日社交化服务管家
3	小米之家	小米生态链	8	每日优鲜	生鲜特卖网站
4	超级物种	餐饮+超市	9	小E微店	无人便利店服务商
5	猩便利	办公室自助货架	10	七只考拉	办公室零食服务商

习题

一、名词解释

　　网络零售　　新零售

二、填空题

　　1. 根据系统平台的形式划分，网络零售可以划分为 _____、_____、_____。

　　2. 网络零售客服按照所处电商平台可以分为 _____、_____、_____。

三、简答题

　　1. 适合网络零售的商品主要有哪些？
　　2. 网络零售客户服务的特点有哪些？
　　3. 网络零售快速发展的原因是什么？
　　4. 网络零售存在的主要问题是什么？
　　5. 新零售与传统零售的区别是什么？

技能操作训练

　　1. 分组辩论题：无人零售对传统零售利大于弊还是弊大于利。
　　2. 讨论网上开店作为大学生创业选择途径的可行性。

案例分析

中国新零售

【中国新零售案例一】小米之家

2016年，小米之家开了51家店，几乎是每个shopping mall里人流量最大，销售额最高的单店。每个店平均250平方米，平均达到1000万美金/年的销售额，目前"小米之家"的平效（每平米的销售额）排在世界第二，仅次于APPLE的零售店。

小米生态链是一个基于企业生态的智能硬件孵化器，以小米手机为核心，生态链企业为周边、结盟、投资企业为外围的"小米生态"结构战略，其基本打法是"入资不控股，帮忙不添乱"的投资逻辑，以工程师为主的投资团队、矩阵式全方位孵化，成为全球智能硬件领域产品出货量最大、布局最广的生态系统。

未来，小米计划3年之内开1000家"小米之家"，5年之内"小米之家"的销售额可以突破100亿美元。小米之家线下店的成功，给传统零售企业带来了振奋人心的启发。

【中国新零售案例二】南极电商

南极电商2016年度公司实现营业总收入5.15亿元，同比增加32.42%，实现利润总额3.54亿元，同比增长72.73%。公司旗下品牌在阿里（含天猫及淘宝）、京东、唯品会实现的GMV达71.94亿元，同比增长83.08%。

2008年开始，南极人转型为"品牌授权"的商业模式，砍掉生产端和销售端的自营环节，实现轻资产平台化运作。2012年开始，又推出柔性供应链园区服务、"一站美"电商增值服务等，南极人转型为一家电商服务型的共享平台企业。

目前，南极电商有三大核心业务——品牌电商版块、服务电商版块、电商产业园版块。

【中国新零售案例三】海澜之家

海澜之家目前拥有门店5243家，其中"海澜之家"门店4237家，"爱居兔"门店630家，"海一家"门店376家，门店遍布全国31个省（自治区、直辖市），覆盖80%以上的县、市。

海澜之家像麦当劳一样都是轻资产模式，它把存货和资金分解给了上下游，自己提供品牌管理、供应链管理和营销网络管理，将供应商、加盟商和公司三者捆绑成利益共同体。它是一个高度扁平化的共享经济平台。它自己不占有太多资源，但是各种资源在这里都发挥了最大的作用。

海澜之家的成功主要表现在4点：轻资产、库存零风险、深度赋能、重经营，特别是后面三条是拉开美特斯邦威和森马差距的关键。

【中国新零售案例四】星巴克

近年来，星巴克不断强化消费场景，将星巴克的消费场景细化为早餐、午餐和下午茶、晚餐。

2012年星巴克任命了首位CDO由Adam Brotman出任，负责星巴克整个核心的数字业务，包括全球数字营销、网站、移动终端、社交媒体、Starbucks Card、顾客忠诚计划、电子商务、Wi-Fi、星巴克数字网络（Starbucks Digital Network），以及新兴的店内数字及娱乐技术。

星巴克如此迫切地向数字化转移，原因很简单——消费者在哪儿，星巴克就去哪儿。

如今，星巴克成为美国移动支付规模最大的零售公司。手机下单占总订单数的5%，手机下单还处于早期阶段，2011年9月才开始全面推广，但发展势头良好。用户忠诚度方面，目前北美活跃会员数在1230万，会员数量同比增长18%。

【中国新零售案例五】Costco

Costco的市值2006—2016年上涨了5倍，目前市值超过750亿美元。虽然5倍的上涨在大牛市中并不惊人，但这是在亚马逊电商攻击的大背景下完成的。

Costco的成功简单归因就一句话：性价比更好的商品，高周转和商品严选模式，以及更好的服务。

公司通过付费会员模式为主要收入来源，大幅降低了对于赚取产品差价的需求。不同于传统零售商，Costco不断思索如何主动降低差价，让利给用户，将用户忠诚度视为最重要的指标。

表面上卖的是商品，其实是服务和体验。

【中国新零售案例六】汇通达

汇通达2016年累计销售额超过1000亿元，平均同比增幅35%，从4年前亏损的、不到10亿元的批发业务收入指数版增长到2015年的160多亿元，净利润突破3亿元。汇通达所辖的乡镇会员店累计为农村本地创造了30万个就业岗位，很好地扮演了"镇级经济造血机"的角色。

【中国新零售案例七】阿里素型生活集合店

2016年2月，阿里巴巴开始探索新零售业务，开发了"素型生活集合店"，基本经营思路是打通线上线下，建立新零售品牌池（淘品牌），同时线下零售商从品牌池中挑选合作品牌，建立品类跨界+内容立体+复合陈列的实体店。

目前阿里巴巴与素型生活合作的"新零售"体验店仅在成都和杭州各有一家店，但尝到甜头的素型生活已经准备将自己在全国的门店都进行"新零售"改造。

而阿里巴巴也已经搭建起实体店和淘品牌之间合作的平台，未来将有更多的淘宝品牌产品进驻到实体店，也会有更多实体店加入到阿里巴巴的"新零售"计划。

【中国新零售案例八】eataly

Eataly是一家集食品采购、品尝、烹饪学习等为一体的意大利美食超市。从2007年在意大利北部城市都灵第一家店开张至今，EATALY已在意大利、日本、迪拜、土耳其、美国等开设了近30家分店。

EATALY综合了超市和餐厅两种属性，在门店的布置上非常讲究。

怎样才能让顾客有更多的时间光顾Eataly呢？这个问题似乎是所有商家的难题。

除了层出不穷的活动之外，Eataly在社交媒体上的另一大特色就是用图片色诱你的味觉，推送的美食图着实诱人，甚至有评论家说这是食物界的Porn（色情片）。

当然，光放照片还不够，Eataly的官方媒体渠道上也有专门的客服团队，时刻解答顾客在线的疑问。当然，如果顾客对餐厅或者超市的服务有所抱怨，也可以尽情在社交媒体上向Eataly投诉，因为他们会立刻作出回应。

【中国新零售案例九】盒马鲜生

2016年1月，阿里巴巴的自营生鲜类商超"盒马鲜生"在上海金桥广场开设了第一家门店，面积达4500平方米，成绩斐然，年坪效高达5万元，是传统超市的3~5倍。在随后的一年多时间里，上海的门店数量迅速增至7家，并已经成功扩张至宁波。

盒马是一家只做"吃"这个大品类的全渠道体验店。整个门店完全按全渠道经营的理念来设计，完美实现了线上和线下的全渠道整合，每天的线上订单数不到半年，就达到4000张，目前已经超过线下订单。

体验为王，盒马鲜生学习了意大利的Eataly，门店内设餐厅，盒马鲜生的牛排、海鲜以及熟食餐厅区占地200平方米左右，里面设置了五张四方桌子。顾客在店内选购了海鲜等食材之后还可以即买即烹，直接加工，现场制作，门店会提供厨房给消费者使用。

这个做法，深受消费者欢迎，提升了到店客流的转化率和线下体验，也带动了整个客流的高速增长。

【中国新零售案例十】Apple零售店

苹果零售店平均每平方英尺，每年创收超过5000美元。

苹果员工的工作是非常有效率的，他们提供了非常清晰的方向，让顾客能享受到精致不烦琐，不会被一些小事困扰的购物流程，不需要排队付款。

苹果零售店的店面布局设计未来范儿十足，让顾客感觉到他们是被邀请进去看看的，很多苹果零售店都因为其建筑设计成为地标性建筑，顾客进入店中就感觉非常舒服。

员工是苹果零售店的灵魂，每个员工入职应聘时都要回答管理者的一个问题："他们能否与乔布斯旗鼓相当？"这个问题是为了考查应聘者能否自信地表达自己的想法。管理者还会问"他们是否展示出了勇气？"以及"他们能否提供利兹-卡尔顿酒店那种水平的客户服务？"

苹果零售店雇用有正确性格特征的员工为客户服务，苹果员工的职责不是推销产品，而是帮助顾客解决问题，因此员工不拿佣金，也没有销售指标。

阅读以上材料，分组讨论
1. 新零售对企业的影响？
2. 如何应对新零售的发展？

项目 7
客户关系管理

知识结构图

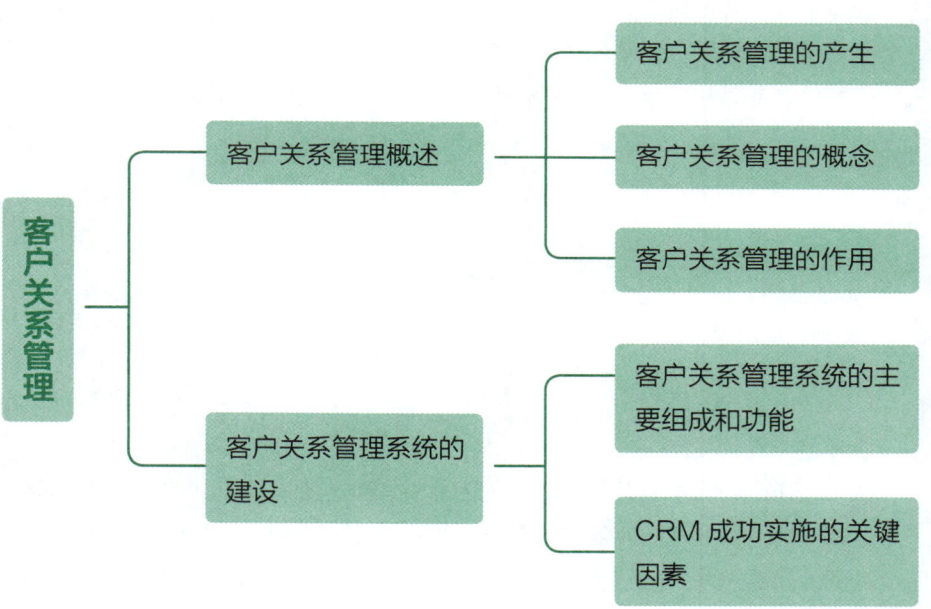

案例导入

海南红灯笼广告有限公司CRM案例

对于中国成立最早、规模最大的户外媒体公司——海南红灯笼广告公司而言，如何管理好在全国范围内将近500家的合作客户，并且在当这个数字并以每个月2%～3%速度递增的情况下也能实现对客户资源的科学管理，是红灯笼在成长的过程中面对的最大问题。在快速成长的过程中，红灯笼的管理层越来越感觉到在自身的管理理念和管理手段上需要一整套完备的信息化辅助工具，来帮助管理层解决发展中的诸多问题，这些问题包括：怎样有效地拓展市场，获取商机，并有效地进行跟进，成为合同订单；分布全国的各机构业务怎样进行实时的监控和管理；各个职位，各个业务节点如何有效地协同工作，降低成本；管理层怎样对全国各岗位人员工作绩效进行评估；总经理要看的报表怎样快速生成且保持准确等。金蝶CRM在红灯笼的运行，可以说是金蝶CRM在中国市场建立了一个样板，但其实意义更为重大的是，CRM在红灯笼的上马，给红灯笼提供了一个途径，一个达到跨地域共享客户数据的途径；一个实现以客户为中心，将市场销售和服务有机地结合在一起的途径；一个通过对客户价值和客户历史的有效管理，控制整个销售过程，提高整个销售工作效率，避免重复工作的途径；一个使得红灯笼真的能把自己80%的精力放到那最重要，最有价值的20%客户上的途径。

7.1　客户关系管理概述

近年来，随着市场竞争的日益激烈，企业管理的重心正从内部向外部扩展，从生产制造向客户关系管理转移。

在市场竞争中，越来越多的企业认识到，拥有稳定、忠诚的客户资源是企业竞争的制胜法宝。如何快速地响应客户的要求，提高他们的满意度？如何留住老客户，与其建立长久的、紧密的相互关系？如何吸引新客户、潜在客户，使他们转变为老客户？如何使市场营销、销售、售后服务等部门共享客户信息？如何使客户信息为企业各项经营决策提供支持？这些都是企业生存、发展中不可回避的问题，也正是客户关系管理要解决的问题。

7.1.1　客户关系管理的产生

早在20世纪50年代，随着营销观念的引入和消费者心理学的研究，"一切为了客户，让客户满意"就已成为欧美大型企业经营的基本观念之一。在这一时期，对客户关系的重视只是企业经营的一种指导思想、经营观念。企业仍然将管理的重心放在对利润的追求上，企业的生产经营基本上是围绕产品的制造、销售、质量、成本而展开的。这是一种以产品为中心的"内视型"的管理模式。

从20世纪80年代到90年代初，随着科学技术的飞速发展和市场竞争的日益激烈，欧美发达市场上产品之间的差异越来越小，仅靠产品差异已不足以获得足够的竞争优势，如何获取新的竞争优势？这成为每个管理者都在思考的问题。与此同时，社会物质财富的极大丰富也使得消费者的选择由过去的重视产品价格、产品质量的理性消费转变为在购买与消费过程中追求心理满足感的感情消费。在产品的质量、价格、成本无潜力可挖时，企业想到了客户，认识到客户是企业的宝贵资源，如何赢得客户开始成为他们关注的焦点。管理学者也在研究中发现了客户关系的重要性，提出了客户关系管理，并将其用于指导企业的经营管理。在此期间，客户关系管理理论得到不断丰富和发展。

在残酷的市场竞争中，一些企业深刻地认识到客户对企业生存、发展的重要性，开始将关注的焦点从内部——产品转移到外部——客户上，逐渐形成了以客户为中心的"外视型"的管理模式。

对比两种管理模式，可以看到，以产品为中心的管理模式强调4P要素：产品（Product）、促销（Promotion）、分销渠道（Place）、价格（Price）；而以客户为中心的管理模式强调4C要素：重视消费者的需求和欲望（Customer's needs and wants），与消费者沟通（Communication with customer），购买的方便性（Convenience to buy），价格和价值能满足消费者的需求和欲望（Cost and Value to satisfy customer's needs and wants）。在业务流程方面，以产品为中心的管理模式是以生产推动销售的过程，即根据企业的生产工艺条件，生产产品，再将其销售给客户。而以客户为中心的管理模式则是由客户的消费偏好拉动生产的过程，即根据客户的消费偏好，设计出客户喜欢的产品，再将其投入生产，进行销售。换句话说，以客户为中心的管理模式提供了这样一种愿景：企业的产品设计、生产、销售、服务都围绕客户的需求进行，企业的各种经营活动都是为了提高客户的满意度、忠诚度。

以客户为中心的管理模式在20世纪90年代初得到企业的广泛认可。人们在认识到它的重要性的同时，在实践中，也逐渐发现一些难以解决的问题阻碍着以客户为中心的管理模式的进一步发展。比如，营销、销售人员无法跟踪众多复杂的客户，对客户资料的分析力不从心；销售人员、营销人员、服务人员拥有的关于客户的资料常常不一致，这常常导致销售错误，引起客户的不满；企业常常会因为业务人员的离职而失去重要的客户信息；企业缺乏与客户进行及时的双向沟通的渠道，对客户的个性化要求反应太慢；销售经理常常不知道下面的销售人员都给客户承诺过什么，也不知各项销售的进展状况如何；出差在外的销售人员、现场维修服务人员面对客户的各种问题，常常因缺乏各种信息资料和公司的技术支持使客户不满或错失机会；某个客户的购买喜好只为单个销售人员所知，到了其他推广或售后服务人员那里就可能无法获得最适宜的选择；一些基本客户信息在不同部门的处理中需要不断重复，甚至发生数据丢失等。这些问题一直困扰着那些坚持以客户为中心的管理者，他们希望能寻找到问题的突破口。而20世纪90年代的计算机、网络、通信技术的发展为上述问题提供了解决的最好途径——基于信息技术的客户关系管理CRM。

从20世纪90年代中期至今，随着计算机、网络技术的发展，企业核心竞争力对于企业信息化程度和管理水平的依赖越来越高。企业纷纷参与到信息化改造的进程中，从MRP到MRP Ⅱ，到ERP，再到SCM，企业的信息化管理正由内向外扩展。信息技术的使用理顺了企业内部的信息流、资金流、物流，实现了信息的共享，降低了成本，实现了内部经营管理的自动化，缩短了生产周期，这使企业获得了巨大的经济效益。现在，欠缺的就是对外部市场和客户的信息化管理。20世纪90年代中期，企业开始对市场、销售、客户服务等部门加强信息化管理。1996年前后，一些公司开始尝试使用集自动化销售与服务于一体，并包含呼叫中心的CRM体系。1997年Gartnet Group正式提出客户关系管理（CRM）概念，此后客户关系管理开始飞速发展。

7.1.2 客户关系管理的概念

（1）客户的概念

客户的概念有狭义和广义之分。狭义的客户通常是指产品或服务的最终消费者，通常是个人或家庭，而广义的客户是指任何接受或可能接受商品或服务的对象。

客户作为企业最宝贵的资源，准确理解它的范畴有助于企业加深对客户关系管理的理解和提高CRM实施的效率。对于客户关系管理CRM而言，应是广义的客户，即客户应既包括消费客户（产品或服务的最终消费者），也包括中间客户（介于企业和消费客户之间，如零售客户、批发客户、经销客户），还包括企业的内部客户。既然企业内部各部门之间、员工之间存在接受产品、服务的过程，那么他们也应属于客户的范畴。普遍有这样一种看法，即如果企业内部各部门、各员工之间不存在为客户服务的观念，那么以客户为中心的管理模式将难以贯彻执行。值得注意的是，这里提及的客户不单指有着实际交易的客户，也包括未来可能发生交易的潜在客户。

关于企业与客户关系的研究结论有很多，如"一个企业80%的业绩来自20%的关键客户""客户满意度如果有了5%的提高，企业的利润将加倍""一个非常满意的客户的购买意愿将六倍于一个满意的客户""开发一个新客户的成本是留住一个老客户的5倍，流失一个老客户的损失，只有争取10个新客户才能弥补""2/3的客户离开其供应商是因为对客户关怀不够"。这些结论告知企业在争取新客户的同时，留住老客户，提高他们的满意度的重要性。一个老客户比一个新客户更有价值。同时，识别关键的贡献最大的20%客户，为他们提供最佳的个性化服务，提升他们的满意度、忠诚度，对企业业绩的提升至关重要。另外，研究表明不同的客户对产品的需求或关注的重点常常存在很大差别，对产品的价格、质量、性能、性价比、个性化、客户响应的及时性、技术支持与服务等因素的重视程度各不相同。为这些不同需求的客户提供相同的产品和服务，将很难使客户满意。

因此，客户关系管理中的重要一环就是识别客户，对客户进行分类管理。让企业的各项活动（生产、营销、销售、服务等）围绕不同的客户进行，这既能为客户提供符合其特定需求的产品和服务，提高其满意度，又能合理配置企业的各种资源（员工、资金），使企业以有限的资源获得最大的收益。过去，企业面对数量巨大的客户，面对众多的客户信息，靠手工的方法对客户进行识别异常困难。而采用数据仓库、商业智能、知识发现等技术的CRM系统使得收集、整理、加工和利用客户信息的质量大大提高。这使得识别客户，并为其提供个性化、一对一服务的工作变得简单易行。

对客户关系的研究还在继续，许多新的观念不断被提出，如客户生命周期、客户关怀、客户关系一体化等，这些观点将不断丰富客户关系管理的理论体系，并推动CRM向前发展。

（2）客户关系管理的概念

目前，客户关系管理CRM的定义有多种。Gartnet Group认为："所谓的客户关系管理就是为企业提供全方面的管理视角；赋予企业更完善的客户交流能力，最大化客户的收益率""是企业与顾客之间建立的管理双方接触活动的信息系统"。

Hurwitz Group认为："CRM的焦点是自动化并改善与销售、市场营销、客户服务和支持等领域的客户关系有关的商业流程。CRM既是一套原则制度，也是一套软件和技术。它的目标是缩减销售周期和销售成本，增加收入，寻找扩展业务所需的新的市场、渠道，以及提高客户的价值、满意度、营利性和忠诚度。"

国内学者对客户关系管理的定义："CRM是企业通过与顾客充分的交互，来了解及影响顾客的行为，以提升顾客的获取率、顾客的留住率、顾客的忠诚度以及顾客的获利率的一种经营模式""CRM是企业从各种不同的角度来了解及区别顾客，以开发出适应顾客个别需要的产品和服务的一种企业程序与信息科技的组合模式。其目的在于管理与老顾客的关系，以使他们达到最高的忠诚度、留住率与利润贡献率，并同时有效率地选择性地吸引好的新顾客"。

事实上，客户关系管理并不是全新的概念，而是在计算机、网络技术发展的今天，被赋予了新的内涵。客户关系管理的核心仍是以客户为中心的管理模式。简单地说，客户关系管理系统CRM是利用科学信息技术，实现市场营销、销售、服务等活动自动化，使企业能更高效地为客户提供满意、周到的服务，以提高客户满意度、忠诚度为目的的一种管理经营方式。客户关系管理既是一种管理理念，又是一种软件技术。以客户为中心的管理理念是CRM实施的基础。如果企业管理者、员工没有"一切为了客户"的观念，再好的CRM系统软件也不会产生效果，而CRM软件是客户关系管理实施的必要的技术条件。没有CRM软件技术，客户关系管理在某种程度上就缺乏实现的可能，如24小时提供网络或电话服务；对海量数据进行分析，为经营决策提供数据支持等。

面对不断增加的竞争压力，企业越来越关注他们的客户，认识到忠诚、持久而稳定的客户群是企业最宝贵的资源，是企业成功和更具有竞争力的最重要的因素。而客户关系管理正是为帮助企业获取这一资源而采取的管理方式。

（3）客户关系管理与电子商务

从严格意义上讲，客户关系管理并不是企业电子商务的完全子系统。客户关系管理首先是一种以客户为中心的管理思想、经营模式。当客户通过电话、传真等非网络方式与企业接触时，企业同样需要对客户关系进行管理。当一个企业通过电话中心为客户提供服务并收集客户信息时，企业也在实施客户关系管理。

然而电子商务的快速发展，为客户关系管理提供了新的发展平台。基于电子商务的客户关系管理将为客户提供新的网络交互方式、新的全方位的客户服务，比如在线产品配置、在线订购处理、Web自助帮助、在线服务、电子邮件自动回复、在线营销、在线销售等。这些功能将带给客户全新的客户体验：24小时的服务、快速的响应速度、大量信息的获取、便捷的订购和支付方式、各种问题的快速解决、与企业的有效沟通、E-mail交流等，由此客户的满意度和忠诚度将得到极大提高。可以预见，基于电子商务的客户关系管理将是CRM的发展方向。

同时，客户关系管理是企业电子商务战略中不可或缺的重要环节。企业电子商务战略应该包括企业内部的电子商务（ERP、内部SCM）和企业外部的电子商务（外部SCM、BtoB网站、BtoC网站），而客户关系管理CRM则是连接企业内部、外部经营的纽带和桥梁。一方面，外部供应链、BtoB网站、BtoC网站的高效运转需要企业为客户（网站客户、供应链客户）提供全面、优质的客户服务，而客户关系管理CRM作用于销售、营销、客户服务部门，连接生产、财务等部门，为这些业务部门提供可共享信息的工作平台，使这些部门可以更好地为客户提供"一站式"的一对一的客户服务；另一方面，客户关系管理应用于外部供应链、BtoB网站、BtoC网站，将为企业内部各部门提供全面详细的客户和市场信息，为企业的决策、经营活动提供科学依据，使企业的生产经营时刻围绕客户需求而开展，使企业真正实现以客户为中心的管理模式。

7.1.3　客户关系管理的作用

近年来，客户关系管理成为国内外企业关注的热点话题。一些大型企业已率先实施客户关系管理系统CRM，在改善客户关系、降低成本、扩大销售、提高盈利等方面获得了令人满意的效果。总的来说，客户关系管理的作用主要体现在以下几方面。

（1）改善企业与客户的关系，提高客户的满意度、忠诚度

客户关系管理提供了多种与客户相互交流的方式：电话、网络、传真等形式，保证及时、有效地为客户解决问题，且不受时间、空间的限制。同时，客户关系管理为客户提供更多的选择，多种的购买方式、多种的支付方式、多种的咨询和服务方式。通过对客户数据信息的分析，识别客户的价值和偏好，为不同的客户提供不同的个性化服务。客户关系管理使得市场营销、销售、客户服务等部门拥有统一的、最新的客户信息，改变过去部门之间的信息矛盾、相互推诿、各自为政的现象，使各部门协调运作，为客户提供全方位、高效率的服务。一个有效的客户关系管理将帮助企业服务好现有的客户，挖掘潜在客户，获取最有价值的稳定的客户群体。

（2）提高效率，降低成本，实现营销、销售、服务活动的自动化

过去几年，企业一直致力于企业内部经营管理的自动化。很多企业采用企业资源规划（ERP）、供应链管理（SCM），极大地提高了企业内部业务流程（如财务、制造、库存、人力资源等诸多环节）的自动化程度，使员工从日常事务中得到了解放，降低了成本，缩短了生产周期，提高了生产效率。而最后一处尚未进行自动化管理的部分就是企业与外部市场接触的前台、营销、销售、客户服务等部门。CRM的实施将实现这些部门业务处理流程的自动化管理，实现企业范围内的信息共享，提高企业员工的工作能力，并有效减少培训需求，降低成本，使企业内部能够更高效地运转。例如，企业网页提供最新的产品系列和产品报价，有助于降低新产品的推广、促销成本；客户服务的自动化不但提高对客户要求的响应速度，也使得所耗费的服务费用（人力、物力）更低；营销的自动化，则使得客户分析、追踪调查、市场营销的成本大大降低。

（3）把握商机，开拓市场

CRM提供多种形式（电话、Web、E-mail、传真、信件、面对面接触）的与客户交流的渠道，增加了企业与客户的接触机会，扩大了企业的经营活动范围，使企业获得更多的商业机会，占领更多的市场份额。CRM促进市场营销、销售、服务等部门的业务活动自动化，使业务人员从各种烦琐的日常行政工作中解放出来，有更多时间去关怀客户，开拓市场。

（4）分析客户信息，为经营决策服务

在以客户为中心的管理思想下，客户资源除了带给企业销售利润外，还通过购买行为、投诉行为、咨询等行为告知企业市场的发展趋势。CRM系统通过数据挖掘、商业智能等技术对收集的客户数据进行加工、处理，提供多种分析报告，为经营决策提供依据。决策的准确性依赖于数据的全面性和数据分析的正确性。这两点要求在手工方式下要花费大量人力、物力，且耗费较长时间才能实现，而基于计算机信息技术的CRM可以较低的成本在极短的时间内轻松实现。

7.2 客户关系管理系统的建设

7.2.1 客户关系管理系统的主要组成和功能

一套完整的CRM系统应能实现营销、销售、服务等业务的自动化，实现客户数据共享，达到提高客户满意度、降低成本、增加收入、开拓市场、帮助企业高层进行生产、营销等决策等目的。因此，CRM系统的主要组成部分应包括：客户互动渠道管理、营销自动化管理、销售自动化管理、服务自动化管理、Web商务、商务智能。

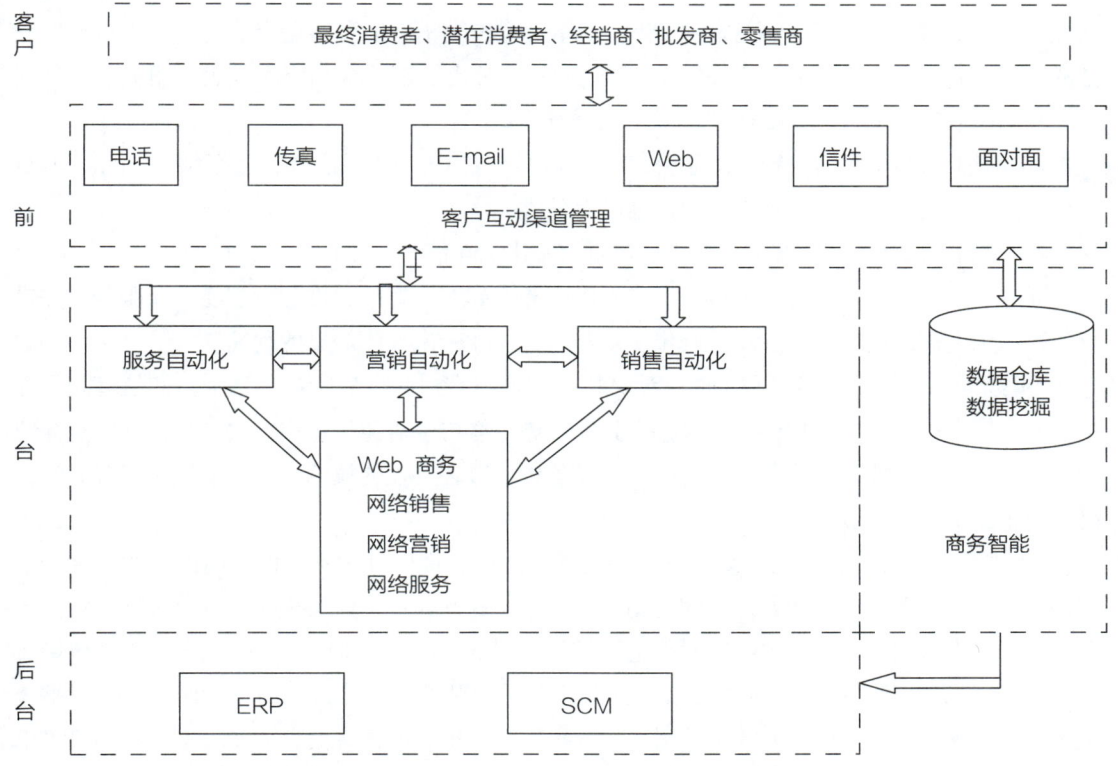

图7-1　客户关系管理系统CRM的结构

（1）客户互动渠道管理

客户互动渠道提供客户与企业交流的窗口，是市场与企业接触的界面。现在，CRM通常提供多种形式的互动渠道。从传统的面对面互动、电话拜访，到现在盛行的E-mail、Web或者呼叫中心等。

客户互动渠道管理的关键在于对多渠道信息的集成。集成的含义有两层：一层指将营销电话中心、销售电话中心和客户服务电话中心的功能进行集合；第二层含义指客户以电话、Web、E-mail、面对面的接触，系统都能将分散在多渠道的信息进行实时的集成。渠道的集成将使企业与客户交流的前台变为一个综合全面的客户关怀中心，使营销、销售、服务等部门实现最新的客户信息数据的共享，并以统一的面孔为客户提供关怀和个性化服务，从而提高服务的效率和质量。过去客户直接面对不同的部门，不知应该哪个部门处理自己的问题，或者遇到部门之间相互推诿的现象，或者在不同的部门，面对不同的接待员，连续多次打电话时同样的内容需要不断重复多次。这些问题都使客户失去对公司的信心，而企业面对的唯一结果就是客户的流失。多渠道信息的集成可以避免这些问题的产生。

目前，客户互动渠道管理的实施热点是建立新型的客户呼叫中心（Call Center）。过去传统的呼叫中心只与电话网络相连接，而新型的呼叫中心集通信技术、计算机技术、声讯技术、互联网技术和视频技术于一体，是一个能够处理呼入/呼出电话、E-mail、Web等多种信息的综合性客户交流枢纽。一个完整的的呼叫中心，大致可以分为系统前端和系统后端两大部分。前端部分一般由自动呼叫分配器（ACD）、交互式语音应答（IVR）、计算机通信综合应用（CTI）等组成。CTI（computer telecommunication integration）系统是核心部分，它全面控制电话、呼叫、分组、引导和中继线。IVR提供自动语音服务，是企业为客户提供自助服务的主要设备。后端部分由各类数据库系统、呼入/呼出管理系统和座席代表等组成。目前，客户呼叫中心产生的效益主要体现在以下几个方面：

1）增加客户沟通。除提供电话、传真、邮件等传统沟通方式之外，还提供E-mail、网页互动、推送网页等功能，提高了客户沟通的有效性。

2）市场营销。现在的客户呼叫中心已具有呼出的功能。

通过"呼出"方式企业主动地为客户提供服务，向客户宣传、推荐新产品、新服务，并进行各种市场调研。通过这种主动的呼出，最终将为企业带来无可估量的利润。

3）数据同步显示。客户来电时，计算机会同步将客户数据显示在屏幕上，使值班人员在了解客户信息的基础上能提供个性化、周到的服务。客户也避免了每次打进电话，都重复介绍一些基础信息，比如，购买产品的时间、产品配置、过去发生的故障等。这缩短了服务时间，也提高了服务质量和效率。

4）规范业务操作，节省培训时间，提高培训效率。提供针对不同情况而设计的多种标准应答模式，调入系统，供业务人员随时调阅、参考。这既让业务人员执行业务时做到一致性的答复，营造出企业的专业形象。同时，也降低了培训的成本，并提高了业务人员的工作效率。

5）降低工作负荷，节约人力资源。并非所有的问题都需业务人员回答，比如客户仅是查询账单，或查询产品的使用方法。这时由系统提供预先录制的语音信息会比人工回答的效果更好，同时，也节省了宝贵的人力资源。交互式语音应答（IVR）模块具有这部分功能。

6）平衡工作负荷，合理配置人力资源，提高服务质量。先进的客户呼叫中心可以自动平衡工作负荷，将来电分配给"最空闲的业务代表"。也可以根据不同的客户类别、产品、促销方案或使用语言等，设计不同的语音引导回路，将不同的来电直接引至对应的业务人员机台。比如可以让VIP客户比较容易进线，并排除其等候的时间，或指定某些业务人员专门服务这些VIP客户。或者查询促销方案的客户来电可以直接连接至该促销方案推广人员的机台，或使客户与同一座席进行多次沟通，确保交流的同一性和连续性。

目前，国外的呼叫中心已经形成一个巨大的产业。据有关的调查显示，仅在美国和加拿大呼叫中心的数量就可达14万个左右。如果再加上那些小型的具备一般处理呼叫能力的系统，这个数量还要大得多。美国劳动力人口的1%在呼叫中心工作，大约有700万人左右。在欧洲这个数字是3%。在我国，自1998年起，呼叫中心每年以30%的速度递增。分析家们已预测，未来几年呼叫中心市场将会出现巨大的增长。

（2）销售自动化管理SFA（sales force automation）

在过去的手工销售方式下，销售人员通常独自跟踪销售路线，从确立目标客户到确定产品规格、数量、价格，再到购买合同的签订、产品的提交、货款的结算。这其中需要经过多次的相互交流、协商和反复的确认，相关信息散落在传真、记事本、E-mail、电话、口头交流中。人们常常可以看见，销售人员整天忙于翻找客户过去提供的信息和相关协议，忙于信息的整理和信息的回忆，这耗费了销售人员大量的时间和精力，也使销售周期过长。在实际工作中，销售人员通常跟踪多条销售线路，这更造成销售工作的混乱，销售人员常常因过于忙碌，频频出现工作错误，使客户抱怨不断。销售人员整天陷于各种琐碎的行政工作，也就谈不上在销售过程中去收集各种关于产品的品种、质量和市场需求等方面的信息，也没有足够的时间了解客户的各种需求，也就不能为客户提供更多的个性化服务。

CRM的销售自动化管理能将销售人员从这种繁杂且琐碎、枯燥的工作中解救出来。销售自动化SFA（sales force automation），又称为销售力量自动化，是指在各种销售渠道（现场／移动销售、内部销售／电话销售、销售伙伴、在线销售）中，运用相应的技术，对销售全过程进行控制和管理，以此来实现业务流程的优化和自动化，达到提升企业销售效率的目的。SFA的出发点是使销售专业人员，包括现场人员和内部人员的基本活动自动化，以提高销售人员的销售效率。

销售自动化管理的功能一般包括：销售机会管理、销售活动管理、销售预测和分析工具、分销渠道管理、销售支持、渠道管理、销售绩效管理、订单管理等。下面将对几个主要功能作简单介绍。

销售机会管理包括销售机会的挖掘、销售机会的确认、销售机会的谈判、机会报价、结束销售机会、机会分析等。销售机会的识别、把握是整个销售过程的起点，直接影响着企业的销售业绩，是销售管理的关键部分。

销售活动管理是指对销售过程中产生的销售人员与客户或联络人之间的各种交互活动进行管理。各种交互活动可能包括会议、介绍、演示、客户跟踪、活动准备、客户约见、客户调研、电话/电邮呼出、电话/电邮呼入、传真、信件往来等。销售活动管理是销售自动化管理的核心模块。通过对活动内容、活动时间、活动方式等方面的管理，帮助企业实现业务流程的锁定，实现各种规范的商业行为。由于实现了对活动的全面监控，销售管理还可以根据一定的时间或能力要求将某项活动或任务分配给符合具体要求的人员，实现工作的合理配置和工作负荷的动态平衡。销售活动管理中包含的具体功能主要有：销售任务管理、销售计划管理、地域管理、现场管理、客户、合同、定额、价格的管理、提供方案，记录客户资料和销售过程，佣金、销售经费控制等。销售活动管理支持整个销售过程的自动化。

销售预测和分析工具提供对客户、机会、产品、活动等数据的相关分析。例如：根据收集的销售资料和市场信息，进行市场需求预测。对销售效益进行动态分析，及时总结销售经验，激励并推动销售工作向前发展。

销售支持为销售人员提供各种最新的销售信息、市场动态、产品信息以及各种销售的方法、策略。销售人员能在任何时间、任何地点查阅他们所需的各种信息，并通过销售支持提供的资料学习各种新的销售方法。

渠道管理是对分销商、代理商的考核、信贷、折扣、培训和支持等关系进行的管理。实现对分销商、代理商的高效管理，倾听他们的意见和建议，对提高销售业绩和降低销售成本有直接效果。

销售绩效考核是对销售人员、额度管理、销售业绩、销售费用的管理。过去的绩效考核只有在月底才能统计出来，而现在则可以随时提供销售情况表，每个销售人员可以直观地看到自己的销售业绩、销售费用及销售名次。这样可以有效地激励销售人员增加销售量、降低销售成本。

订单管理负责对订单完成的整个过程进行跟踪管理，包括核查各种产品的总需求量与库存量、未来产品生产的可供性、考虑生产、仓储、物流等方面的局限性做出实时的准确的承诺、核查产品与客户订单的一致性、处理订单的撤销、终止等。

值得注意的是，要想对订单履行进行全面、高效的管理，必须将订单履行模块与企业后台的ERP、SCM进行集成。只有与ERP、SCM集成，才能准确了解当前的库存和生产能力，为客户做出准确承诺。在获取成批订单后，及时安排新的生产计划，并与供应商联系物资的采购。通过销售分析，还可以对更远期的物资采购、生产计划、资金使用、仓储、物流等做出规划。这种"按订单制造"的业务流程，避免了过去常常出现交货延期、产品功能、质量、数量有差错或者缺少商家承诺的其他附加服务等问题，提高了服务质量和客户满意度。这种前台与后台的集成，也提高了企业对市场变化的反应速度，使生产与销售得以协调运作。

销售自动化案例：

销售自动化是CRM系统中发展最早、最快的部分，也是目前企业对CRM系统最感兴趣，最乐于投资的部分。以韩国人寿保险公司为例，就可以看出销售自动化带来的巨大效益。韩国人寿位列韩国寿险市场前三甲，其机构遍布全国，拥有大量分支机构、销售网点及近50000名销售代表。为解决其管理层次过多、办公费用巨大的问题，同时也为确保其营业额在稳定发展的情况下有新的突破，韩国人寿选择了移动销售自动化系统。这一系统使他们的销售代表能够通过笔记本电脑接入互联网来分析客户数据、提供销售支持、积极参与市场活动、为客户提供及时准确的最新信息。这个高度集成的移动系统是韩国保险业中首个完全支持保险销售周期中所有阶段的应用程序。最便捷的特性是客户维护功能，能够使销售代表直接在他们的笔记本电脑中输入和修改客户信息。此外，还能够根据客户的需要现场为客户设计出全面的保险产品。此系统提供各种客户的联系方式，如通过无线调制解调器使用电子邮件和短信息服务与客户进行联系。此解决方案合理利用了无线同步和有线联网的双重同步功能，确保移动销售人员和分支办事处的同事都能及时获得最新信息。韩国人寿的数据管理中心每天可收集到全国上万名销售人员的销售情况，包括销售的保单数量和类型等，在第一时间真实反映企业的运营状况。从应用的效果来看，该解决方案有效解决了数据集中速度慢、办公成本过大的问题，并使韩国人寿销售代表的平均个人收入提高了30%。

（3）营销自动化管理

营销自动化主要是对所有和市场营销相关的活动进行管理，为营销人员提供技术支持，使营销过程自动化，提高营销效率。

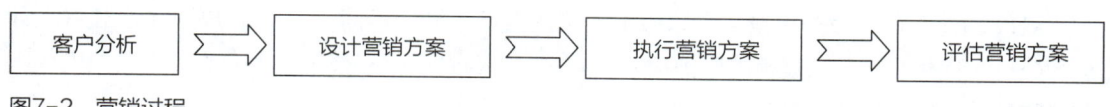

图7-2 营销过程

营销自动化的功能主要包括营销行动的策划、执行、监控和分析，同时对活动的有效性进行实时跟踪；客户需求生成和管理；预算管理；宣传品生成和营销材料管理；提供"营销百科全书"（通常是产品、定价和竞争对手信息的汇总）；对有需求客户的跟踪、分配和管理，回应管理等。

营销自动化的作用主要体现在：增强市场营销部门管理通过多种渠道进行的多个市场营销活动的能力；优化营销流程；对市场营销活动的有效性进行实时跟踪，并对活动效果做出分析和评估；帮助市场营销部门管理、调度其市场营销资源，降低营销成本；实现对有需求客户的跟踪、分配、服务和管理。

CRM领域中最新一代的应用就是营销自动化解决方案。营销自动化提供的服务与销售自动化SFA不同，这些服务的目标也不尽相同。营销自动化应用软件的着眼点不是使销售专业人员的活动自动化，它的目标是通过提供设计、执行和评估营销行动和其他与营销有关活动的全面框架，赋予营销专业人员以更强大的能力。在许多情况下，营销自动化和销售自动化是互为补充的。

（4）客户服务自动化

客户服务一直是客户购买产品时关注的重点。在产品质量、性能、价格差异逐渐缩小的背景下，良好的客户服务是赢得客户的利器。由于客户只要打个电话就可能转身投靠竞争对手，因此客户服务对许多企业来说就变得十分关键。如何提供优质、高效的客户服务，提高客户满意度、忠诚度是企业不断思考的问题。在企业信息化改造过程中，企业认识到计算机网络、通信技术可以为客户服务带来新的变革。这就是基于信息技术的客户服务自动化功能。

典型的客户服务自动化包括：投诉与纠纷处理、保修与维护、现场服务管理、服务请求管理、服务协议与合同管理、服务活动记录、远程服务、产品质量跟踪、客户反馈管理、退货和索赔处理、客户使用情况跟踪、客户关怀、维修人员管理、数据收集与存储等。

与传统的客户服务相比，客户服务自动化具有以下特点：

首先，过去的客户服务只在销售完成后才开始介入，而CRM客户服务从企业与客户的第一次接触就开始。从潜在客户的询问到购买，再到产品的使用、维修、升级，企业提供全过程的客户服务，随时接受客户的疑问、质疑或投诉。这种客户服务的全程介入需要客户服务与市场营销、销售的协调运作。只有将客户服务与市场营销、销售等功能进行整合，才能真正为客户提供"一站式"服务。

其次，过去的客户服务中，企业是被动的，常常是顾客有疑问时才提供帮助。CRM客户服务是主动出击，主动开展客户服务，解决客户的问题和产品的缺陷，尽力化解客户可能产生的不满和失望。通过不断地相互交流，增进与客户的关系，创造客户对企业的忠诚和对新产品的期望。主动型的客户服务还可以在提供服务的同时为企业创造新的销售机会，使过去的成本中心变为盈利中心。

最后，过去客户服务质量常常因服务人员的素质不同而不同。CRM客户服务通过对服务进行分析和优化，设计出规范的服务程序和方法，并且通过信息技术为现场服务人员提供技术支持和帮助，以保证客户服务质量的一致性。

总之，客户服务自动化是以新的思维方式、管理方式、新的技术工具对客户服务进行变革，帮助企业以更快的速度和更高的效率来满足客户的个性化需求，以提高客户忠诚度。它可以向服务人员提供完备的工具和信息；支持多种与客户的交流方式；可以帮助客户服务人员更有效率、更快捷、更准确地解决用户的服务咨询，同时能根据客户的背景资料和可能的需求向用户提供合适的产品和服务建议。

（5）Web商务

一个功能强大的CRM应在客户关系管理方面提供一整套电子化解决方案。从现在市场上提供的CRM软件来看，Web商务主要包括：自助式网络销售、网络营销、网络客户服务等。网络销售支持BtoB和BtoC交易，使客户可以通过Web选择并购买产品和服务。网络营销使企业能够创建个性化的促销和产品建议，并通过Web向客户发出，也可以方便地通过Web收集市场、客户信息和营销效果反馈信息。网络客户服务提供自助式的客户支持系统，可以让用户在线提交服务请求，查阅常见问题的答案，了解各种公司信息，学习必要知识，查看和支付账单等。

以戴尔电脑为例，戴尔电脑在1994年推出了www.dell.com网站。起初这个网站的内容正如当时大多数的企业网站一样，主要提供公司、产品简介及技术资源信息，但其中的客户服务电子信箱却收到了客户希望在网上可以获得不同电脑组装规格的报价并直接在线上订购的信息。因此，戴尔电脑在一年后就推出了在线组装的服务，让客户可以在网上直接选择所需的电脑规格，并在获得报价后即可直接订购。此外，针对企业客户，www.dell.com还推出了根据各公司需要量身打造的"戴尔顶级网页"（Dell Premier Pages），企业客户可以利用密码进入其公司的专属网页，在线选择他所需要的电脑规格或服务，再统一采购。戴尔电脑推出在线订购方案后，立即获得了广大客户的响应，其在线销售额在1996年年底就已经达到每天100万美元的水准，同时每周上网浏览的人次超过200万。

如果说销售自动化管理、营销自动化管理、服务自动化管理主要是实现企业销售、营销、服务人员的各种业务活动的自动化,那么基于Web的在线销售、在线营销、在线服务则是面向客户的,实现与客户交流(销售、营销、交流)的自动化,但是这些业务功能之间是相互交融、紧密联系,且不易区分的。任何的在线销售、在线营销、在线服务都需要销售、营销、服务人员的随时监控、管理。显然,这些监控、管理的活动是销售、营销、服务业务活动的一部分。可以认为,基于Web的在线销售、在线营销、在线服务既是销售自动化、营销自动化、服务自动化功能在Web上的延伸,同时也是电子商务在客户关系管理方面的应用。

(6) 商务智能

商务智能是指利用数据仓库、数据挖掘技术对客户数据进行系统的储存与管理,并通过各种数据统计分析工具对客户数据进行分析,提供各种分析报告,如客户价值评价、客户满意度评价、服务质量评价、营销效果评价、未来市场需求等,为企业的各种经营活动提供决策信息。商务智能流程主要包括:收集客户数据→存储数据→分析数据→根据分析形成相应战略→根据战略采取相应行动(营销、销售、服务、生产、采购等活动)。

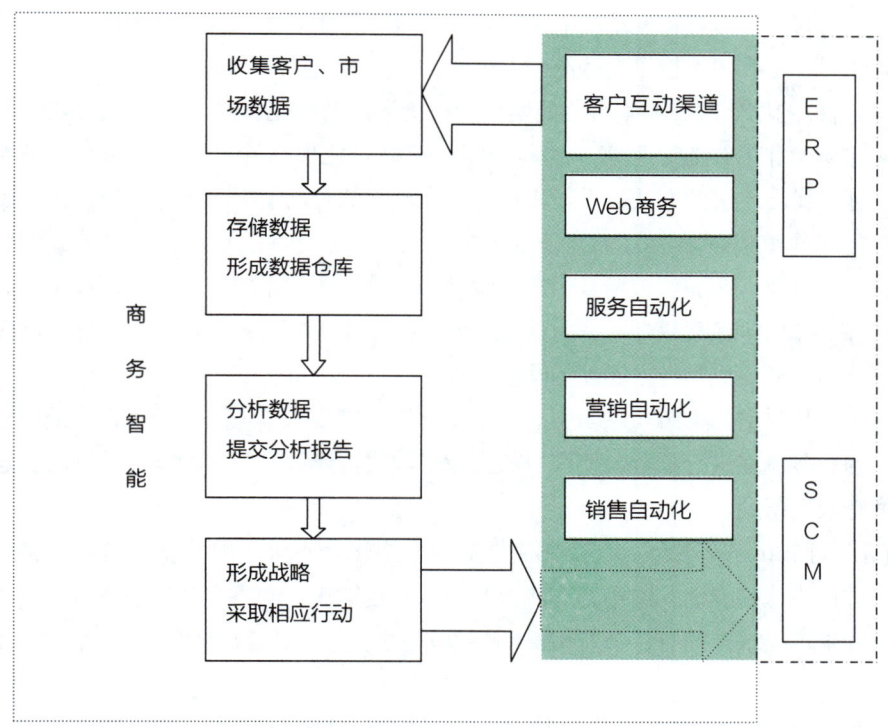

图7-3 客户关系管理中的商务智能

由图7-3可以看出,商务智能是客户关系管理的重要组成部分,是销售自动化、营销自动化、服务自动化、Web商务、客户互动渠道有效运转的基础。

7.2.2　CRM成功实施的关键因素

对于客户关系管理系统的实施，CRM软件供应商常常描述这样一种美好前景：客户可通过电话、传真、网络等方式在任何时间、任何地点进行查询，要求服务；出差外地的员工可以用移动设备获取任何他想查询的公司信息和技术支持，并能为客户提供最新的产品系列和最准确的产品报价；任何与客户打交道的员工都可以同步获得最新、最全面的客户信息，但实际情况并不尽如人意。从国内外正在使用或正在实施的CRM系统情况来看，许多CRM实施的效果欠佳。具体原因有很多种，但从中仍可以找到存在的共同问题，这些问题应引起企业的关注。总的说来，有三个方面：技术因素、人的因素和实施过程的管理。

（1）CRM实施中的关键技术要求

1）客户及其他信息的全面性、及时性、共享性。安装CRM，首先要解决的是全面、及时地收集分散在各部门、分公司的资料，建立集中的信息数据仓库，实现数据的共享。片面、滞后的客户数据会使企业无法提供有针对性的个性化服务，从而失去与客户建立良好关系的基础。因此，良好的CRM系统必须注重使客户信息得到全面、及时地收集、传递和充分地共享，使每一次与客户的接触和互动都能从对客户的全面了解开始，并且当客户改变与企业互动的途径和渠道时，不会因为信息上的缺陷而失败。

2）业务流程的优化调整和整合。要实现业务流程的自动化，CRM需要通过对企业特定的业务流程（市场营销、销售、服务）进行分析，研究企业现有的营销、销售、服务等业务流程，发现问题并找出改进的方法，重新设计出一套规范的有助于提高工作质量、效率的工作程序。在规范的工作流程基础上CRM才能对营销、销售、服务活动进行自动化的过程管理。不同的企业由于其行业、产品、市场、客户、管理基础等方面的不同，其业务流程也就不同，这都需要企业和CRM供应商、咨询公司仔细分析业务流程，设计出合理的、具有可行性的符合企业实际情况的业务流程和与之匹配的软件系统。

客户购买商品时常常不断与呼叫中心、市场营销、销售、客户服务部门打交道。这就需要将这些部门的业务流程进行整合，使客户与企业之间实现连续、统一、高效的互动。这对提高客户满意度有极大帮助。

3）真正基于Internet平台。人们交往方式的网络化是不可阻挡的发展趋势。客户会越来越依赖网络进行快速的查询、购买、交流、学习。网络销售、网络服务、网络营销很快会成为客户对企业的基本要求。同时，企业雇员也可以方便地利用网络查询资料，获得技术支持和业务培训。

4）与ERP、SCM功能的集成。这是CRM系统实施过程中的难点，也是关键点。ERP是对企业内部资金流、信息流与物流进行的一体化管理，而SCM主要是控制和协调物流在企业内部和上下游企业之间的业务流程和活动。在以客户为中心的管理模式下，要求以客户的需求、偏好拉动企业的生产和原材料的供应。只有将CRM与ERP集成，才能利用企业前台CRM获取的客户信息和各种分析数据用于指导产品的设计、生产，才能使企业及时把握商机，生产出符合市场需求的产品。CRM与ERP、SCM的集成还提高了生产制造系统、物料供应系统对市场变化的响应速度和质量，减少了企业经营风险。CRM的集成也解决了订单承诺（货物规格、数量、交付时间等）和履行的可靠性问题。CRM定义的客户包括供应链的下游企业，因此客户关系管理也是供应链成员关系管理的重点。CRM与ERP、SCM的集成才真正解决了企业供应链中的上下游供应链的管理，将客户、经销商、供应商、企业生产部门、销售部门全部整合到一起，实现企业对客户个性化需求的快速支持。分析家预测，能够把前台和后台业务的软件完全整合在一起的公司会是未来几年最成功的赢家。

（2）CRM实施中对员工的要求

许多公司的CRM系统效果欠佳，其中一个重要原因是忽视了人的因素，认为只要实施CRM就能实现软件供应商承诺的美好前景。事实上，任何技术的应用中最关键的因素是人，技术只是对人的行为的促进和帮助。如果实际使用技术的人对技术不关心、不重视，那么技术再好也只能被闲置。在CRM实施中，人的因素同样至关重要，主要集中在以下几点：

1）客户为中心的管理理念。CRM系统不仅是一种软件技术，更是以客户为中心的管理理念和管理方法。在实施CRM系统之前就应向员工反复灌输以客户为中心的管理理念，努力建立为客户服务的企业文化，使从公司管理层到普通员工都了解到客户是"企业最具有商业价值的资产"，与客户之间的接触都是了解客户的过程，也是客户体验企业的机会，任何一次接触既可能产生机会，也可能失去客户。以客户为中心的管理理念的培养，除了通过培训、宣传，还需要相应的奖惩机制，来引导、促进"为客户服务"的员工行为。

2）与业务流程变革相配套的激励机制。CRM系统是对过程而非结果的自动化管理，它涉及业务流程的优化、调整、整合。CRM与ERP、SCM的集成，更涉及大范围的业务流程变革。任何业务流程的变革和组织机构的调整，必然带来利益的冲突，工作量增加，空闲时间减少，权利被减弱等，这都需要新的激励机制或者新的薪酬机制来保证新业务流程的贯彻执行。新的激励机制或者新的薪酬机制应起到减少抵触、鼓舞士气、增加员工坚持新的业务流程的信心，使他们顺利度过CRM实施之初的适应期。

3）业务骨干的全程参与和企业最高管理层的全力支持。CRM的实施不但需要CRM供应商的技术人员，还需要市场营销、销售、服务、技术、生产、采购、运输、财务等部门的业务骨干的参与。因为他们最熟悉企业的实际状况，可以准确指出现有业务流程中存在哪些不足，知道哪些设想的改进措施不符合企业的实际情况而不能采用。同时，他们还能对各业务最需要改进的部分排列先后顺序，供企业配置CRM时，根据财力，有针对性地进行配置。通过相关部门成员的参与，企业在正式实施CRM之前就能获得必要的资源支持，并推动相关部门的合作，帮助他们接受CRM。CRM实施过程中可及时将每一阶段的信息传递给有关部门，强调CRM带来的好处，这样能最大限度地减少各方面的阻力，增加项目成功的机会。高层管理者对CRM项目实施的支持、理解与承诺是项目成功的关键因素之一。缺乏管理者支持与承诺会对项目实施带来很大的负面影响，甚至可以使项目在启动时就已经举步维艰了。要得到管理者的支持与承诺首先要求管理者必须对项目有相当的参与程度，进而能够对项目实施有一定理解。CRM系统实施所影响到的部门的高层领导应成为项目的发起人或发起的参与者，CRM系统的实现目标、业务范围等信息应当经由他们传递给相关部门和人员。

4）员工培训。员工培训是CRM成功实施的必要条件。除了各种技能、业务培训，还应进行员工为客户服务的价值观的培训，并向员工详细介绍新的企业文化、以客户为中心的公司愿景、新的技术、他们在CRM系统中充当的角色以及系统对他们的要求。甚至在考虑实施CRM之前就这些信息与员工进行一次沟通和交流，征求他们的意见和看法，解除他们的抵触、焦虑情绪。

（3）CRM实施过程的管理

CRM的实施能力是许多软件供应商所缺乏的，而对实施过程的管理又是许多组织容易忽视的，购买前期通过谨慎的选择、激烈的竞标，但购买后没有认真实施或是认为没有必要花费人力物力实施，使得CRM软件没有经过多长时间就束之高阁。因此，科学地管理CRM实施过程，是CRM成功的关键。

CRM实施的过程和步骤：

1）根据企业现行业务状况进行需求分析。实施的目标不是越高越好，实施的范围也不是越大越好。应根据企业的实际情况，分析企业目前存在的主要问题，使企业明确自己的实际需求：软件应具有哪些功能，这些功能应解决哪些问题，目前暂时不需要哪些功能。在此基础上，企业才能明确CRM实施的目标，才能有针对性地选择适当的软件供应商和软件产品。

2）建立CRM团队。建立高质量的项目实施团队是项目实施成功的关键因素之一。项目团队应由企业最高层管理者领导，其成员则由CRM涉及的各部门经理和业务骨干组成。团队应全程参与CRM的实施，加强与软件技术人员的沟通，积极提供各种专业意见，推动项目实施高效有序地完成。

3）设计项目总体方案和制订项目实施计划。根据企业实际需求，按照确定的实施目标，设计出详细的项目总体方案。并在此基础上编制详细的实施计划和步骤，对实施过程进行分阶段管理，对各个阶段的实施内容、衡量标准（时间、质量、费用）进行详细规划，以确保项目的成功实施。在这个环节中，项目的投入产出效益分析和风险的预测防范是企业过去实施CRM时经常遗漏的步骤，也是这些企业实施CRM失败的主要原因之一。加强项目的成本费用管理，对项目的投资回报率进行分析，判断项目经济上的合理性，这些财务角度的分析是项目成功实施的必不可少的环节。这有助于企业根据自己的资金实力选择实施的目标和范围，保证资金用于解决企业最急迫的问题，避免项目费用的无限膨胀，保证企业以有限的预算获取最大的效益。项目实施将面对各种各样的风险。在实施之前，应对风险进行充分的分析预测，并考虑适当的风险防范措施，以降低项目实施的风险。

4）实施。在这个阶段，应完成CRM系统的配置和客户化，满足各种业务需求。在系统实现之后，还需要对系统进行相关的测试，检测系统设置是否确实无误，改进后的业务处理流程是否合理、流畅，与其他信息系统是否实现了有效整合等。只有在所有测试结果正确无误后，系统才可投入运行。同时，应对企业员工进行培训，企业的员工应能够熟悉系统安装过程和所安装的系统的各个方面。

5）系统运行、维护、评估、优化。系统运行的实际环境与测试环境总存在一定的差异，因此，系统在投入运行后，还需经过一段时间的试运行。在试运行阶段，软件供应商应提供相应的系统维护和技术支持工作，及时、有效地解决系统运行中出现的各种问题。在正式运行后，企业应会同软件供应商对系统性能、投资效益等进行评估，总结项目实施过程的经验教训，并分析系统目前仍存在的问题，提出改进、优化的措施，促进系统的不断完善。

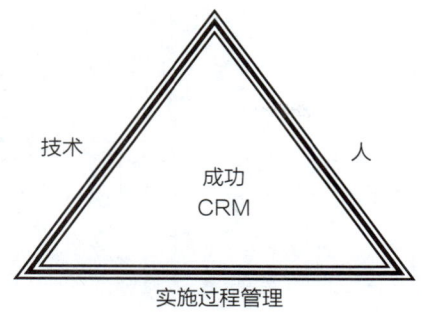

图7-4　CRM成功实施的三要素

如图7-4所示，技术因素、人的因素以及对实施过程的管理构成CRM成功实施的三个要素。这三个要素缺一不可，三者的紧密结合将极大地提高CRM实施的有效性，改变目前CRM实施效果欠佳的现象，促使企业尽快实现预期的项目目标和投资效益。这对于减少企业对CRM的疑虑，提高实施CRM的热情有极大帮助。CRM的成功实施将为企业的全面电子商务战略打下坚实的基础。

案例

随着电子商务的快速发展，20世纪90年代中期，一些敏锐的勇于创新的服务型企业迅速意识到其中存在的商机，开始利用信息技术对客户关系进行管理。美国航空公司（American Airlines）的客户关系管理应是其中成功的经典案例之一。

1994年前，美国航空公司的订票服务主要通过免费电话进行，当时电话订票系统对公司业务发挥着巨大作用。而负责监督电话订票系统业务的约翰·斯米尔注意到，公司网站仅仅用于提供公司年报。显然，公司网站远远没有发挥出它应有的功效。约翰·斯米尔设想到，如果公司拿出一部分资金用于网络系统的建设，让乘客也可以在网上预订机票，那么将为旅客提供更多的方便，并可吸引一些新的网络用户从网上查询航班、票价和订票，这将为公司节省费用并带来实际的回报。

美国航空公司随即展开调查，调查显示，近九成的乘客在办公室常使用电脑，近七成的乘客家中有电脑。因此，从1995年开始，美国航空公司开始改进公司的网站，成为第一家在网上提供航班资讯、飞机起降、航班行程变更、登机门等更多准确、快捷的信息，有些信息甚至每隔30秒就更新一次，极大地方便了乘客。

客户关系研究表明，一个企业80％的效益来自20％的关键客户。美国航空公司深知80/20规则，加强了对客户的分析调查，发现有七成以上的公司A级会员愿意以电子化方式进行交易，他们非常介意能否自由安排旅行计划，能否随时改变原定的行程和班机。因此，1996年美国航空公司推出了"本周特惠"促销活动服务，即在每周三定期发电子邮件给愿意接收的会员订户。这一服务推出的一个月内就发展了20000名订户，一年内订户突破77万人。紧接着，美国航空公司为A级会员特别开设了网络订票系统，使其可以直接上网查询特价班次并在网上预订机位，不久又提供新的服务：使A级会员可以直接上网订票或更改，然后由公司将机票寄给客户；客户可以在飞机起飞前通过网络临时更改订位而不需要到换票中心换票。这些措施使美国航空公司的A级会员人数激增。

在网上订票系统运行一段时间后，美国航空公司发现，通过网络订票的乘客对于最后能否拿到机票仍不放心，一些乘客还是认为通过传统方式订票并拿到机票更为稳妥。针对这种情况，美国航空公司就在每次乘客订位或更改订位时，主动寄发一封确认的电子邮件让乘客放心。通过这一系列开拓和改进，到1997年年底时，美国航空公司的网上订票收入完成了年度计划的198%。

1998年6月，美国航空公司发布了新的网站，改善浏览界面并提供更为强大的功能。其新增的特色包括美航用户资料的网络管理，航线的改进及方便快捷的网上资料查询。网站最大的改善是向A级会员提供更加个性化的服务。公司收集乘客的各种基础信息，比如对于座位位置的偏好、餐饮习惯、信用卡卡号等，建立客户数据仓库，利用客户数据，尽可能为客户提供各种体贴入微的个性化服务，并提供享受折扣、座位保留等多种优惠措施。该活动引起了巨大的关注。大约43%的美航会员登录了这个网站，在18个月里，美航获得了其25%活跃用户的名单，其数量达到了110万人次。

此后，美国航空公司更是广泛应用了各种网络和计算机技术来把握、挖掘和争取更多的客户。美国航空公司推出了电子机票，真正实现了订票的无纸化操作；同时整合了各种渠道的订票业务，使乘客通过网站、电话和传统的旅行社代理网点都可以实现订票；利用先进的数据库技术和工具，优先处理其3200万公司A级用户的邮件，并建设更加个性化的自动回信系统，对于乘客的电子邮件开始进行个性化的回复；允许乘客自行设立兑换里程的条件，获得自己想要得到的奖励；为每个会员建立其单独页面，提供一些显示他们的航行里程，征集飞行伙伴等私人化服务。就像他们所期望的一样，用户喜欢这些个性化的服务。越来越多的新客户加入并成为会员。这些措施极大地提高了客户的满意度、忠诚度，实现了保留老客户、吸引新客户的目标。

可以说，正是建立了以客户为中心的管理模式，利用高速发展的计算机网络技术成功实施CRM，才使美国航空公司牢牢占据着激烈竞争的美国航空业领先者的位置，获得了丰厚的利润回报。

客户关系管理是一个不断完善的过程。9·11事件后，全球航空公司受到致命打击，多家航空公司宣布破产。在不景气的时期，美国航空公司和它的竞争对手们都在更仔细地搜索业务中的漏洞。所有航空公司开始认识到，要生存下去，途径之一就是集中精力将电子商务融入整个航空业务中。比如，美国航空公司就利用其数据仓库计算出新的、更均匀分布的飞行、机场安排计划，以适应新的形势。

在客户关系管理方面，为了引来更多的空中旅行，美国航空公司在机场服务的技术方面花费了不少力气，尤其是在自动售票亭项目中。这个项目不仅降低了成本，还减少了在登机手续柜台前排队的长度。拥有电子机票的顾客可以利用自助售票亭办理登机手续、领取登机证和更改座位安排等。2002年年底，美国航空公司在全美的各机场拥有700个自动售票亭。而且公司也利用大量的无线登机设备，随地漫游的代理可以利用这些无线设备加快服务的速度。不仅限于这些，美国航空公司最终的目标是尽可能把它的服务信息化。2002年6月，美国航空公司宣布在2003年12月之前，百分之百地使用电子机票，还要将别的机场处理事务电子化。

可以预见，要实现美国航空公司的再次起飞，还有大量的工作要做，而客户关系管理的不断改进、完善将成为推动美国航空公司向前发展的重要引擎。

习题

一、名词解释

客户　　客户关系管理

二、简答题

1. 客户关系管理的作用是什么？
2. 客户呼叫中心的效益主要体现在哪几个方面？
3. 客户关系管理成功实施的关键因素是什么？
4. 简述CRM实施过程及步骤。

技能操作训练

选择一家企业，分析其客户关系管理的实施方法及效果。

案例分析

一、美国StAteFArm保险公司CRM实施案例

StAteFArm从成立开始就认识到了客户关系的重要性。因为，金融保险行业的客户关系是稳定、长久的，有的客户甚至一生只和一家银行或保险公司做交易。在金融保险行业，客户关系已经成为所有商业关系中最为重要的一种。WeBTone的CRM思想正好能跟StAteFArm的需求相吻合：

1. 它把StAteFArm的各种金融保险业务的信息有效地整合在一起；
2. 它的界面对StAteFArm原有其他系统的界面开放；
3. 它提供了产品推销、信用管理和顾客利润分析系统；
4. 它把别的系统的数据都整合到一起，这样就可以更快更方便地为客户解决问题。

系统上线工作以后，很快就取得了显著的效果：

1. 呼叫中心的效率和成本都降低了。因为CRM系统和别的系统都连接着，有效地把信息整合起来。处理事务的员工很快就能调用客户的详细资料，尽快地帮助客户发现问题、解决问题。这对于拥有6000多万个客户的StAteFArm来说，可以大量减少呼叫中心员工的数量，从而大大降低人力成本。

2．销售能力明显提高，销售量增长了将近百分之百。实施CRM信息得到整合以后，客户到门市办理业务的时候，业务员可以同时了解客户其他方面的需求，有的放矢地进行产品推销。比如说在客户购买保险的时候，可以争取客户再开个银行账户或者股票交易账户。

3．在员工培训方面，这个系统的userfriendly（用户之友）让新手学起来非常容易上手。而且系统已经把别的系统的数据都整合好了，员工只需要学习新系统，而没有必要把旧系统再重新学习一遍。

效率的提高，使客户的满意度也大大提高了，客户评分在8个月内增长了4个百分点。

二、新浪CRM实施

新浪是一家服务于中国大陆及全球华人社群的领先在线媒体及增值资讯娱乐服务提供商。新浪在全球范围内拥有6000万注册用户，各种付费服务的常用用户超过300万，是中国大陆及全球华人社群中最受推崇的互联网品牌。

新浪原有的客户信息分散在销售人员个人手中，每周每月销售人员要上交所有的销售预报和销售情况表格，再由专门的人员花一个星期将全国各地区的销售报表统一整理，这样当分公司和销售人员增加时，相应的报表工作也随之剧增。而且，新浪业务流程涉及项目繁多，需要多个部门之间协同作业，层层审批，周期需要压缩。当销售队伍增加至几百人时，遍及全球的时候，对销售的管理、销售过程的控制俨然是一个亟待解决的问题。

本着快速实施、跨区域、满足本企业需求的原则，新浪最终选择了SAlesLogix作为CRM战略伙伴。SAlesLogix提供给新浪一个全国准确、快速的传递数据方案，项目第一期：总共120个用户。总部用Client/Server，通过LAN访问系统；分公司通过Citrix，用IE浏览器访问系统。

实施效益

1．集中化管理客户，对客户分级分层次进行管理；

2．销售活动更科学、更具针对性；与客户的关系比以往更为密切；

3．合同审批高效运转，各部门的团队协同作业发挥到极致，因而大大提高了对客户的响应速度，客户从接触、尝试到信任再到依赖，客户的忠诚度逐级上升；

4．与财务软件的完美接口，不需要信息的重复录入，使得销售与财务之间信息沟通无限制；

5．复杂而繁多的报表，方便、快捷得以看到想看的内容。

阅读材料，分析以下问题：

1．这两家公司分别采用了哪些CRM方法？

2．对其他公司有哪些启示？

项目 8 电子商务法律

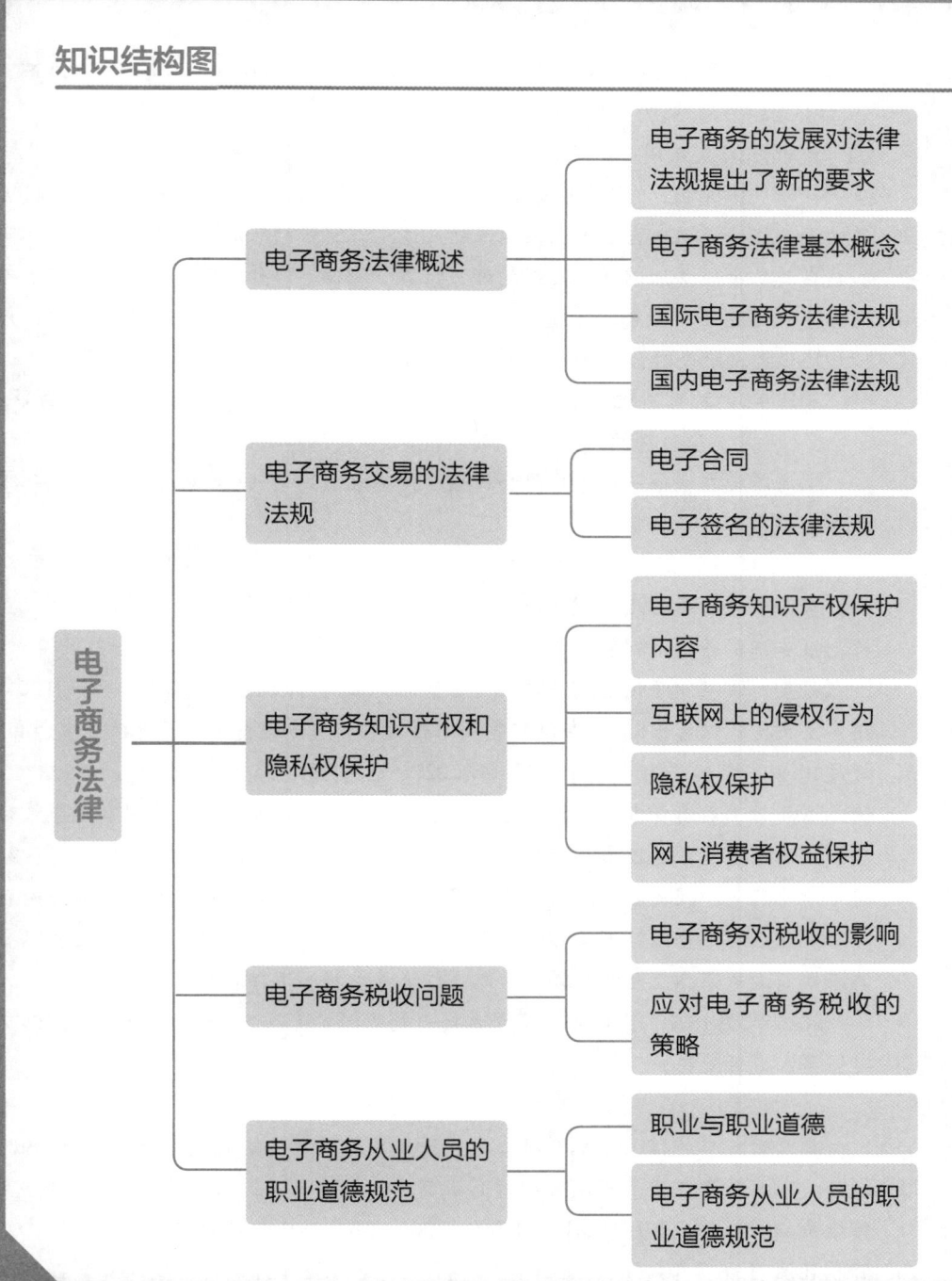

案例导入

违反电子商务法律法规的十大典型案例

电子商务自从出现以来，在其快速发展的过程中，出现了很多违法违规的现象，常见的一些典型案例如下。

1. 浙江淘宝网络有限公司未审查登记开店自然人身份信息案

浙江淘宝网络有限公司开设淘宝网（http://www.taobao.com）、淘点点网（http://www.tdd.la）等14个网站。

为推广淘点点网，当事人允许包括店铺名为"重庆××粉""烤×蹄""桂林××（武林店）""黄××米饭""老×号面馆"等以自然人身份在淘点点网上开设上述网店，从事外卖式餐饮服务经营活动。当事人未核发证明上述无证无照网店店主个人身份信息真实合法的标记，加载在其从事经营活动的主页面的醒目位置。2014年11月25日，浙江省杭州市市场监督管理局向当事人送达了《责令改正通知书》，要求当事人限期15日内改正违法行为，但该局于2014年12月15日再次检查时，当事人仍未改正上述违法行为。

2015年3月26日，杭州市市场监督管理局依据《网络交易管理办法》对当事人进行处罚。

2. 上海国美在线电子商务有限公司虚假宣传虚构交易案

上海国美在线电子商务有限公司设立国美在线网站（www.gome.com.cn）对外销售自营商品和提供第三方平台服务。

自2014年9月1日起，当事人在国美在线网站上架贝昂KJF280B空气净化器并发布了宣传网页。宣传中对商品的几项测试指标进行了篡改，与真实测试数据不符。网页上宣传无辐射，但检测报告证实并非无辐射。

另查，该空气净化器是当事人自营商品，采购自经销商北京某公司。自2014年9月1日上架销售至案发，仅售出5台。在该空气净化器的相关宣传网页商品评价栏目中含有以下内容："好评度100%，全部评论（2272），好评（2271），中评（1），差评（0）。"经核实，其中有5条评论是商品售出后消费者的真实评论，其余评论均是经销商北京某公司和当事人为增加商品信誉度和提高销售量，通过虚构交易的方式刷出来的虚假评论。具体操作方式是：经销商北京某公司申请注册多个国美在线网站账号，用这些账号先下单购买该商品，完成评论后再撤销订单。当事人在后台配合经销商审核通过上述下单、评论和撤单的操作，实际上并不安排发货，也未与经销商进行商品交易的结算，这部分订单是虚构和不存在的。

2015年5月18日，上海市工商局嘉定分局依据《反不正当竞争法》和《网络交易管理办法》对当事人进行处罚。

3. 北京世纪卓越信息技术有限公司拖延执行"七日无理由退货"案

北京世纪卓越信息技术有限公司开设亚马逊网上购物商城（www.amazon.cn）。2014年8月21日，有消费者在亚马逊网上购物商城下单付款购买了29张"月饼礼券（北京提货券）"作为赠送亲朋的礼物，2014年8月25日到货。2014年8月28日开封后，消费者发现其中11张为上海提货券且注明为"本券仅限上海地区使用"。消费者立即打电话给亚马逊客服，并发邮件要求退换货。亚马逊先告知消费者要请示，继续拖延。到2014年9月5日，当事人发邮件称该礼券属于食品类，不予退货。2014年9月18日，经北京市工商局朝阳分局调解无果。

2015年2月26日，北京市工商局朝阳分局依据《消费者权益保护法》对当事人进行处罚。

4. 纽海电子商务（上海）有限公司发布不良文化广告内容案

纽海电子商务（上海）有限公司是1号店网站（www.yhd.com）的运营商，主要从事第三方网络平台交易活动。

当事人为加强宣传其"4·19"的促销活动，自2015年4月13日起通过其微信认证的公众号平台（yhd111）对外发布了标题为"4月19日'约一pao'不如'摇一摇'，0元Apple Watch等你来！""最养眼的419福利来啦，今年的419，玩点不一样的才劲爆"和"419掌上狂欢激情夜，一起来扒开小鲜肉的最后防线，百元礼品卡等着你"3个宣传广告，其中具体使用的宣传用语含有不符合社会主义精神文明建设要求的不良文化内容。

2015年8月5日，上海市工商局自由贸易试验区分局依据《广告语言文字管理暂行规定》对当事人进行处罚。

5. 北京京东世纪信息技术有限公司巨额有奖销售案

北京京东世纪信息技术有限公司开设京东商城（www.jd.com）。2014年3月11日0时0分0秒至2015年4月3日23时59分59秒，当事人在京东商城网站上开展"大神送你特斯拉"抽奖活动，奖品为特斯拉2014款MODELS85电动汽车一辆（8年使用权）。根据特斯拉官网显示，该款汽车价格为73.4万元，当事人提供的活动奖品金额超过5000元。

2014年10月17日，北京市工商局开发区分局依据《反不正当竞争法》对当事人进行处罚。

6. 中粮海优（北京）有限公司利用格式条款排除消费者权利案

中粮海优（北京）有限公司开设中粮我买网（www.womai.com）。2015年1月12日至2015年4月2日，当事人在我买网的售后服务政策中其他项第五条有"本政策最终解释权归'我买网'所有"，此行为违反了《合同违法行为监督处理办法》的规定。

2015年4月29日，北京市工商局朝阳分局依据《合同违法行为监督处理办法》，对当事人进行处罚。

7. 广州唯品会信息科技有限公司宣传驰名商标案

广州唯品会信息科技有限公司开设唯品会网（www.vip.com）。当事人通过唯品会网经销"飞科FLYCO时尚炫酷智能剃须刀"，在对产品"品牌故事"进行宣传时，发布了"'FLYCO飞科'是剃须刀行业首枚'中国驰名商标'……"等宣传内容，构成了将"驰名商标"字样用于宣传的违法行为。2015年5月27日，广东省广州市工商局依据《商标法》对当事人进行处罚。

8. 南京苏宁易购电子商务有限公司网页广告使用最高级用语案

南京苏宁易购电子商务有限公司开设苏宁易购网（www.suning.com）。自2014年11月11日至2015年1月8日期间，当事人在其购物网站上发布了魅族手机MX3联通16G（M351）手机广告，页面广告中使用了"特别定制的2GB内存，每秒吞吐12.8GB的数据，是目前手机中顶级的""定制索尼顶级的CMOS""索尼最顶级800万背照式"的最高级用语。当事人上述商品广告发布是自己设计、制作、运营的。

2015年4月13日，江苏省南京市玄武区市场监督管理局依据《广告法》对当事人进行处罚。

9. 上海易迅电子商务发展有限公司虚假宣传促销活动案

上海易迅电子商务发展有限公司开设易迅网（www.yixun.com）。2014年6月5日起，当事人在易迅网上陆续开展了10个商品促销活动，网页上分别使用了以下促销宣传用语："手机大爆破 直降1000元""小家电引爆红6月 爆款家电3折清仓""清凉一夏 家电养生堂5折开抢""易迅京东店百万家电放量疯抢""大牌电视机店庆降2000""冰箱洗衣机8折先抢""空调8折先抢""夏不为利 家电先降冰点价3折起""小家电3折先抢""电视影音直降2000年 中最低价""夏不为利 金装家电五折来袭""厨卫巅峰惠5折 暴走直降1000""3折狂欢 你是我的小啊小家电怎么爱你都不嫌贵""破冰家电重生5折来袭""暑期嘉年华 数码3折抢"。上述促销活动的宣传用语所宣传的价格信息，与促销活动的实际情况不符，各促销活动中有多款其他商品未按照宣传用语表述的价格信息进行促销。

2014年11月27日，上海市工商局宝山分局依据《消费者权益保护法》对当事人进行处罚。

10. 北京当当科文电子商务有限公司食品广告宣传保健功能案

北京当当科文电子商务有限公司开设当当网（www.dangdang.com）。当事人在当当网（www.dangdang.com）上的普通食品延世牛奶的宣传页面中，有内容为"提高视力、预防近视眼；有效抗氧化、美容护肤；延缓衰老、保证安稳睡眠；缓解视疲劳、抵抗辐射；保持充沛精力、远离疾病"的宣传保健功能的文字表述。2014年10月13日，北京市工商局东城分局依据《食品广告发布暂行规定》对当事人进行处罚。

从以上典型违法违规案例中可以看出，即便是大商家也存在许多违反市场规则甚至是法律法规的现象，电子商务领域法律法规建设相对滞后，这让不少商家故意钻法律空子，打擦边球，因此，电子商务法律法规建设有必要认真学习。

案例思考题
1. 上述违法行为你是否有注意到？
2. 你是否遭遇过商家的违法行为的伤害？
3. 你知道哪些电子商务领域的法律法规？

8.1 电子商务法律概述

8.1.1 电子商务的发展对法律法规提出了新的要求

电子商务作为21世纪全球经济的宠儿，代表着未来贸易的发展方向，会给我们带来无限商机。与此同时，电子商务的跨越式发展，带来了诸如网络著作权、网络隐私权、网络信息发布和保密等许多新的法律问题，过去的法律法规无法完全适应全球化的网络环境。电子商务法律的完善与否将成为制约电子商务健康、有序、深入发展的关键因素。

世界各国都迫切需要制定一致认可的法律框架，以法律的统一性和确定性促进电子商务的健康、快速发展。电子商务法律体系涉及电子交易、知识产权、消费者权益保护、安全保护、税收等诸多方面。在中国，电子商务方兴未艾，电子商务法律体系的健全和发展还面临着很多问题和困惑。

电子商务的交易是一个相当复杂的过程，它包括信息交换、销售、售前、售后服务。电子商务的飞速发展，使得许多新的法律问题产生。一方面，电子商务所具有的无界性、虚拟性等特点使传统的民事权利在网络上具有了新的特点，在电子商务活动中出现了不能得到法律有效保障的"灰色地带"，这就要求建立新的电子商务法律机制，来保护公民在网络上的合法权益不受侵犯；另一方面，高速的技术进步，使电子商务的发展速度远远超过了国家法律适时调整的能力，给立法者和司法者提出了新的挑战，加速政策法规的改革成为政府在数字化时代的艰巨任务。

电子商务涉及的法律法规问题非常广泛，如合同法、税法、知识产权法、银行法、票据法、海关法、广告法、消费者权益保护法、刑法及工商行政法规等。可以说，电子商务法律体系建立和完善的过程，将会是法律体系全面深刻变革的过程。

中国电子商务法律网（www.chinaeclaw.com）提供了较丰富的电子商务法律法规信息资源。电子商务能否健康稳定地发展很大程度上取决于电子商务的法律法规建设。虽然我国政府对电子商务的立法十分重视，但在电子商务专门立法上尚无法律文件，不能满足电子商务快速发展的要求，相比国外，我国的信息化产业政策、法律、法规还不够健全，存在很多盲点。

2005年《国务院办公厅关于加快电子商务发展的若干意见》就"完善政策法规环境，规范电子商务发展"，明确指出要"加强统筹规划和协调配合，推动电子商务法律法规建设，研究制定鼓励电子商务发展的财税政策，完善电子商务投融资机制"。

8.1.2 电子商务法律基本概念

电子商务通常是买卖双方在虚拟市场上通过订立电子合同来达成的，在电子商务的具体交易中，完成交易的各方都是通过无纸化的电子票据来进行支付和结算，而信息是通过网络进行传输的。在这样的开放环境里，如不及时制定有关的法律法规，电子商务的交易安全就无法得到保障。

联合国国际贸易法委员会1996年6月提出了"电子商务示范法"蓝本，为各国电子商务立法提供了一个范本。

（1）电子商务法律的概念与特征

法律是调整特定社会关系或社会行为的行为规范。电子商务的发展和自身的规范要求电子商务法律的产生。电子商务法律，是指调整以电子交易和电子服务为核心的电子商务活动所发生的各种社会关系的法律规范的统称。

电子商务法具有以下基本特征：

1）全球性。它具有跨越任何国界、地域的，全球化的天然特性。网络环境中的商务活动是不受任何国别限制的，任何国家制定的国内电子商务法规都很难适用于跨国别的电子商务交易，这就需要国际社会采取一致规则。因此，电子商务立法一开始是通过国际组织制定国际性法规而推广到世界各地的，为世界电子商务立法统一观念和原则奠定了基础。各国制定的电子商务法律法规既要注意符合本国国情，又要与国际接轨。

2）技术性。电子商务是现代高科技的产物，它的发展与电子技术发展所产生的行业标准、技术规范密切相关。规范这种行为的电子商务法律必须要适应这种特点。因此，有关电子商务的法律规范必须以技术性为主要特点之一。比如一些国家将运用公开密钥体系生成的数字签名规定为安全的数字签名，这样就将有关公开密钥的技术规范转化成了法律要求，对当事人之间的交易形式和权利义务的行使都有极其重要的影响。倘若从时代背景看，这是21世纪知识经济在法律上的反映。技术规范的强制力导源于其客观规律性。

3）安全性。电子商务发展中安全问题是重要问题。因此电子商务法必须规范电子商务的安全问题，有效预防和打击各种利用互联网进行的犯罪，确保电子商务的安全。

4）复杂性。由于电子商务是构建在高科技与互联网技术之上的，由此其专业性、复杂性造成了电子商务的复杂性，从而也导致其相关法律的复杂性。这一特点是与口头及传统的书面形式相比较而存在的。首先其技术手段上的复杂性是显而易见的。其次是其交易关系的复合性，它表现在通常当事人必须在第三方的协助下完成交易活动。比如在合同订立中，需要有网络服务商提供接入服务，需要有认证机构提供数字证书等。即便在非网络化的、点到点的电讯商务环境下，交易人也需要通过电话、电报等传输服务来完成交易。或许有企业可撇开第三方的传输服务，自备通信设施进行交易，但这样很可能徒增成本，有悖于商业规律。此外，在线合同的履行，可能需要第三方加入协助履行。比如在线支付，往往需要银行的网络化服务。这就使得电子交易形式具有复杂化的特点。实际上，每一笔电子商务交易的进行，都必须以多重法律关系的存在为前提，这是传统口头或纸面条件下所没有的。它要求多方位的法律调整以及多学科知识的应用。

（2）电子商务法律主体

电子商务法律主体是指参与电子商务活动并在电子商务活动中享有权利和承担义务的个人和组织。

电子商务法律主体主要涉及交易双方、网络支持机构、网络公司、电子商务认证机构、结算机构、货物配送机构。

（3）电子商务法律的立法原则

1）中立原则。电子商务法的基本目标，归结起来就是要在电子商务活动中，建立公平的交易规则。这是商法的交易安全原则在电子商务法上的必然反映。电子商务既是一种新的交易手段，同时又是一个新兴产业。面对其中所蕴含的深不可测的巨大利益的诱惑，可以说没有哪个企业是无动于衷的。各种利益集团、各种技术，以及各个利益主体都想参与其中，在这个无比广阔的舞台上施展才华，谋取便利。其具体参与者有硬件制造商、软件开发商、信息提供商、消费者、商家等，不一而足。而要达到各方利益的平衡，实现公平的目标，就有必要做到如下几点：

其一，技术中立。电子商务法对传统的口令法与非对称性公开密钥加密法以及生物鉴别法等，都不可厚此薄彼，产生任何歧视性要求。同时，还要给未来技术的发展留下法律空间，而不能停止于现状，以致闭塞贤路。譬如分子计算机的问世、新一代高速网络的出现等，都将考验电子商务法的中立性。这是在总结了传统书面法律要求的经验教训而得出的结论。当然，该原则在具体实施时会遇到许多困难。而克服这些具体困难的步骤，也就是技术中立原则实现的过程。

其二，媒介中立。媒介中立与技术中立紧密联系，二者都具有较强的客观性，并且一定的传输技术与相应的媒介之间是互为前提的。媒介中立，是中立原则在各种通讯媒体上的具体表现，所不同的是，技术中立侧重于讯息的控制和利用手段；而媒介中立则着重于讯息依赖的载体。后者更接近于材料科学。从传统的通信行业划分来看，不同的媒体可能分属于不同的产业部门，如无线通信、有线通信、电视、广播、增值网络等。而电子商务法，则应以中立的原则来对待这些媒介，允许各种媒介根据技术和市场的发展规律而相互融合，互相促进。只有这样，才能使各种资源得到充分的利用，从而避免人为的行业垄断，或媒介垄断。开放性互联网的出现，正好为各种媒介发挥其作用提供了理想的环境，达到兴利除弊，共生共荣。

其三，实施中立。实施中立是指在电子商务法与其他相关法律的实施上，不可偏废；在本国电子商务活动与跨国际性电子商务活动的法律待遇上，应一视同仁。特别是不能将传统书面环境下的法律规范（如书面、签名、原件等法律要求）的效力，放置于电子商务法之上，而应中立对待，根据具体环境特征的需求来决定法律的实施。如果说前述技术中立和媒介中立，反映了电子商务法对技术方案和媒介方式的规范，具有较强的客观性。而对电子商务法的中立实施，则更偏重于主观性。电子商务法如同其他规范一样，其适用离不开当事人的遵守与司法机关的适用。

其四，同等保护。此点是实施中立原则在电子商务交易主体上的延伸。电子商务法对商家与消费者，国内当事人与国外当事人等，都应尽量做到同等保护。因为电子商务市场本身是国际性的，在现代通信技术条件下，割裂的、封闭的电子商务市场是无法生存的。

总之，电子商务法上的中立原则，着重反映了商事交易的公平理念，其具体实施将全面展现在当事人所依托于开放性、兼容性、国际性的网络与协议而进行的商事交易之中。

2）自治原则。允许当事人以协议方式订立其间的交易规则是交易法的基本属性。因而，在电子商务法的立法与司法过程中，都要以自治原则为指导，为当事人全面表达与实现自己的意愿预留充分的空间，并提供确实的保障。譬如以《示范法》第四条为例，就规定了当事人可以协议变更的条款。其内在含义是：除了强制性的法律规范外，其余条款均可由当事人自行协商制定。其实，《示范法》中的强行规范不仅从数量上很少，仅四条之多，而且其目的也仅在于消除传统法律为电子商务发展所造成的障碍，为当事人在电子商务领域里充分行使其意思自治而创造条件。换言之，《示范法》的任意性条款，从正面确定权利，以鼓励其意思自治，而强制性条款，则从反面摧毁传统法律羁绊，使法律适应电子商务活动的特征，更好地保障其自治意思的实现。可以说是一正一反，殊途同归。

3）开放、兼容原则。所谓开放，是对国际范围而言的，指对各地区、各种网络的开放。而兼容性，则是指各种技术手段、各种传输媒介的相互对接与融合。电子商务的开放性、兼容性、互操作性是其技术先进性的表现。它是电子商务的主要运行平台——互联网的基本特征在法律规范上的反映。舍弃了开放、兼容的特质，网络的资源共享与高效运作等优越性也就不复存在了。如果说中立原则旨在实现商法的公平价值，那么开放、兼容则反映的是商法效率价值的要求。任何封闭的疆界、垄断的措施，既不利于电子商务的全球化发展，也是对合理配置技术、信息资源的妨碍。以法律规范确定该原则，是电子商务健康发展的基本要求。

4）安全原则。保障电子商务的安全进行，既是电子商务法的重要任务，又是其基本原则之一。电子商务以其高效、快捷的特性，在各种商事交易形式中脱颖而出，具有强大的生命力。而这种高效、快捷的交易工具，必须以安全为其前提。它不仅需要技术上的安全措施，同时，也离不开法律上的安全规范。譬如电子商务法确认强化（安全）电子签名的标准，规定认证机构的资格及其职责等具体的制度，都是为了在电子商务条件下，形成一个较为安全的环境，至少其安全程度应与传统纸面形式相同。电子商务法从对数据电讯效力承认，以消除电子商务运行方式的法律上的不确定性，以至到根据电子商务活动中现代电子技术方案应用的成熟经验，而建立起反映其特点的操作性规范，其中都贯穿了安全原则和理念。这一原则表面上是对开放、兼容的制约，而实质上却是与之相辅相成，互为前提的。

上述电子商务法中所具有的一般性原则，虽然来自于对国际或外国电子商务立法的总结，但对我国电子商务立法而言具有极其重要的参考价值。

8.1.3　国际电子商务法律法规

为了给电子商务的发展提供良好的法律环境，以联合国为首的有关国际性、区域性组织和各国政府给予了高度重视，对电子商务法律进行了积极探索，纷纷出台推动电子商务发展的政策、行动纲领和规范性文件，同时减少各国在立法上的冲突，为电子商务在全球范围内的发展扫平障碍。

（1）国际电子商务立法概况

1）国际组织的电子商务立法情况。联合国国际贸易法律委员会：联合国探讨电子商务的法律问题始于20世纪80年代。国际商会（ICC）世界知识产权组织（WIPO）

2）欧洲地区电子商务立法。俄罗斯是世界上最早进行电子商务立法的国家，1994年俄罗斯开始建设俄联邦政府网，1995年俄罗斯国家杜马审议通过了《俄罗斯信息、信息化和信息保护法》；1996年通过了《国际信息交流法》；2001年通过了《电子数字签名法》草案，规定了国家机构、法人和自然人在正式文件上用电子密码进行签名的条件、电子签名的确认、效力、保存期限和管理办法等。

此外，还有德国1997年的《信息与通用服务法》，意大利1997年的《数字签名法》，法国2000年的《信息技术法》等。

3）北美洲、澳大利亚电子商务立法。1995年美国犹他州制定了世界上第一个《数字签名法》，1997年在统一商法典中增加了两章：电子合同法和计算机信息交易法，1998年做出进一步修改；2000年颁布《国际与国内商务电子签章法》。20世纪末，美已有44个州制定了与电子商务有关的法律。近10年来，美出台了一系列的法律和文件，从而构成了电子商务的法律框架。

1999年加拿大制定了《统一电子商务法》，正式承认数字签名和电子文件的法律效力。1999年澳大利亚颁布了《电子交易法》，确定了电子交易的有效性，并对适用范围进行了适当限制，对"书面形式""签署""文件之公示""书面信息的保留""电子通讯发出、接收的时间和地点""电子信息的归属"进行了规定。

4）亚洲地区电子商务立法。新加坡早在1986年新政府就宣布了国家贸易网络开发计划，1991年全面投入使用EDI办理和申报外贸业务。1998年制定了《电子交易法》，并逐步建立起完整的法律和技术框架。

马来西亚是亚洲最早进行电子商务立法的国家。20世纪90年代中期提出建设"信息走廊"的计划，1997年颁布了《数字签名法》，该法采用了以公共密钥技术为基础，并建立配套认证机制的技术模式，极大地促进了电子商务发展。

韩国1999年的《电子商务基本法》是最典型的综合性电子商务立法，该法包括：关于电子信息和数字签名的一般规定；电子信息；电子商务的安全；促进电子商务的发展；消费者保护及其他；对电子商务的各方面做出基础性的规范。

日本2000年制定的《电子签名与认证服务法》，主要的篇幅用于规范认证服务，从几个方面对认证服务进行了全面细致的规定；该法还明确指定了调查机构的权利与义务，形成了独特的监管模式。

印度1998年推出《电子商务支持法》，并在2000年针对电子商务的免税提出实施方案，促进了信息产业和相关产业的持续增长。

（2）国际电子商务法律与法规的内容与特点

作为发展中国家的中国，研究国际电子商务立法的发展进程及特点对于掌握国际电子商务立法的发展趋势，从而对于促进中国国内电子商务立法，对于中国积极参与国际电子商务立法，防止大国对电子商务立法的控制具有重要意义。

1）国际电子商务立法主要内容。市场准入；税收；电子商务合同的成立；安全与保密；知识产权；隐私权保护；电子支付。

2）国际电子商务立法的特点。

电子商务的国际立法先于各国国内法的制定。

电子商务国际立法具有边制定边完善的特点。

电子商务的贸易自由化程度较高。

电子商务国际立法重点在于使过去制定的法律具有适用性。

发达国家在电子商务国际立法中居主导地位。

工商垄断企业在电子商务技术标准和制定上起主要作用。

8.1.4　国内电子商务法律法规

（1）国内电子商务法律与法规的发展进程

2000年起，我国的电子商务已经进入飞速发展时期。虽然我国的电子商务发展起步比西方发达国家晚，但国家对电子商务的法规建设相当重视。

1999年就开始把电子商务法律与法规建设提上议事日程，把规范企业间的电子商务活动作为电子商务管理工作的重点。从另一方面来看，随着企业间电子商务活动的开展，对于电子商务法律的需求已经越来越强烈。

（2）国内电子商务立法概况

《中华人民共和国电子签名法》

《国务院办公厅关于加快电子商务发展的若干意见》

《电子认证服务管理办法》

《电子认证服务密码管理办法》

《网上交易平台服务自律规范》

《电子支付指引》

8.2 电子商务交易的法律法规

8.2.1 电子合同

和传统的网上活动一样，电子商务也需要以合同的形式来约束交易双方的权利和义务。然而，网络数据传输和处理的特点决定了电子商务合同在订立和履行的过程中都有独到之处。用传统合同法来调节电子商务合同所引发的法律问题，势必引起更多的挑战。随着电子商务的发展，世界各国都开始通过修改完善已有法律或是制定新的法律来解决电子商务交易中的各种问题，保障电子合同的效力，促进电子商务的安全、公平。

1996年6月14日联合国国际贸易法委员会第29届年会通过了《电子商务示范法》，这项示范法允许交易双方通过电子手段传递信息、签订买卖合同和转让货物所有权，以往不具法律效力的数据电文现在和书面文件一样得到了法律的承认。该法律的通过为实现国际贸易的"无纸操作"提供了法律保障。我国1999年10月开始实施的新《合同法》也引入了数据电文的形式，从而在法律上确认了电子合同的合法性。了解电子合同这一新的合同形式对依法开展电子商务有着重要的意义。

随着电子技术的发展，电子合同得以出现，其虽然也通过电子脉冲来传递信息，但是却不再以一张纸为原始的凭据，而只是一组电子信息。电子合同，又称电子商务合同，根据联合国国际贸易法委员会《电子商务示范法》以及世界各国颁布的电子交易法，同时结合我国《合同法》的有关规定，电子合同可以界定为：电子合同是双方或多方当事人之间通过电子信息网络以电子的形式达成的设立、变更、终止财产性民事权利义务关系的协议。通过上述定义可以看出电子合同是以电子的方式订立的合同，其主要是指在网络条件下当事人为了实现一定的目的，通过数据电文、电子邮件等形式签订的明确双方权利义务关系的一种电子协议。

（1）电子合同与传统合同的区别

传统的合同形式主要有两种：口头形式和书面形式。口头形式是指当事人采用口头或电话等直接表达的方式达成的协议，而书面形式指的是当事人采用非直接表达方式即文字方式来表达协议的内容。在电子商务中，合同的意义和作用没有发生改变，但形式变了。

1）订立合同的双方往往是互不相识、互不见面的。所有的买方和卖方都是在虚拟市场内运作，其信用依靠密码辨认或认证机构的认证。

2）传统合同的口头形式在贸易上常常表现为店堂交易，并将商家所开具的发票作为合同的依据。而电子商务标的额较小、关系简单的交易没有具体的合同形式，表现为直接通过网络订购、付款，这种形式往往没有合同也没有电子发票。

3）表示合同生效的传统签字盖章方式被电子签名所代替。

4）传统合同生效的地点一般为合同签订的地点，而采用电子合同，收件人的主营业地为合同成立的地点，没有主营业地的以经常居住地为合同成立的地点。

（2）电子合同的形式

电子商务所利用的电子邮件和电子数据交换与电报传真非常相似，都是通过一系列电子脉冲来传递信息，但电子商务通常不是以原始纸张作为记录的凭证，而是将信息或数据记录在计算机中。这种方法有以下特点：

1）电子数据的易消失性。电子数据以计算机储存为条件，是无形物，一旦操作不当可能抹掉所有数据。

2）电子数据作为证据的局限性。传统合同形式只是受到当事人保护程度和自然侵蚀的限制，而电子数据不仅可能受到物理灾难的威胁，还有可能受到计算机病毒等计算机特有的无形灾难攻击。

3）电子数据的易改动性。传统合同是纸质的，一旦改动必然留下痕迹，而电子数据改动、伪造后可以不留痕迹。

（3）电子合同订立与成立

电子合同的订立是指缔约人做出意思表示并达成合意的行为和过程。任何一个合同的签订都需要当事人双方进行一次或者是多次的协商、谈判，并最终达成一致意见，合同即可成立。电子合同的成立是指当事人之间就合同的主要条款达成一致的意见。

电子合同作为合同中的一种特殊形式，其成立与传统的合同一样，同样需要具备相关的要素和条件。世界各国的合同法对合同的成立大都减少不必要的限制，这种做法是适应和鼓励交易行为，增进社会财富的需要，所以说在电子合同的成立上，只要当事人之间就合同的主要条款达成一致的意见即可成立。

关于合同中的主要条款，现行的立法是很宽泛的，我国的《合同法》第12条做了列举性的规定，但是该列举性规定是指一般条款。本书认为，就合同的主要本质而言，在合同主要条款方面如果当事人有约定，要以双方约定为主要条款，如果没有约定的可以根据合同的性质确定合同主要条款。

合同的成立与合同的订立是两个不同的概念，两者既有联系又有区别。电子合同的成立需要具备相应的要件：

首先，订约人的主体是双方或者是多方当事人，合同的主体是合同关系的当事人，他们实际享受合同权利并承担合同义务。

其次，订约当事人对主要条款达成合意，合同成立的根本标志在于合同当事人就合同的主要条款达成合意。

最后，合同的成立应该具备要约和承诺两个阶段，《合同法》第13条规定："当事人订立合同，采取要约、承诺方式。"

（4）要约和要约邀请

要约是指缔约一方以缔结合同为目的而向对方当事人做出的意思表示。关于要约的形式，联合国的《电子商务示范法》第11条规定："除非当事人另有协议，合同要约及承诺均可以通过电子意思表示的手段来表示，并不得仅仅以使用电子意思表示为理由否认该合同的有效性或者是可执行性。"要约的形式，既可以是明示的，也可以是默示的。

要约通常都具有特定的形式和内容，一项要约要发生法律效力，则必须具备特定的有效要件：

①要约是由具有订约能力的特定人做出的意思表示。
②要约必须具有订立合同的意图。
③要约必须向要约人希望与之缔结合同的受要约人发出。
④要约的内容必须明确、具体和完整。
⑤要约必须送达受要约人。

要约邀请是指希望他人向自己发出要约的意思表示。在电子商务活动中，从事电子交易的商家在互联网上发布广告的行为到底应该视为要约还是要约邀请？在该问题上学界有不同的观点：一种观点认为是要约邀请，他们认为这些广告是针对不特定的多数人发出的。另一种观点认为是要约，因为这些广告所包含的内容是具体确定的，其包括了价格、规格、数量等完整的交易信息。

要约一旦做出就不能随意撤销或者是撤回，否则要约人必须承担违约责任。我国《合同法》第18条规定："要约到达受要约人时生效。"由于电子交易均采取电子方式进行，要约的内容均表现为数字信息在网络上传播，往往要约在自己的计算机上按下确认键的同时对方计算机几乎同步收到要约的内容，这种技术改变了传统交易中的时间和地点观念。为了明确电子交易中何谓要约的到达标准，《合同法》第16条第2款规定："采用数据电文形式订立合同，收件人指定特定系统接收数据电文的，该数据电文进入该特定系统的时间，视为到达时间，未指定特定系统的，该数据电文进入收件人的任何系统的首次时间，视为到达时间。"

（5）承诺

承诺，又称为接盘或接受，是指受要约人做出的，对要约的内容表示同意并愿意与要约人缔结合同的意思表示。我国的《合同法》第21条规定："承诺是受要约人同意要约的意思表示。"意思表示是否构成承诺需具备以下几个要件：

①承诺必须由受要约人向要约人做出。
②承诺必须是对要约明确表示同意的意思表示。
③承诺的内容不能对要约的内容做出实质性的变更。
④承诺应在要约有效期间内做出。要约没有规定承诺期限的，若要约以对话方式做出

的，承诺应当即时做出，要约以非对话方式做出的，承诺应当在合理期间内承诺，双方当事人另有约定的从其约定。

承诺的撤回，是指受要约人在发出承诺通知以后，在承诺正式生效之前撤回承诺。根据《合同法》第27条的规定："承诺可以撤回。撤回承诺的通知应当在承诺通知到达要约人之前或者是承诺通知同时到达要约人。"因此，承诺的撤回通知必须在承诺生效之前到达要约人，或者是与承诺通知同时到达要约人，撤回才能生效。如果承诺通知已经生效，合同已经成立，受要约人当然不能再撤回承诺。对承诺的撤回问题学界有不同的观点，反对者认为电子商务具有传递速度快，自动化程度高的特点，要约或者承诺生效后，可能自动引发计算机做出相关的指令，这样会导致一系列的后果。赞同承诺撤回的学者则认为不管电子传输速度有多快，总是有时间间隔的，而且也存在网络故障、信箱拥挤、计算机病毒等突发性事件的存在，使得要约、承诺不可能及时到达。

（6）电子合同的成立时间与地点

1）电子合同的成立时间。在一般情况下电子合同的成立时间就是电子合同的生效时间，合同成立的时间是对双方当事人产生法律效力的时间。一般认为收件人收到数据电文的时间即为到达生效的时间。联合国《电子商务示范法》第15条和我国的《合同法》第16条的规定基本相同。如收件人为接收数据电文而指定了某一信息系统，该数据系统进入该特定系统的时间，视为收到时间。如收件人没有指定某一特定信息系统的，则数据电文进入收件人的任一信息系统的时间为收到时间。对于什么是"进入"，一项数据电文进入某一信息系统，其时间应是在该信息系统内可投入处理的时间，而不管收件人是否检查或者是否阅读传送的信息内容。

认定发送和接收电子合同的时间对于判断交易成立和生效具有重要的意义。我国的《合同法》对此只是做了原则性的规定。根据《合同法》和民事法律关系基本原理和电子合同的实际情况，认定发送和接收电子通讯时间的默认规则为，在双方没有相关约定的情况下，某个电子信息进入某个输送人无法控制的信息系统就视为该信息已经被发送，如果信息先后进入了多个信息系统，则信息发送的时间以最先进入其网络服务提供者的服务器，再发送到接收人的计算机系统，那么该信息被发送的时间就是先进入网络服务提供者的服务器的时间。在判断信息接收时间方面，如果电子信息的接收人指定了一个信息接收系统，则电子信息进入该系统的时间即为信息接收的时间。

2）电子合同的成立地点。确定电子合同成立的地点涉及发生合同纠纷后由哪地、哪级法院管辖及其适用法律问题。我国《合同法》第34条规定："承诺生效的地点为合同成立的地点，采用电子意思表示形式订立合同的收件人的主要营业地为合同成立的地点，没有主要营业地的，其经常居住地为合同成立的地点，当事人另有约定的从其约定。"我国立法对电子意思表示采取的是"到达主义"，所以规定以收到地点为合同成立的地点，其原因是考虑到当事人意思自治原则和特殊性问题。我国《合同法》第34条之所以这样规定，主要是因为电子交易中收件人接收或者检索数据电文的信息系统经常与收件人不在同一管辖区内，上述规定确保了收件人与视为收件地点的所在地有着某种合理的联系，可以说我国《合同法》这一规定充分考虑了电子商务不同于普遍交易的特殊性。

（7）电子合同的生效

电子合同的成立只是意味着当事人之间已经就合同内容达成了意思表示一致，但合同能否产生法律效力，是否受法律保护还需要看它是否符合法律的要求，即合同是否符合法定的生效要件。电子合同的成立并不等于电子合同的生效，电子合同的生效，是指已经成立的合同符合法律规定的生效要件。虽然我国的《合同法》没有对合同的生效做出具体的规定，但是电子合同是一种典型的民事法律关系。我国的《民法通则》第55条规定，民事法律行为应当具备以下几个要件：

①行为人具有相应的行为能力。

②意思表示真实。

③不违反法律或社会公共利益。

这些条件是合同生效的一般要件，有的电子合同还需具备特殊要件，如有些特殊的电子合同还需到有关部门办理批准登记手续后才能生效。电子合同的生效需具备以下几个法定要件：

①行为人具有相应的民事行为能力。行为人具有相应的民事行为能力的要件在学理上又被称为有行为能力原则或主体合格原则。行为人必须具备正确理解自己行为性质和后果，独立地表达自己的意思的能力。

②电子意思表示真实。是指利用资讯处理系统或者电脑而为真实意思表示的情形。电子意思表示的形式是多种多样的，包括但不限于电话、电报、电传、传真、电邮、EDI、互联网数据等，具体通过封闭型的EDI网络，局域网与互联网连接开放型的互联网或传统的电信进行电子交易信息的传输。

③不违反法律和社会公共利益。不违反法律和社会公共利益，是指电子合同的内容合法。合同有效不仅要符合法律的规定，而且在合同的内容上不得违反社会公共利益。

在我国，凡属于严重违反公共道德和善良风俗的合同，应当认定其无效。

④合同必须具备法律所要求的形式。我国现行的法律规定无法确认电子合同的形式属于哪一种类型，尽管电子合同与传统合同有着许多差别，但是在形式要件方面不能阻挡新科技转化为生产力的步伐，立法已经在形式方面为合同的无纸化打开了绿灯。法律对数据电文合同应给予书面合同的地位，无论意思表示方式是采用电子的，光学的还是未来可能出现的其他新方式，一旦满足了功能上的要求，就应等同于法律上的"书面合同"文件，承认其效力。

（8）电子合同当事人的权利和义务

1）卖方义务。

按照合同的规定提交标的物及单据；

对标的物的权利承担担保义务；

对标的物的质量承担担保义务。

2）买方义务。

承担对标的物验收的义务；

承担按照合同规定的时间、地点和方式接收标的物的义务；

承担按照网络交易规定方式支付价款的义务。

（9）电子合同的违约救济

1）电子合同的归责原则。归责原则是指违约方承担民事责任的法律原则。合同法对违约的归责原则主要有过错责任和严格责任原则。过错责任原则指一方当事人违反合同的义务，不履行或者不适当履行合同时，应以过错作为确定责任的要件和责任范围的依据。严格责任原则是指违约发生以后，确定违约当事人的责任，并不以过错为要件的归责原则，其考虑的依据为违约的后果是否由于当事人一方的行为引起。

电子合同中的违约责任采用的是严格责任原则。这就意味着，电子合同的当事人只要发生违约的情形就应当承担责任，而不再以违约人是否存在过错和守约人是否受到伤害为要件。

2）违约救济。继续履行；采取补救措施；赔偿损失；停止使用或终止访问。

8.2.2　电子签名的法律规范

（1）电子签名的定义

电子签名是指通过一种特定的技术方案来鉴别当事人的身份，确保电子交易资料内容不被篡改的电子化安全保障措施。电子签名不仅包括数字签名，还包括口令、生物特征识别法等。数字签名是电子签名中最常见的一种形式，即加密字符串作为签字手段。

在电子商务中，双方或多方可能远隔万里互不相识，在整个交易过程中，自始至终没有见面，传统的签字方式很难应用于这种交易。因此人们试探一种电子签字来相互证明自己的身份。

（2）电子签名法律

1）国际电子签名的立法现状。

《电子商务示范法》规定"如法律要求要有一个人签名，则对于一项数据电文而言，倘若情况如下，即满足了该项要求：使用了一种方法，鉴定了该人的身份，并且表明该人认可了数据电文内含的信息；从各种情况看，包括根据任何相关协议，所用方法是可靠的，对生成或传递数据电文的目的来说也是适当的"。

《电子签名示范法》：2001年联合国贸法会通过了《电子签名示范法》，该法共12条，为电子签名的使用带来了法律的确定性。《电子签名示范法》的制定，是对《电子商务示范法》的补充，促进了电子签名所产生的法律效力，有助于各国加强利用现代化核证技术的立法，为尚无这种立法的国家提供参考，并对发展和谐的国际经济关系做出了贡献。

2）我国的电子签名法。

2004年8月，我国第十届全国人民代表大会常务委员会第十一次会议通过了《中华人民共和国电子签名法》，该法于2005年4月1日起实施，规定了以下几方面的内容：

①确立电子签名的法律效力；
②对数据电文做了相关的规定；
③设立电子认证服务市场准入制度；
④规定电子签名安全保障制度。

（3）我国电子签名法存在的问题

①国内电子签名的软硬件普遍不过硬。

②认证标准有待互联互通。
③用户认同度不高。

8.3 电子商务知识产权和隐私权保护

8.3.1 电子商务知识产权保护内容

知识产权是专利权、商标权、著作权、版权、专用技术、商业秘密以及邻接权、与贸易有关的知识产权的统称。随着科学技术的迅速发展，知识产权保护对象的范围不断扩大，不断涌现新型的智力成果，如计算机软件、生物工程技术、遗传基因技术、植物新品种等，也是当今世界各国所公认的知识产权的保护对象。而上述权利在互联网上得以自然延伸，一切侵犯上述权利或数字化后的上述权利的行为都将构成对知识产权的侵害。

（1）版权保护

所谓版权，有时也称作者权，在我国被称为著作权，是基于特定作品的精神权利以及全面支配该作品并享受其利益的经济权利的合称。版权法自产生以来，一直受着技术发展的重大影响，版权制度总是随着传播作品的技术手段的发展而不断向前发展的。

法律上客体是指主体的权利与义务所指向的对象。版权的客体是指版权法所认可的文学、艺术和科学等作品，简称作品。计算机技术以及网络通信的发展给版权的客体带来了新的内容。

1）计算机软件。目前世界上已经建立了一个比较全面的著作权保护法律体系，将计算机软件纳入著作权保护之中，给软件提供更加及时和完善的保护。计算机软件不同于一般的文字作品，其版权保护对象是：操作系统、微程序、固化程序、SSO（程序的结构、顺序和组织）、用户接口、数据库、文档、其他应用软件。

右图所示为国家知识产权局颁发的计算机软件著作权登记证书范本。

2）数据库。数据库由版权作品选编、汇集而成，属于汇编作品而受到版权保护；数据库由不受版权保护的材料组合而成，但因在材料的选择和编排上具有独创性而构成智力创作成果时，也可作为版权法意义上的编辑作品加以保护。上述两种数据库所受的保护与一般文学艺术作品没有本质区别。

3）多媒体。多媒体作品是指将传统的单纯以文字方式表现的计算机信息以图形、动画、声音、音乐、照片、录像等多种方式来展现的作品。

计算机软件著作权
登记证书

编号：

登记号：

软件名称：

著作权人：

权利取得方式：原始取得

权利范围：全部权利

首次发表日期：2006年10月01日

根据《计算机软件保护条例》和《计算机软件著作权登记办法》的规定，对以上事项予以登记。

2006 年 12 月 21 日

（2）专利权保护

所谓专利权指的是一种法律认定的权利。它是指对于公开的发明创造所享有的一定期限内的独占权。授予专利权的发明、实用新型和外观设计都要求具备一定的实质性。发明专利和实用新型专利要求应当具备新颖性、创造性、实用性，即通常所说的"三性"，而外观设计则只需要具备新颖性就足够了。

右图所示为国家知识产权局颁发的专利证书范本。

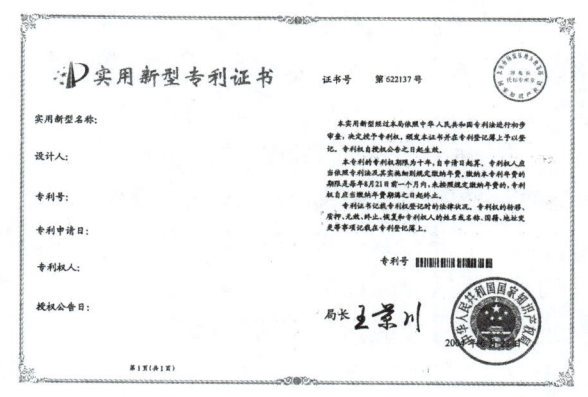

（3）商标权保护

商标在一定程度上体现了商品生产者或服务提供者的信誉这一"人格化因素"。在电子商务环境下，商标权的保护涉及如下内容：

网络链接上的商标侵权；

网上搜索引擎上的隐性商标侵权；

电子形式的商标侵权。

（4）域名的保护

任何厂商要从事电子商务，必须拥有一个自己的网络名称——域名。作为一种全新的网上资源和商战热点，域名抢注的纷争近二三十年来频繁发生。其原因在于用户和管理者对域名这一新生事物的法律性质认识不足，对其注册与使用行为的法律性质分析不够深入，同时也缺乏相应的法律规范来调整。因此，在电子商务环境下域名保护成为企业知识产权保护的重要内容。

8.3.2 互联网上的侵权行为

互联网上的侵权行为包括直接侵权、间接侵权和不正当竞争行为等。

（1）直接侵权

未经作者或者其他版权人许可而以任何方式复制、出版、发行、改编、翻译、广播、表演、展出、摄制影片等，均构成对版权的直接侵害。

在对直接侵权责任采取无过错责任的前提下，按照网上活动的主题分别对直接侵权责任进行分析。

网主的直接侵权责任。

网络服务提供者（ISP）的直接侵权责任。

用户的直接侵权责任。

一般来说，直接侵权人应当承担严格责任。这是一种无过错责任，即无论直接侵权行为人有无过错，都要承担责任。

（2）间接侵权

间接侵权有两种不同的含义：其一是指某人的行为系他人侵权行为的继续，从而构成间接侵权；其二是指某人须对他人的侵权行为负一定责任，而他自己并没有直接从事任何侵权活动。

前一种间接侵权责任被称为帮助性侵权责任，又称二次侵权责任，二次侵权责任行为依赖于直接侵权行为，是直接侵权行为的继续和扩大。后一种间接侵权责任被称为代替责任，是由主人为仆人的侵权行为承担责任发展而来的，在现代社会中主要是指雇主代替承担雇员完成本职工作时产生的侵权责任，或者委托人代替承担受托人履行委托合同时的侵权责任。网上的间接侵权责任主要是指互联网服务提供者（ISP）和网主因用户的侵权行为承担的侵权责任。

（3）不正当竞争行为

电子商务中也存在着不正当竞争行为，主要分为四类：第一类是网上的虚假广告；第二类是网上商业诽谤；第三类是网上倾销；第四类是通过网络窃取、破坏他人的商业秘密。

8.3.3 隐私权保护

目前电子商务中隐私权保护方面存在着很多问题，给网上消费者带来了很多麻烦和困惑。

（1）隐私权保护

所谓隐私权是指公民享有的私人生活安宁与私人信息依法受到保护，不被他人非法侵犯、知悉、搜集、利用和公开的一种人格权。一般认为，隐私权的主体只能是自然人，其内容具有真实性和隐秘性，主要包括个人生活宁静权、私人信息保密权、个人通信秘密权及个人隐私利用权。公民的隐私权是人格权利中最基本、最重要的内容，是伴随着人类对自身的尊严、权利、价值的认识而产生的。隐私权深入到日常生活的细节和内心世界来保护自然人的人格和精神状态，是一种高层次的人格权。

（2）网上隐私权保护

网络与电子商务中的隐私权，从权利的形态可以分为隐私不被窥视的权利、不被侵入的权利、不被干扰的权利、不被非法收集利用的权利；从权利的内容可以分为个人特质的隐私权（姓名、身份、肖像、声音等）、个人资料的隐私权、个人行为的隐私权、通信内容的隐私权和匿名的隐私权等。

目前网上隐私权保护主要存在三方面的问题：个人数据过度收集、个人数据二次开发利用、个人数据交易。关于网络隐私权的三个方面是相互联系的，它们共同对网络隐私权的保护造成威胁。但由于具体情况不同，不应该采取武断的处理方法，而需要在商家与消费者之间找到一个平衡点，既保证个人信息的正常流动，使得商家可以提供有针对性的服务，又要注意保护网上隐私，使网上消费者不受非法干扰。

8.3.4 网上消费者权益保护

消费者权益是指消费者依法享有的权利及该权利受到保护时而给消费者带来的应得利益。

包括两个方面,即消费者权利和消费者利益,其核心是消费者权利。我国《消费者权益保护法》为消费者规定了安全保障权、知悉真情权、自主选择权、公平交易权、依法求偿权、结社权、求教获知权、受尊重权、监督批评权9项权利,并同时规定了经营者、国家和社会负有保障消费者权益得以实现的义务。

电子商务的兴起拓宽了消费市场,增大了消费信息量和增加了市场透明度,给消费者带来了福音,但是,又不可避免地使消费关系复杂化并增加了消费者遭受损害的机会。因此,电子商务给消费者权益保护带来了新的挑战。

8.4 电子商务税收问题

8.4.1 电子商务对税收的影响

电子商务极大地促进了世界经济贸易的发展,显示出了越来越强大的生命力。但同时它全新的商务运作方式对传统的商业经济管理模式和方法形成了巨大冲击,特别是对现行税收制度、税收管理模式提出了全面挑战。

(1)围绕电子商务税收问题的不同观点

围绕电子商务要不要征税、如何征税、要不要设立新的税种等问题有着不同的观点。

美国在全球电子商务中占绝对领先地位,因而对电子商务交易的征税十分重视。克林顿政府曾大力呼吁把电子商务领域建成免税区。免税的主张遭到了许多国家的反对,比如欧盟主张不能免征增值税。后来美国在1997年发表的《全球商业架构》(*Framework for Global Electronic Commerce*)报告中,对电子商务的征税提出以下原则:①不扭曲或阻碍电子商务的发展;②简易、透明,不增加网络交易的成本或保存记录的负担;③符合美国与国际社会的现行税收制度,不开征新税;④跨国交易的货物和劳务免征关税。上述主张的实质是对电子商务放宽征管。

对于是否设立新的税种,1998年,欧盟提出关于征收"比特税"的提案,即按互联网上网络传输的字节数征税,但这一提案遭到了美国的强烈反对。美国认为,对电子商务征税会挫伤从事电子商务活动的企业和个人的积极性,从而遏制电子商务的飞速发展。

一些发展中国家却认为,随着电子商务的迅猛发展,如果不征税会促使偷漏税现象蔓延,从而造成国家税款的大量流失,给国家经济发展带来负面影响。

经济合作与发展组织(OECD)1998年在加拿大的渥太华召开部长会议,讨论电子商务的税收问题。以《电子商务对税收征纳双方的挑战》为题开展研究,并达成共识,主要包括:①任何征税主张,都应坚持中性原则,保证税负公平,不重复征税并避免增加成本。②目前尽量使用现行税制,不开征新税,包括"比特税"。③国际合作至关重要。④税收不应妨碍电子商务的发展,但后者也不能因此侵蚀税基和妨碍税收行政。

（2）电子商务对传统税收观念和原则提出新的挑战

1）纳税义务人的身份难以确定。传统的贸易模式下，交易双方是明确的，很容易被界定，而在网络贸易尤其是国际电子商务中，情况则复杂得多。就我们现有的税法而言，税务人员征税是依据居民税收管辖权和收入来源地税收管辖权。在居民税收管辖权中，目前各国判定法人居民身份一般是以管理中心或控制中心为标准。而在电子商务中，一个企业的管理中心或控制中心可能存在于世界上多个国家，或根本不存在于任何国家，这就给税务人员判定法人居民身份带来困难。对于收入来源地税收管辖权而言，在国际网上贸易时，行使收入来源地税收管辖权时所涉及的常设机构判断原则也遇到了障碍。传统的常设机构是指一个企业进行全部或部分经营活动的固定营业场所。而在互联网中，一个公司可能在世界各国设立用于电子商务的Web服务器，而没有派驻员工，一台服务器能否被视为常设机构？域名只是用于计算机通信的一个逻辑地址（网址），本身能否构成"经营场所"？这种情况如何确定纳税义务人？

2）电子商务的所得性质难以划分。在互联网上，发布广告、远程教学或医疗、视频点播、炒股、拍卖、软件下载等，这些交易活动所得属于经营所得还是劳务所得？是买卖商品所得还是转让无形资产所得或是特许权使用所得？所得类型不同，适用的来源规则就不同，税收政策也不一样。

3）数字化产品销售的税收性质确定问题。大多数国家的税法对有形商品的销售、劳务的提供和无形资产的使用都做了区分，并且制定了不同的课税规定。然而在电子商务中交易商可以将原先以有形财产形式表现的商品转变为以数字形式来提供。如书籍在传统贸易中只能以实物的形式存在，生产、销售、购买书籍被看作是产品的生产、销售和购买。现在在互联网上购买数据权便可随时浏览书籍，这种以数字形式提供的信息应视为提供特许权销售还是产品销售？怎样确定其所得适用的税种和税率？

（3）电子商务税收实施上的难点

电子商务在影响税收原则的同时，还给税收征管的具体工作带来一些难题。

1）传统计征体系和计征手段的不适应性。首先，传统的计征手段不能对电子商务的交易信息实行有效跟踪。对于信息流产品的交易和远程劳务，要求其按常规方式进行税务登记，而后照章纳税是很难的，漏征漏管的可能性很大。其次，税收征管离不开对凭证、账册和报表的审查，为了确认纳税人申报的收入和费用，纳税人需要保留准确的会计记录以备税务当局检查。传统上，这些记录用书面形式保存。然而，电子信息技术的运用，在互联网环境下，订购、支付，甚至数字化产品的交付都可通过网络进行，无纸化程度越来越高，订单、买卖双方的合同、作为销售凭证的各种票据都以电子形式存在。电子凭证可被轻易修改而不留任何线索，导致传统的凭证追踪审计失去基础。

2）随着计算机加密技术的成熟，纳税人可以使用加密、授权等多种方式掩藏交易信息，加密技术的发展加剧了税务机关掌握纳税人身份或交易信息的难度，税务机关既要严格执行法律对纳税知识产权和隐私权的保护规定，又要广泛搜集纳税人的交易资料，难度很大。这使得传统征管和稽查方法陷入窘境。

3）电子商务为纳税人逃避税务稽查提供了高科技手段。建立在互联网之上的电子邮件、可视会议、IP电话、传真等技术为跨国企业架起了实时沟通的桥梁，跨国关联企业通过转让定价,轻易地就可以将产品开发、设计、生产、销售的成本"合理地"分布到世界各地。在避税地建立基地公司也将轻而易举。任何一个公司都可以利用其在避税国设立的网站与国外企业进行商务洽谈和贸易,形成一个税法规定的经营地,而仅把国内作为一个存货仓库,以逃避国内税收。

4)电子货币的转移不易被监督,将对税法的执行产生不利影响。联机银行与电子货币的出现,使跨国交易的成本降至与国内成本相当。电子货币可以迅速转移到国外,通过互联网进行远距离支付。这样一些公司就可以利用电子货币在避税地的"网络银行"开设资金账户,开展海外投资业务。

总之,由于电子商务本身的特点,对电子商务进行税收存在困难。若要达到和传统商务一样的税收征管有效程度,代价将是非常高昂的。除上述问题外,由于电子商务的法律规范较少,自身尚处于不完善阶段,使得对电子商务的税收征管更加困难。

8.4.2 应对电子商务税收的策略

(1) 原则

我国目前应确立鼓励、公平、技术和协调4个方面的应对政策。

1)鼓励政策。习近平总书记在2014年国际工程科技大会上指出,信息技术成为率先渗透到经济社会生活各领域的先导技术,将促进以物质生产、物质服务为主的经济发展模式向以信息生产、信息服务为主的经济发展模式转变,世界正在进入以信息产业为主导的新经济发展时期。李克强总理多次作出重要批示指示,强调电子商务已成为就业新的增长点,要求继续加大相关工作力度,制定相应配套措施,促进电子商务加速发展,培育经济新动力,打造经济新的"发动机"。

2)公平政策。在解决电子商务税收问题时,特别要注意不能对不同的商务形式造成税收歧视。对相类似的经营收入在税收上应公平对待,不应考虑其收入是通过电子商务形式还是通过一般商务形式取得。电子商务税收公平政策的基本取向应该是,使传统贸易主体与电子商务主体之间的税收负担相对公平合理。

3)技术政策。要以高技术手段解决由于高技术的发展带来的税收问题。要紧跟电子商务技术发展的步伐,研制开发跟踪、监控和自动征税系统。实施智能化征管是我国未来税收征收管理模式的发展方向。

4)协调政策。电子商务税收问题的解决不可能独立进行,必须融入电子商务法律法规建设的大环境中去考虑。目前我国电子商务活动在电子商务合同、电子商务支付规则以及网上知识产权保护、安全和标准等方面亟须规范。

(2) 措施

1)修改完善现行税制,补充有关应对电子商务的条款。以现行税制为基础,对由于电子商务的出现而产生的税收问题有针对性地进行税法条款的修订、补充和完善,对网上交易暴露出来的征税对象、征税范围;税目、税率等方面的问题适时进行调整。对现行的增值税、营业税、消费税、所得税以及关税等税种增加电子商务税收方面的规定,明确网上销售商品与提供劳务所适用的税种和税率。同时研究确定电子商务的网址和服务器视同为常设机构所在地或经营活动所在地等问题。

2）研制开发智能征税软件，形成网上自动征税系统。组织技术力量集中攻关，通过技术手段克服征管难题。征税软件要强制加装在所有提供电子商务活动的网络服务商的服务器上，要求所有提供电子商务的网络服务商必须在网上贸易活动中运行该智能征税软件。做到所有客户在网上达成交易、签署电子交易合同前，必须点击纳税按钮才能实现交易。对于直接使用电子货币支付交易款项的，点击纳税按钮后则自动计算税款并划入指定的账户。

3）加强与有关部门、组织或行业的协调配套运作。要加强与财政、金融、外贸、工商、海关、公安等部门或行业的协调配合，共同研究电子商务运行规则及应对电子商务税收问题的法律法规，并通过纵横交错的管理信息网络，实现电子商务信息共享。电子商务税收的国际协调也很必要。我们要积极参与国际性组织或有关国家牵头组织的电子商务税收问题的讨论，取得发言权，共同研究在电子商务条件下税收管辖权的行使范围，缓解新形势下税收管辖权的冲突，探讨国际电子商务税收情报交换问题，共同防范国际避税与逃税。

4）加强国际税收协调与合作，避免税款流失。网络贸易的强隐匿性、高流动性极大地削弱了税务人员获取纳税人网上交易信息的能力，而这迫切需要各国税务机关之间的协调合作加以解决。本国的税务机关应经常同外国税务机关互通税务情报和相互协助监控，详细掌握纳税人的境内、境外信息，以避免国家税款流失。

5）税务部门要着力培养一批高级计算机管理人才。税务机关只有从技术上、能力上超越被管理对象的水平，才能有效地控制电子商务中的应税行为，打击偷税行为。

总之，由于电子商务本身的特点，对电子商务进行税收存在着许多困难，要达到完全有效的税收征管可能要付出一定成本。认真分析电子商务的实质，跟踪电子商务的发展动态，掌握关键技术并采取切实可行的措施，是摆在税务部门面前的紧迫任务。相信随着相关的法律法规的不断完善，电子商务条件下的税收问题会得到妥善解决。

8.5 电子商务从业人员的职业道德规范

8.5.1 职业与职业道德

电子商务从业人员在承担社会分工的基础上，获得了合理的报酬，已逐步发展成为一个新兴的职业。

（1）职业的含义

职业是人们维持生计，承担社会分工角色，发挥个性才能的一种持续进行的社会活动。职业也可以理解为人们参与社会分工，利用专门知识、技能为社会创造物质财富或精神财富，获取合理报酬，作为物质生活来源，并满足精神需求的工作。电子商务的发展已经使其从业人员在承担社会分工的基础上，获得了合理的报酬，并发挥了个性才能，是一个新兴的职业。

（2）职业道德的含义

狭义上，职业道德是指在一定职业活动中应遵循的，体现一定职业特征的、调整一定职业关系的职业行为准则和规范。职业道德的主要作用是通过调节职业关系，维护正常的职业活动秩序。

作为道德在职业实践活动中的具体体现，电子商务从业人员职业道德的基本内容包括：爱岗敬业、诚实守信、遵纪守法、奉献社会。

8.5.2 电子商务从业人员的职业道德规范

立足本职，精通业务；
按章办事，不谋私利；
文明礼貌，优质服务；
诚实守信，用户至上。

案例

案例场景

2002年3月1日，蒋××注册了philipscis.com域名。荷兰皇家飞利浦电子股份有限公司于2002年7月19日向WIPO仲裁与调解中心提出申请，认为蒋××注册该域名侵害了飞利浦公司的PHILIPS商标权，请求将该域名转归飞利浦公司所有。2002年9月19日，WIPO仲裁与调解中心做出裁决将争议域名转移给飞利浦公司。

2004年12月，广西玉林市××网吧业主邓某，将广西玉柴机器集团公司的"玉柴"文字商标在互联网上注册为中文域名。广西玉柴机器集团公司发现后，即以邓某侵犯其注册商标专用权，向玉林市中级人民法院提起诉讼，要求判决邓某撤销注册的"玉柴"域名，停止对其注册商标专用权的侵犯，并赔偿损失。该公司的诉讼得到了法院的支持，法院判决邓某注销其注册的"玉柴"域名，并赔偿损失。

美国宝洁公司指控北京国网公司，非善意注册宝洁的驰名商标"护舒宝"为域名，侵犯其商标专用权，构成不正当竞争，法院开庭审理并当庭宣判，认定国网以驰名商标为域名而不实际使用，属非善意注册，构成不正当竞争，判决国网败诉，立即停止使用Whisper.com.cn的域名，同时判决国网赔偿宝洁公司经济损失2万元。

案例分析

域名抢注是指行为人将他人的知名或比较知名的商标、商号或其他商业标识抢先注册为域名，自己却不实际使用的行为。域名抢注一般具备以下基本特征：①被抢注的域名与他人知名的商标、商号相同或相近；②抢注域名而不用；③域名抢注人高价出租、出售域名；④有意阻止知名商标、商号或其他商业标志的权利人注册该域名，迫使其高价买回。

域名抢注争议的解决途径，实践中主要有两个，一是行政途径；二是司法途径。飞利浦域名案走的就是行政途径，这种方式目前了解的人不是太多，所以更多域名侵犯商标权案走的都是司法途径。"玉柴"域名案采用的是司法途径，这种方式比较多一些。

域名与商标纠纷案件在前几年非常多，很多驰名商标被抢注为域名。宝洁域名案中，法院认定用驰名商标注册为域名，构成不正当竞争。

习题

一、名词解释

电子商务法律　　电子合同　　电子签名

二、填空题

1. 电子商务法具有的特征是 ＿＿＿＿＿＿、＿＿＿＿＿＿、＿＿＿＿＿＿、＿＿＿＿＿＿。
2. 电子商务法律的立法原则有 ＿＿＿＿＿＿、＿＿＿＿＿＿、＿＿＿＿＿＿、＿＿＿＿＿＿。
3. 传统合同形式分为 ＿＿＿＿＿＿、＿＿＿＿＿＿两种。
4. 电子合同的特点有 ＿＿＿＿＿＿、＿＿＿＿＿＿、＿＿＿＿＿＿。
5. 互联网上的侵权行为包括 ＿＿＿＿＿＿、＿＿＿＿＿＿、＿＿＿＿＿＿。

三、简答题

1. 电子商务的法律主体包括哪些？
2. 在我国电子合同是指什么？它与传统合同有哪些区别？

技能操作训练

学习相关文献，在老师指导下认识电子商务网站中的格式合同的主要形式及下载与复制技巧，分析各网站电子格式合同中存在哪些类型的可能不公平格式条款。

案例分析

一位刚上小学二年级的男童，在某购物网站以他父亲李某的身份证号码注册了客户信息，并且订购了一台价值1000元的小型打印机。但是当该网站将货物送到李某家中时，曾经学过一些法律知识的李某以"其子未满10周岁，是无民事行为能力的人"为由，拒绝接收打印机并拒绝货款，由此交易双方产生了纠纷。

李某主张，电子商务合同订立在虚拟的世界，但却是在现实社会中得以履行，应该也能受现行法律的调控，而依照我国现行的《民法通则》第12条第2款和第55条的规定，一个不满10周岁的未成年人是无民事行为能力的人，不能独立进行民事活动，应该由他的法定代理人代理民事活动。其子刚刚上小学二年级，未满10周岁，不能独立订立货物购买合同，所以该打印机的网上购销合同无效，其父母作为其法定代理人有权拒付货款。

对此，网站主张：由于该男孩是使用其父亲李某的身份证登录注册客户信息的，从网站所掌握的信息来看，与其达成打印机网络购销合同的当事人是一个有完全民事行为能力的人，而不是此男童。由于网站是不可能审核身份证来源的，也就是说该网站已经尽到了自己的注意义务，不应当就合同的无效承当民事责任。

阅读以上资料，分组讨论以下问题：

1. 本案涉及哪些电子商务法律关系？主体分别是谁？
2. 当事人是否具有行为能力？电子合同是否有效？

项目 9
移动电子商务概述

知识结构图

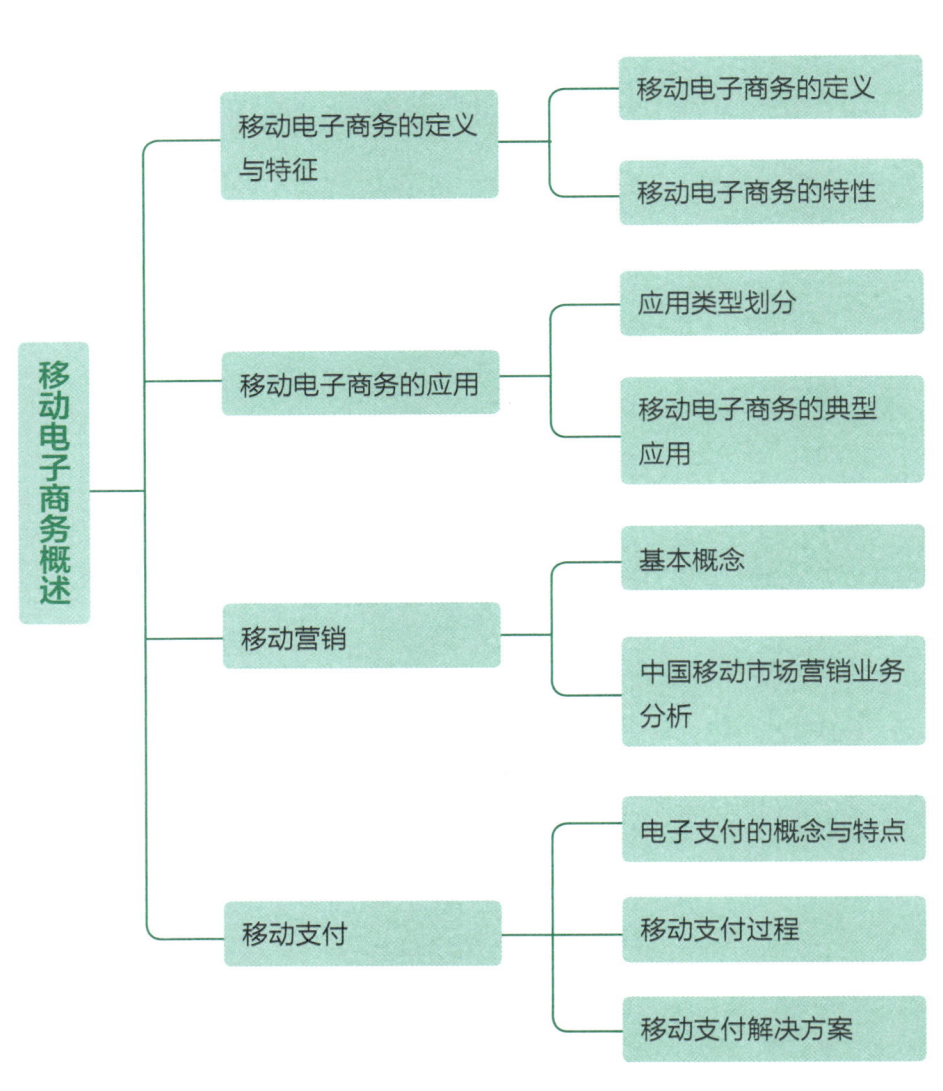

9.1 移动电子商务的定义与特性

9.1.1 移动电子商务的定义

随着Internet技术的发展，产生于20世纪60年代，发展于90年代，而今在全球范围内快速发展和迅速普及的电子商务对人们的生活方式和社会经济带来了前所未有的变革。

根据"中国报告大厅"的各年度世界电子商务发展研究报告显示，世界电子商务交易额呈现显著增长的趋势，在全球商品交易总额中的比例逐年升高。同时，据报告中阐述，以美国为首的发达国家，仍然是电子商务的主力军，以中国为代表的发展中国家电子商务异军突起，日益成为国际电子商务市场的重要力量；其中，B2B电子商务仍占主导地位，B2C、G2C、G2B、C2C等电子商务发展迅猛，呈现多元发展态势。据报告中的预测，在今后的几年中世界电子商务将继续快速发展，成为经济全球化的助推器。

经过10余年的发展，电子商务具有较深的理论基础，支撑其发展的应用技术也日趋成熟；与此同时，基于电子商务的管理体制也日臻完善，这为移动电子商务的兴起奠定了理论、技术及管理方面的坚实基础。目前电子商务已经提供了许多完善的服务和应用，如网上购物、电子银行、远程教学和资料查询等。但这些服务和应用都是基于固定位置访问的，也即用户只能在固定的场所享受服务和应用。

近年来无线通信与网络技术的发展，为用户提供了一种不同于Internet的数据传输环境，使用户能够随时随地地体验电子商务的服务和应用。在无线通信网络中，移动用户只需利用移动电话（mobile phone，MP）、个人数字助理（personal digital assistant，PDA）等无线手持设备（wireless hand-held device，WHD），即可随时随地访问电子商务应用，不再限制于固定场所。这种移动技术的无地域性、便利性和即时性使得移动电子商务应运而生。

移动电子商务（mobile electronic commerce，M e-Commerce）从广义上讲，是指应用移动终端设备，通过移动互联网进行的电子商务活动；从狭义上讲，是指以手机为终端，通过移动通信网络连接互联网所进行的电子商务活动，它又被称为移动商务（M-Commerce或MC-Mobile Commerce）。

本书中给出如下定义：移动电子商务（M e-Commerce或MC-Mobile Commerce）是指利用手机、PDA、掌上电脑等移动通信终端设备，通过有线、无线通信技术的支撑，在有线、无线混合的复杂网络环境下所实现的一种快速、便捷的商务活动形式。

从用户角度来看，移动电子商务是指通过连接公共和专用网络，使用移动终端来实现的各种活动，包括娱乐、交流、沟通、交易等。

从商务角度看，移动电子商务是一种商务模式的创新，其商务活动中以使用移动终端设备，应用移动通信技术为本质特征。移动电子商务能够实现商务活动的便捷性、及时性，能够最大限度地在自由的商务空间进行沟通、交流，适时地进行商务决策，从而大大提高了商务活动的速度和效率，降低了商务交易成本，形成了新的商业契机。

此外，从管理角度看，移动电子商务也是一种管理模式创新，其不仅改变了信息获取的速度和方式，而且更改了商务对接、合同签订、货款交割、库存管理、物流调度、移动目标跟踪和查询等固有运作、流转的管理方式，给传统的企业管理、营销管理、商务管理带来了巨大的变革。

然而，从本质上看，移动电子商务归属于电子商务的范畴，是在当今社会需求以及计算机、无线通信、移动嵌入式等技术创新和发展的条件下应运而生的一种在移动过程中即可完成商务活动的新型商务模式。

9.1.2 移动电子商务的特性

根据对移动电子商务的定义及多角度视图的分析可知，移动电子商务作为一种新的电子商务交易模式，其主要特性如下。

（1）移动性（Mobility）

作为移动电子商务的最大特点，移动性使得移动用户几乎可以在任何地方获取信息或进行交易，这一点对实时性具有较高要求的应用尤为重要，如股票或期货。作为最典型的应用，以全球移动通信系统（global system for mobile communication，GSM）为基础的通信环境，允许用户在世界各地通过移动设备进行语音或数据的传输等漫游服务；目前迅猛发展的4G系统，能够在全球范围内更好地实现无线漫游，并处理图像、音乐、视频流等多种媒体形式，提供包括网页浏览、电话会议、电子商务等多种信息服务。

（2）可接收性（Reachability）

对于使用者来说，可接收性是一项重要的需求。这项特色允许移动电子商务用户不受时间和地域的限制，即时接收服务提供商传送的信息与服务。其次，多数移动设备具备短程无线传输/接收功能，如红外线传输（infrared transmission）、蓝牙（Blue Tooth），WiFi无线通信技术以及支持无线局域网，这些功能给移动电子商务应用的接收提供了便利条件。

（3）安全性（Security）

移动电子商务安全技术目前已可提供封闭式端对端的安全套接字技术WTLS。同时安装在移动设备内的客户识别模块卡（subscriber identity module，SIM），除了允许使用者随身携带且可任意插入移动设备内使用，还提供个人识别码（personal identification number，PIN）或密码身份验证机制。

（4）便利性（Convenience）

无线移动设备及SIM卡内都有存储空间，使用者可以将平时所需的资料存放在设备中随身携带。

（5）定位性（Localization）

服务提供商通过移动运营商的通信网络，可以随时追踪与定位用户所在区域，提供用户可能所需的区域性服务信息，从而促成使用者完成交易。例如，某商人坐飞机到了新城市之后希望能够接收到一条是否需要宾馆的询问信息，通过进一步的条件输入即可搜索符合条件的宾馆信息，通过筛选便可得到最满意的宾馆。

（6）个性化（Personalization）

相对于个人计算机，无线移动设备具备较高的普及率，同时也更容易提供个性化的服务。服务提供商可以根据用户的消费习惯和爱好，提供用户个性化的应用与服务；移动电子商务的个性化服务，可以精确地提供用户所需的信息，增加用户的交易意愿；结合移动电子商务的定位性，服务提供商可以主动提供区域服务给用户，令用户体验一个全新的商务环境。

（7）即时连接（Instant Connectivity）

相对于个人计算机，移动设备无须经过启动和拨号上网，通过GSM或GPRS，用户可以轻松、快速地获取资讯。无线移动设备将成为人们首选的获取信息的工具。

目前，移动电子商务因其快捷方便、无所不在的特点，已经成为电子商务发展的新方向。

9.2　移动电子商务的应用

移动电子商务的应用范围很广，从电子订票、自动售货机支付，到通过无线设备实现的各种商品和服务的在线选购和支付，以及金融交易和其他银行业务、移动警务等。目前，移动电子商务遍及制造业、流通业、金融业、农业、军事、国防等诸多行业，取得了显著的经济效益和社会效益。

9.2.1　应用类型划分

由前述可知，移动电子商务有着丰富的应用内容和多种多样的服务方式。为了便于对移动电子商务有更为深刻的了解，下面给出从不同角度进行的类型划分情形。

从服务的范围角度，移动电子商务可以进行商务交易（如购物、支付等）、娱乐消费（如铃声等音频文件、图片、视频文件的下载，以及移动订票等）、移动营销（如手机炒股、手机彩票等）、移动广告（如图片广告、文字播报等）、移动商情服务（如信息定制、咨询调查等）以及移动办公、移动浏览、移动休闲、移动定位等诸多服务。

从信息流向的角度，上述诸多服务大体可以划分为以下3类业务范畴。

（1）推（Push）业务

主要通过公共信息发布进行服务，其应用领域包括时事新闻、天气预报、股票行情、彩票中奖公布、交通路况信息、招聘信息和广告等。

（2）拉（Pull）业务

主要用于信息的个人定制接收。应用领域包括服务账单、电话号码、旅游信息、航班信息、影院节目安排、列车时刻表、行业产品信息等。

（3）交互式（Interactive）业务

包括电子购物、博彩、游戏、证券交易、在线竞拍等。

此外，上述诸多服务还可按照商务实现的网络通信技术的不同进行分类，如基于GSM/CDMA的移动电子商务、基于WLAN的移动电子商务，以及基于卫星通信、集群通信、超短距通信等的移动电子商务；按照商务服务的内涵不同进行分类，如内容提供型移动电子商务、信息消费型移动电子商务、企业管理型移动电子商务、定位跟踪型移动电子商务等；按照确认方式不同进行分类，如密码确认型移动电子商务、短信回复型移动电子商务等。

9.2.2 移动电子商务的典型应用

目前，比较典型的移动商务的应用包括手机通宝、手机钱包、小额支付、会易通、随e行等。这些应用的介绍如下。

（1）手机通宝

"手机通宝"是2010年中国移动广东公司首创的认证鉴权服务平台，也是基于手机通宝开展的多种电子商务应用服务的统称。基于手机通宝，用户能够安全便捷地进行手机支付、电子票务、网站登录、数字版权业务、公交一卡通等电子商务活动。典型应用包括亚运手机票、手机通宝—羊城通等。

（2）随e行

"随e行"是中国移动面向商务人士、集团客户推出的无线上网服务，移动用户只需在笔记本电脑或PDA中插入GPRS网卡和专用的数据SIM卡即可随时随地接入互联网和企业网，获取信息、娱乐或进行移动办公。在网络覆盖区域，可以随时访问互联网/企业网，收发电子邮件或浏览网页等。目前中国移动已在全国近700个热点地区提供了网络覆盖，热点地区包括机场、酒店、会议中心和展览馆等商旅人士经常出入的场所。

（3）手机钱包

"手机钱包"是广发银行与中国移动共同推出的一项服务，手机钱包以储蓄卡账户为资金支持，手机为交易工具，将移动用户的储蓄卡账户和手机号码绑定，通过层层加密的技术手段，实现购物消费、代缴费、转账、退货以及账户余额和话费余额查询等功能。

（4）小额支付

一种被称为移动小额支付的业务正在投入应用，移动用户已经可以利用小额支付业务买彩票和保险等，操作简单方便。当用户购买彩票时，系统首先会查询作为投注金的剩余话费是否充足，确认充足后方可进行彩票购买交易。此外，取消该业务也简单便捷，只需发送"ZX客服密码"到投注系统即可。

（5）会易通

"会易通"业务是基于目前电话业务基础上开发的一种电话增值应用。通过此应用，会议的召开可以不再局限于会议室，会议召集者只要在移动电话中逐个输入会议成员的手机号码，就可召集多方进行电话会议，同时，通过此应用还可以对移动用户群发短信等。

由此可以看出，移动电子商务非常适合大众化的应用。它不仅能提供在Internet上的直接购物，还是一种全新的销售与促销渠道，全面支持移动Internet业务，可实现电信、信息、媒体和娱乐服务的电子支付。不仅如此，移动电子商务不同于目前的销售方式，它能完全根据消费者的个性化需求和喜好定制,用户随时随地都可使用这些服务。设备的选择以及提供服务与信息的方式完全由用户自己控制。他们可以在自己方便的时候,使用移动电话或PDA查找、选择及购买商品和服务。服务付费可通过多种方式进行以满足不同需求,可直接转入银行、用户电话账单或者实时在专用预付账户上借记等。

移动电子商务之所以取得如此迅猛的发展,究其原因主要归结于移动电子商务消除了距离和地域的限制,实现在任何地方通过无线技术直接把电子商务能力提供给用户。而且,由于手机所用的SIM卡上存储着用户的全部信息,对于移动电子商务而言SIM卡就像身份证对于社会生活一样,可以唯一地确定一个用户的身份,所以从某种角度而言,移动电子商务比Internet上的电子商务更具安全性。此外,移动电子商务可以为用户提供方便的个性化服务,因而易于为广大用户所接受。

由上述不难看出,移动电子商务具有广阔的应用领域和应用前景。

9.3 移动营销

移动营销是指借助移动便携设备(主要以手机为平台),依赖于强大的数据库支持,直接地向受众发布定向的或精准的即时信息;通过这种定向或精准的发布功能来与受众产生互动的方式,进而达到市场营销的目的。移动营销有时也可称为手机营销或无线营销。

9.3.1 基本概念

(1)传统市场营销

传统市场营销是指个人和组织通过创造产品和价值并同他人进行交换以获得所需所欲的一种社会及管理过程。

营销学指出,市场是由一切具有特定的欲望和需求并且愿意和能够以交换来满足此欲望和需求的潜在顾客,也可以是买卖双方从事商品交易的场所。

(2)移动营销

移动营销有时也被称为手机营销或无线营销,与移动营销紧密相关的业务包含移动广告、移动营销服务商、移动广告市场规模等。

移动广告指的是通过无线终端尤其是以手机为平台发布的各种广告,其具有良好的互动性、可测量性、可追踪性等特征,它可以如短信息、彩信、流媒体、蓝牙、彩铃等方式进行发布。

移动营销服务商主要指为企业移动营销提供整体解决方案的企业,它们有的同时也兼负移动广告代理商的任务。

移动广告市场规模是指某一年度广告主投放在无线网络媒体的广告投入,其中一部分转化为移动运营商的收入(也包括WAP网站的收入以及移动广告代理商及服务商的收入),但不包括用户因浏览信息所产生的流量费用。

9.3.2 中国移动市场营销业务分析

(1)移动营销产业模式分析

中国移动广告的基本产业链结构在组成结构上与传统互联网的广告产业链结构非常相似,产业链结构如图9-1所示,主要由以下几个环节组成。

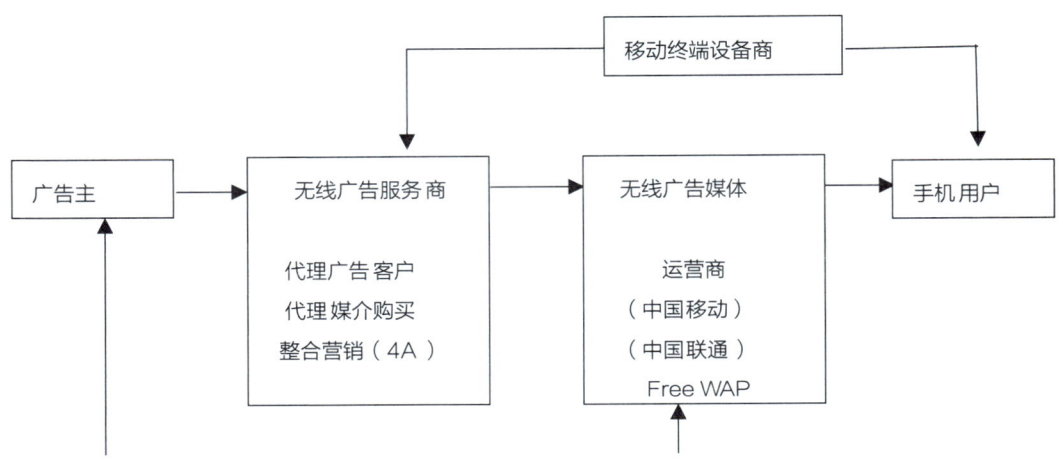

图9-1 中国无线广告产业链结构

1)广告主。在中国能够并愿意接受在手机等移动终端上投放广告的企业数量还不多,大都集中在品牌广告主中。

2)无线广告服务商。在中国,这类企业的主要代表是诸如分众无线、亿动广告传媒、银河传媒等专门从事二线广告及营销服务的企业,这些企业大都具有这一行业多年的工作经验,能够为广告主提供相应的无线广告和无线营销解决方案。

3)无线广告媒体。无线广告媒体是展现无线广告的地方,如各类WAP网站、印有二维码的海报等。

4)移动终端设备商。移动终端设备商所起的作用是为终端设备提供能够支持无线广告的软硬件设备,同时能够从相关的服务中获得收益。

5)手机用户。手机用户是接受无线广告和无线营销的受众。

(2)WAP营销业务分析

1)产业结构。WAP广告的产业链结构由广告主、WAP广告代理商、WAP站点以及WAP用户组成。而作为移动运营商的中国移动、中国联通等企业,随着各自开始涉足WAP业务以及运营模式的转型,原本处于WAP广告产业链之外的移动运营商开始成为其中一员,并且占据了产业链的上游。

2）优势所在。尽管短信在目前国内移动增值业务中占据主导地位，但以WAP为代表的2.5G业务必将持续增长。在用户接受度上，对WAP的接受度也非常高。

(3) 手机短信营销业务分析

1）产业结构。手机短信营销产业链结构如图9-2所示。

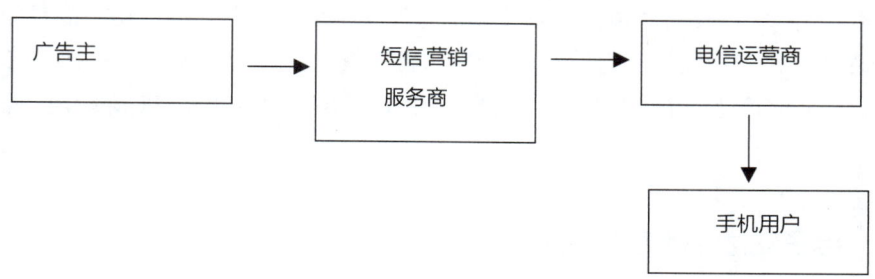

图9-2　手机短信营销产业链结构

2）优势所在。

①用户基数大。短信息是中国用户使用手机的主要功能之一，根据工业与信息化部公布的"2010年全国电信业统计公报"显示，2010年全国各类短信发送量达到8317亿条，同比增长6.1%。其中，无线市话短信业务量67亿条，下降47.6%；移动短信业务量8250亿条，增长7.0%。

②成本优势。对于使用短信群发器或是包月卡的方式发送短信息的成本，一般几百几千元的价格便能发送上百万条短信息；而一些诸如短信群发软件更是使得成本降到更低。

③打开率高。尽管随着手机功能的发展，手机用户已无须再打开短信后才能够知道短信的内容，用户可以在完全不用打开短信查看的功能下，将认为有问题的短信删除，但短信依然是打开率较高的无线营销手段之一。较高的打开率和较低的成本使得短信营销具有非常客观的性价比。

利用发送手机短信息最大的优势在于能够在相对较低的成本之下，将足够多的信息传递到用户手机上，并且能够强制性地迫使用户阅读。因此，这是一种时间非常久远的无线营销模式。

9.4　移动支付

移动支付属于电子支付与网络支付的更新方式，具有强烈的无线网络计算应用的特点。移动支付所使用的移动终端可以是手机、具备无线功能的PDA、笔记本电脑、移动POS机等。

移动支付是一种通过移动通信网络实现支付的新兴电子支付形式，正处在不断发展的阶段中，其内容也在不断丰富。移动支付由于其支付手段的便利性被认为将成为未来支付的主要方式，世界通信及IT企业都在竞争移动支付，如谷歌、法国电信、德国电信等。

目前，中国移动支付产业尚属新兴产业，自2009年移动支付标准统一以来，通过商业试点，移动支付开始逐步发展起来。相关数据显示，2010年中国手机支付市场交易规模达到98亿元，比2009年增长308%，并预计未来几年仍呈现稳定增长趋势。但就用户规模及应用而言，中国的移动支付产业尚处于起步阶段。艾瑞咨询数据显示，2010年，92.7%的手机网络用户没有进行过任何移动电子商务行为。因此，我国移动电子商务还处在萌芽阶段，需要解决瓶颈问题。

9.4.1 电子支付的概念与特点

在阐述移动支付概念前首先介绍一下电子支付的概念及特点。

电子支付是指以金融电子化网络为基础，以商用电子化工具和各类交易卡为媒介，以计算机技术和通信技术为手段，以电子数据形式实现的流通和支付手段。电子交易的用户可以通过使用安全的电子支付手段实现货币支付或资金流转。

电子支付方式的发展经历了5个阶段：

①银行利用计算机及网络处理银行与银行之间的业务，办理结算；

②银行计算机与其他机构计算机之间资金的结算，如代发工资、代缴养老保险等业务；

③利用网络终端向客户提供各项银行服务，如为客户在自动柜员机（ATM）上提供的取存款服务等；

④利用银行销售点终端（POS）向客户提供自动的划账服务；

⑤通过互联网进行直接转账结算等。

电子支付的前4个阶段为非网络环境下的电子支付，第5阶段为网络环境下的电子支付，也称为电子商务的网上支付。表9-1给出了网上支付和传统支付方式之间的比较，可以看出网上支付比传统支付在便捷、高效等方面有明显的优点。

表9-1 网上支付和传统支付方式比较

网上支付	传统支付方式
技术先进，采用电子化方式	传统的方式，通过现金流转、票据转让和银行的汇兑等物理实体方式
基于一个开放的系统平台（互联网）	在较为封闭的系统中运作
对软、硬件设施的要求很高	对设施没有特殊要求
方便、快捷、高效、经济	费用高、效率低
打破时空限制	受时间、地点约束
需要强的安全保护功能，需指定标准	安全控制相对容易

目前对移动支付还没有一个标准统一的定义，移动支付论坛（mobile payment forum）给出的定义是：移动支付是指进行交易的双方以一定信用额度或一定金额的存款，为了某种货物或者业务，通过移动设备从移动支付服务商处兑换得到代表相同金额的数据，以移动终端为媒介将该数据转移给支付对象，从而清偿消费费用进行商业交易的支付方式。

本书认为，移动支付是指支付方为了购买实物或非实物形式的产品、缴纳费用或接受服务，以手机、PDA等移动终端为工具，通过移动通信网络，实现资金由支付方转移到受付方的支付方式。

本质上讲，移动支付就是将移动网络与金融系统结合，把移动通信网络作为实现移动支付的工具和手段，为用户提供商品交易、缴费、银行账号管理等金融服务的业务。移动支付应该属于电子支付与网络支付的更新方式，具有强烈的无线网络计算应用的特点。移动支付所使用的移动终端可以是手机、PDA、笔记本电脑、移动POS机等。

9.4.2 移动支付过程

（1）移动支付过程模型

手机用户通过手机短信、语音、WAP，K-Java，USSD2等操作方式将自己的手机号和个人银行账号绑定，就可以享受移动支付带来的方便快捷服务。选择了移动支付方式，手机就成了"第二钱包"，如同随身携带了一个POS刷卡机，无论在本地还是漫游到外地，都无须随身携带现金甚至银行卡，只要带上手机，就能够轻松进行保险投保、彩票投注、购买数字点卡、缴纳公用事业费等多项移动电子商务业务，再也没有营业时间的限制，再也不用担心找不到营业网点了。

移动支付过程模型示意图如图9-3所示。

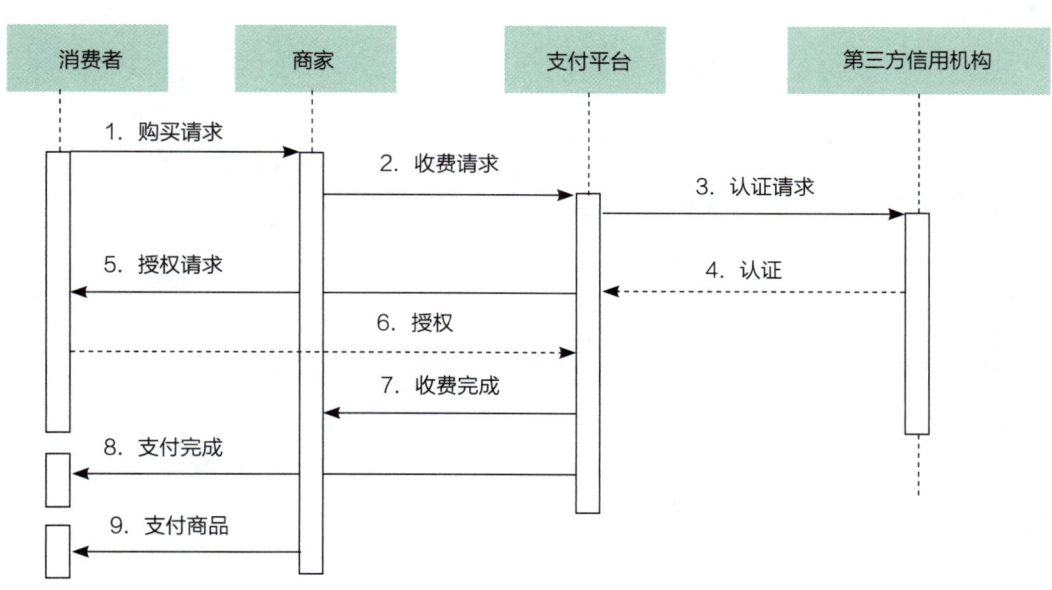

图9-3　移动支付过程模型示意图

如图9-3所示描述了一个完整的移动支付过程。其完整描述如下：

预备工作，消费者和商家在第三方信用机构（银行机构）申请注册，支付平台运营商取得认证资格。

①购买请求。消费者可以对准备购买的商品进行查询，在确定了准备购买商品之后，通过移动通信设备如手机，发送购买请求给商家。

②收费请求。商家在接收到消费者的购买请求之后，发送收费请求给支付平台。支付平台利用消费者账号和这次交易的序列号生成一个具有唯一性的代码，代表这次交易过程。

③认证请求。支付平台必须对消费者和商家账号的合法性和正确性进行确认。支付平台把消费者账号和商家账号信息发送给第三方信用机构，第三方信用机构再对账号信息进行认证。

④认证。第三方信用机构把认证结果发送给支付平台。

⑤授权请求。支付平台在收到第三方信用机构的认证信息之后，如果账号通过认证，支付平台把交易的详细信息，包括商品或服务的种类、价格等发送给消费者，请求消费者对支付行为进行授权。如果账号未能通过认证，支付平台把认证结果发送给消费者和商家，并取消本次交易。

⑥授权。消费者在核对交易的细节之后，发送授权信息给支付平台。

⑦收费完成。支付平台得到了消费者的支付授权之后，开始对消费者账户和商家进行转账工作，并且把转账细节记录下来。转账完成之后，传送收费完成信息给商家，通知他交付消费者商品。

⑧支付完成。支付平台传送支付完成信息给消费者，作为支付凭证。

⑨交付商品。商家在得到了收费成功的信息之后，把商品交给消费者。由此可见，在整个移动支付的过程中，支付平台处于核心地位，所有的交易信息都要由它进行传递。

对于目前较流行的购买彩铃彩信业务，此时支付平台和商家都由移动运营商担任，其支付过程可简化为图9-4。

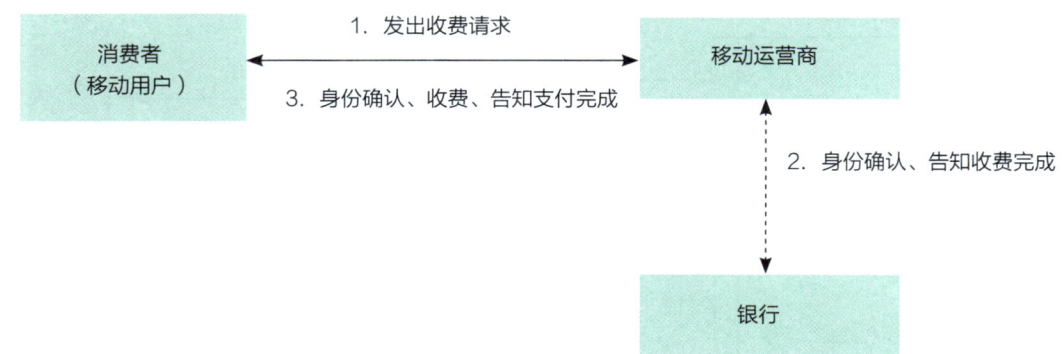

图9-4 购买彩铃彩信的移动支付过程

图9-4中，用户选择运营商的增值业务后，用短信或WAP的方式，向移动运营商发出缴纳费用请求。移动运营商确认用户身份无误后，如果是运营商代收费型则直接从手机账户中扣除一定金额，如果是银行卡绑定型则从绑定的银行账户中扣除一定金额。支付行为完成后，运营商以短信等方式告知用户支付已完成，并向用户提供增值业务。

（2）**移动支付的演进过程**

移动支付的演进过程如图9-5所示。

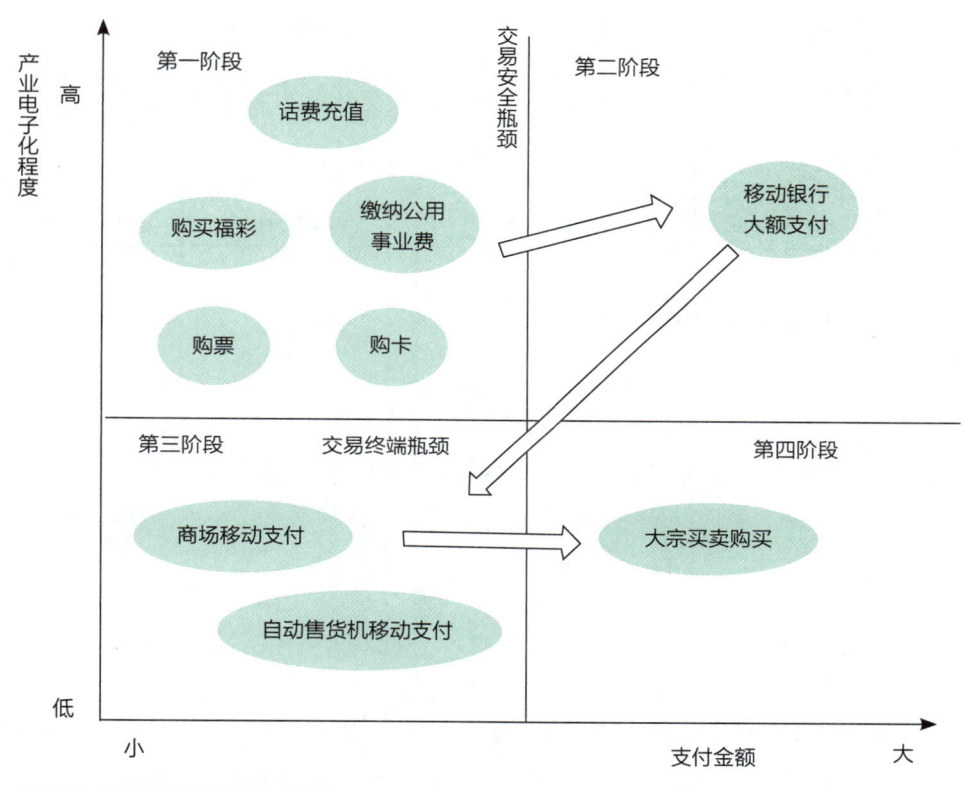

图9-5　移动支付发展演进路线

由图9-5可知，移动支付的发展历经了4个阶段：以话费充值、购票等为代表的第一阶段，能够进行移动银行大额支付的第二阶段，以商场移动支付、自动售货机移动支付为特征的第三阶段以及能够实现大宗买卖购买的第四阶段。

（3）**移动支付市场的发展历程**

同移动支付的演进过程类似，我国移动支付市场的发展也可以划分为不同的发展阶段，如图9-6所示。

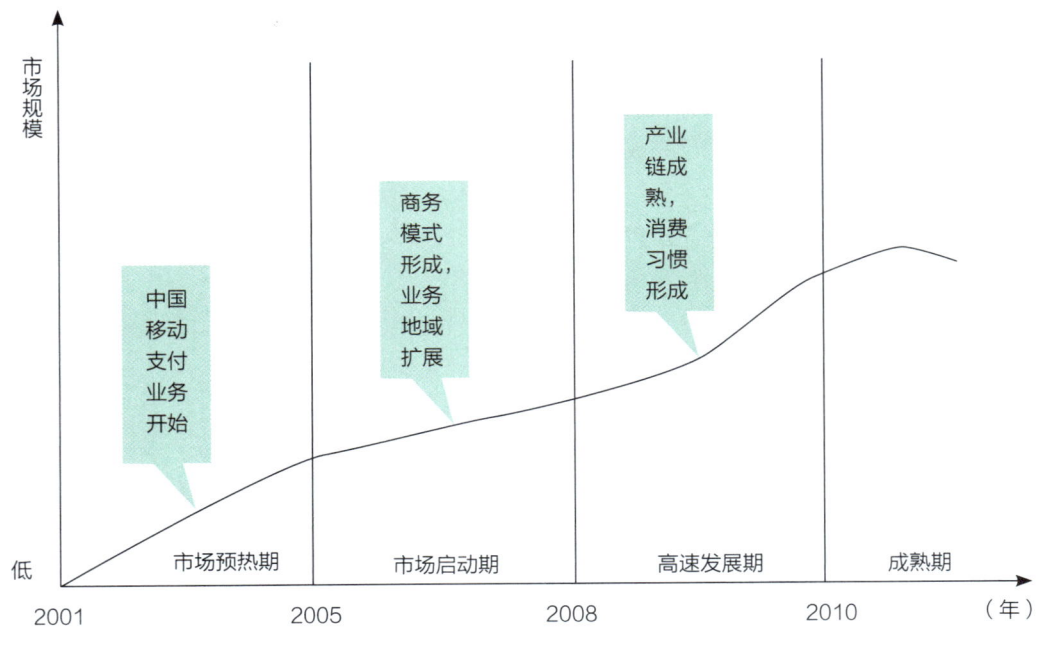

图9-6　我国移动支付市场的发展阶段划分

由图9-6可以看出，我国移动支付市场的发展历程可以划分为4个阶段，分别为：市场预热期、市场启动期、高速发展期和成熟期。目前，我国移动支付正由高速发展期向成熟期转变。

9.4.3　移动支付解决方案

目前移动支付主要包括移动运营商独立或联合运营、由银行独立运营、移动电信运营商与卡类组织联合运营、第三方运营商独立运营4种比较典型的运营模式。针对不同的运营模型产生了如下移动支付解决方案。

（1）SIMpass方案

SIMpass是单芯片NFC移动支付解决方案，创新性地将安全模块、支付模块、电信模块以及应用模块都集成在一张双界面的多功能应用SIM卡上。SIMpass卡具有非接触和接触两个界面。接触界面上可以实现SIM应用，完成手机卡的通信功能；非接触界面可以同时支持各种非接触应用。手机开机时，SIMpass可以很好地支持非接触应用和电信应用同时工作，即在拨打接听电话以及收发短信的同时进行非接触交易。而在手机关机以及手机电池没电的情况下，SIMpass卡就像一张普通的非接触卡一样也可以正常工作。

SIMpass卡可以很好地支持PBOC 2.0电子钱包/电子存折应用，并且还可以提供STK空中圈存的功能，即通过数据短信的方式，与后台MePay平台系统进行交互，从而实现空中圈存，这样使用者就可以在任何地方进行充值，使用者还可以通过STK菜单查询充值记录、消费记录以及钱包余额等信息。

（2）LUUP

LUUP是由Contopronto公司开发的移动支付业务。公司的总部位于挪威的首都奥斯陆，员工人数只有30多人，但是在欧洲却拥有电子钱币的专利。LUUP已广泛用于德国和英国商用，在挪威这项业务也可用，但大多用于测试目的。LUUP的主要业务方向是P2P支付和移动内容的购买，例如，在英国推出了购买国际电话卡的业务，在德国为所有的移动运营商提供预付费的充值业务。

LUUP是基于储值账户的移动支付业务，用户需要创建自己的账户并且从银行或信用卡把钱存储在这个账户中。绝大多数的交易是通过短信或Web来进行的，也将推出基于WAP的业务。

（3）MobiPay

MobiPay是由西班牙的两家银行和三家移动运营商共同成立的合资企业，采用共同的技术标准，提供具备非常优秀的可靠性和可扩展性的移动支付系统。

MobiPay选择的是来自于ACI的mPayment Infrastructure解决方案，其目标是为本国的处于萌芽状态的移动电话市场建立一种支付服务。

MobiPay在多个出租车公司、快餐店、影剧院以及书店中推出，并于2004年年底在西班牙推出移动支付购买车票服务，用户可以使用手持设备（手机、PDA等）购买有轨电车、地铁和巴士的车票，车票以确认信息的形式显示在手机上，用户凭此信息验票上车。

MobiPay的理念是银行和移动运营商合作，为移动用户提供移动支付服务，银行是移动支付的主体，移动是通道提供者；银行在现有的支付基础设施的基础上增加了交易通道的数量，而通信的费用为移动运营商们带来了新的利润。

（4）银联手机支付

银联手机支付是中国银联于2009年联合研发的新一代手机支付业务。银联手机支付是一种安全、便捷的新型支付平台，能够提供给用户通过计算机（Web）、电话（IVR、WAP、SMS）、面对面等多种途径进行支付，通过移动电话进行实时信息互动确认完成支付，确保用户支付的安全。银联手机支付基于互联网数据信道和电话网语音信道的双信道非同步传输交易信息和确认信息的无磁有密的新型支付模式，即传送给银行的收费报文中包括银行卡号和密码，但不包括磁条信息，银行对这两项匹配关系验证后进行扣费，支付更安全。

习题

一、名词解释

移动电子商务　　移动营销　　传统营销　　电子支付

二、填空题

1. 移动电子商务的特征：_____、_____、_____、_____、_____、_____、_____。

2. 移动电子商务应用类型可以划分为_____、_____、_____。

技能操作训练

选择一家电子支付，分析其电子支付过程。

案例分析

支付宝除夕夜大战微信

2015年除夕，支付宝与微信上演红包对决。支付宝钱包2015年2月9日宣布，从小年夜到正月初一，与品牌商户一起向用户发放约6亿元的红包，其中，现金超过1.56亿元，购物消费红包约4.3亿元。微信则直接砸出5亿元现金红包，春节期间，微信将联合各类商家推出春节"摇红包"活动，将送出金额超过5亿元的现金红包和超过30亿元的卡券红包。

2016年除夕当日，微信红包参与人数达到4.2亿人，收发总量达80.8亿个，是羊年除夕夜10.1亿个的8倍，最高峰发生在0：06：09，每秒收发40.9万个红包，在微信摇红包的活动中，共计摇出1.82亿个红包。

对支付宝而言，春节联欢晚会则成为其主战场。四轮拼手气红包，加上零点后的集齐五福平分大奖，支付宝共发放的红包总金额达到8亿元，同时支付宝试图通过红包来强化其社交属性，11亿多好友在支付宝上被唤醒。对阿里而言，其目的是"用场景刺激更多用户关系的产生，关系又帮助金融场景更加丰富，两者相辅相成"。

请问支付宝与微信除夕夜上演红包对决的意图何在？

参考文献

[1] 张莹,王洪艳,高飞,康丹. 电子商务概论[M]. 北京:中国电力出版社,2013.
[2] 李再跃. 电子商务概论[M]. 北京:教育科学出版社,2013.
[3] 董志良,丁超,陆刚. 电子商务概论[M]. 北京:清华大学出版社,2014.
[4] 古贞,王瑜,李德强,姜启波.电子商务概论[M]. 北京:人民邮电出版社,2015.
[5] 覃征. 电子商务概论(第4版)[M]. 北京:高等教育出版社,2015.